Guide for Effective Teaching at Universities

Seung Il Na

Seoul National University Press

개정판 머리말

대학은 미래 국가발전과 국가경쟁력 확보에 있어 핵심 기관이다. 그렇기 때문에 나라마다 대학 발전을 위해 많은 재정을 지속적으로 투입하고 있다. 대학은 전통적으로 다양한 분야의 창의 인재를 양성하는 교육기능, 새로운 학문이나 지식을 탐구하는 연구기능, 다양한 공적인 서비스를 제공하는 봉사기능을 수행해 왔다. 이러한 세 가지 기능은 사회의 발전과 함께 모든 대학의 역할이 되었지만, 대학의 설립 목적이나 유형에 따라 실제 중요성에 대한 비중은 차이가 있다. 하지만 교육기능은 모든 대학의 공통적이고 핵심적인 기능으로 과거 어느 때보다도 더 중요해지고 있다.

지금까지 대학은 교육목표로 설정한 다양한 인재를 양성하기 위하여 적합한 교양 및 전공 교육과정을 개설하고, 체계적인 교육과 탐구 활동을 통해 인재를 양성해 왔다. 이러한 인재 양성을 통하여 대학은 국가 발전과 개인 발전에 크게 기여해 왔다. 그럼에도, 대학 교육에 대해서 아직도 '여전히 공급자 중심이다', '현장성이 미흡하다' 등 많은 교육의 질적 문제점이 지적되고 있는 것도 사실이다. 게다가 최근 계속되는 세계적인 경기침체 및 일자리 부족으로 청년 취업 여건이 어려워짐에 따라 다수의 학생 및 학부모들은 대입 지원 단계에서부터 졸업 후 진로 및 취업 가능성을 크게 고려하여 선택하는 경우가 점점 늘고 있다. 이러한 졸업 후 취업 준비에 대한 교육 요구를 대학이 더는 외면하기 어려운 실정이다. 앞으로 대학은 '신입생 모집에서부터 졸업 후 진로까지 책임진다'는 각오로 대학교육 시스템을 전면적으로 혁신하는 데 역점을 기울여야 할 것이다. 무엇보다도 대학 교육의 목적과 배출할 인재상을 좀 더 분명하게 설정하고, 그에 합당한 교육과정 및 교육방법을 혁신하는 데 주력해야 할 것이다.

이 책은 대학에서 어떻게 가르치는 것이 효과적인지를 성찰하고 개선하는 데 도움이 되고자 집필되었다. 대학교육의 질은 결정적으로 교수들에게 달려 있고, 학생들의 학습 차이는 교수들이 선택하거나 적용한 교수법에 따라 좌우된다. 그런데 교수들은 대체로 과거 학생시절 경험했거나 배운 방식대로 가르친다. 그래서 아무리 좋은 교수법이 있더라도 직접적으로 교육받은 바 없거나 모른다면 활용될 가능성은 거의 없다. 게다가 교수의 역할이 단순히 지식 전달자가 아닌 점차 학습자 스스로 지식을 구성하도록 학습을 안내하거나 촉진하는 역할로 바뀌고 있다. 따라서 대학 교육의 질적 제고를 위해서는 교수들에게 교수법에 대한 지속적인 성찰과 새로운 시도를 촉진하기 위한 대학 차원의 지원이 절실히 요구된다.

지금까지 효과적인 교수법이나 교육방법에 대한 전문서적이 많이 출간되었다. 그럼에도 교육학에 대한 사전 지식이 없거나 비전공 교수들에게는 너무 이론적이고 난해하여 실제 활용성이 적은 편이다. 따라서 이 책은 누구나 잠시만 살펴봐도 쉽게 자신의 교수법에 대해서 성찰하고 개선점을 찾고 새로운 교수 전략 및 방법을 얻을 수 있도록 풍부한 실제를 담아냈다.

어느덧 초판을 발행한 지 10여 년이 지났다. 그동안 대학 교수법에도 다양한 시도와 변화가 있었다. 개별 교수뿐만 아니라 대학 차원에서 교육의 질적 제고 및 학습 효과를 극대화하기 위한 다양한 교육과정 개편 및 교수방법의 변화를 시도해 왔다. 이번 개정판에서는 대학 교육을 통해 단순히 학문적 지식과 내용을 교육방법의 측면에서 효과적으로 가르치는 데 국한하지 않고, 소위 미래 사회를 주도하고 융합시대에 알맞은 창의 융합인재를 양성할 수 있는 교수법을 안내하는 데 초점을 두었다.

그동안 『대학에서의 효과적인 교수법 가이드』의 독자들로부터 '구체적인 내용이 담겨 있어 실제 강의를 준비하는 데 도움이 많이 되었다', '교수로서 반드시 알아야 하는 내용이 실질적이고 쉽게 잘 설명되었다' 등의 격려와 화답을 받아 뿌듯함과 보람을 느꼈다. 그러나 교수법을 연구하는 사람으로서 여러 모로 부족한 점도 발견하게 되었고, '이렇게 하면 더 좋았을 걸' 하는 아쉬운 점이 많았다. 그래서 저자로서 미흡한 부분을 보완하고, 최근의 새로운 시도를 담기 위해 개정판을 내게 되었다.

초판을 근간으로 하되, 교수법에 대한 새로운 접근 방식이나 시도를 반영하여 전면 재집필 또는 부분적으로 개정하였다.

1장 '대학과 교수학습'에서는 대학에서 학습자가 좀 더 능동적으로 수업에 참여하고 깊은 학습이 촉진되도록 교수들이 누구나 쉽게 활용할 수 있는 여덟 가지 교수학습 전략을 간단하게 추가하였다.

2장 '성공적인 수업 준비와 실제'에서는 초판 4장의 내용을 '일반적인 수업 과정과 전략', '첫 시간 수업 운영'으로 수정하여 옮겨 왔고, 최근 대학 수업의 질적 제고에 매우 중요한 '교육조교의 역할과 활용' 절을 새롭게 추가하였다.

3장 '핵심적인 수업기술'에서는 제시된 순서의 조정과 더불어 '학습 자료를 제시하는 기술'을 대폭 수정하였고, 또한 최근 대학 교육에서 활용성이 점점 높아지고 있는 'SNS를 활용하는 기술'을 추가하였다. 아울러, 오늘날 강의실에서 사용되지 않는 기자재(예: OHP 등)에 관한 내용 등을 현재 대학 강단에서 사용되고 있는 것들로 수정하였다.

4장 '효과적인 수업방법'에서는 수업방법들의 연관성을 고려하여 조정하였고, 학생들의 사고를 더욱 확장시켜 발전적인 학습이 가능하도록 돕는 '거꾸로 수업(flipped learning)'과 최근 각광받고 있는 '능력 중심수업(Competency Based Instruction)'을 추가하였다.

5장 '보충 및 심화 학습 지도'에서는 학생들이 미래의 성공적인 직업인으로서 준비함에 있어 직업생활에 필요한 기본적인 능력을 지도하는 '직업기초능력 지도' 절을 추가하였다.

6장 '합리적인 학습평가'에서는 국내외 선진 대학에서 널리 적용하고 있는 인지적 · 정의적 · 심동적인 학습을 종합적으로 고려하여 학습 성과를 합리적으로 평가할 수 있는 방법으로서 '루브릭 평가' 절을 추가하였다.

7장 '지속적인 교수능력 평가 및 개선'에서는 독자의 이해를 돕기 위하여 초판의 하위 절 중 일부를 하나의 절로 통합하고, 좀 더 간결한 형태로 기술하였다.

마지막으로 편집상 디자인 역시 가독성을 높이도록 최신 트렌드를 반영하였다. 개정판 집필을 마쳤지만, 아직도 아쉽고 부족한 부분이 보이기도 한다. 이러한 부분은 교수법에 관심 있는 많은 분의 조언과 비판을 겸허히 받아들이며 지속적으로 보완할 것을 다짐한다.

끝으로, 원고 정리와 교정에 최선을 다해 준 정동열 박사, 이은경, 곽미선, 백하나 대학원생 모두에게 고마운 마음을 전한다. 그리고 부족한 부분을 다듬어 개정판을 출판하는 데 많은 수고를 아끼지 않으신 서울대학교출판문화원과 직원 여러분께 깊은 감사를 드린다.

2015년 8월
관악산 산업교수학습 연구실에서
나승일 씀

초판 머리말

현재 우리나라 대학에는 시간강사를 포함하여 매년 10만 명이 넘는 교수들이 강단에 서고 있다. 이들의 고민은 한결같이 '어떻게 하면 학생들에게 수업내용을 잘 가르칠 것인가' 하는 것이다. 특히, 교육학에 관한 선행학습이 없거나 학생들을 가르쳐 본 경험이 많지 않은 교수들의 경우, 수업내용에 대해서는 폭넓고 깊이 있는 학식을 가지고 있겠지만, 그것을 학생들에게 효과적으로 전달하는 방법을 알지 못해 수업에 쏟는 노력에 비해 학생들의 학습성과는 기대에 못 미치는 경우를 종종 볼 수 있다.

또한, 대학 교수들이 범하기 쉬운 오류 중 하나는, 공부 잘하는 학생들을 주 대상으로 강의를 진행하는 것을 들 수 있다. 많은 교수가 자신의 강의를 알아듣고 따라오는 학생들에게만 초점을 맞추어 수업을 진행하는 경향이 있다. 그러나 모든 학생이 자신의 강의를 이해하고 따라온다면 상관 없지만, 그 수가 소수라면 이것은 크게 잘못된 것이다. 강의는 소수의 학생만을 위한 것이 아니라, 수강하는 모든 학생을 대상으로 해야 한다.

대학 교수는 더 이상 학생들에게 지식을 전달하는 것이 아닌, 새로운 학습을 제시하고 안내하며 촉진하는 데 주력해야 한다. 특히, 소위 공부를 잘하는 학생들보다는 자기주도학습 능력이 다소 떨어지는 학생들에게 필요한 학습 경험을 적절하게 제공하는 데 주력해야 한다. 그러나 대체로 대학 교수는 학문중심 대학원을 통해 양성되고 있으며, 초 · 중 · 고 교사와는 다르게 대학 교수를 양성하는 전담 기관은 국내는 물론 세계적으로도 찾아볼 수 없다. 그러다 보니, 아직도 대학 교수는 자신의 전공분야에 관한 지식 및 기술을 갖추고, 그 분야에 대한 연구능력만 있으면 교수로서의 자질이 충분하다고 생각하는 경향이 지배적이다. 게다가 최근 학문중심 대학의 분위기도 교수의 연구업적을 중요하게 여기다 보니 교수의 교육 역할이 소홀히 취급되는 것 같아 우려스럽다. 그러나 대학 교수에게는 연구능력 못지않게 학생들을 잘 가르치기 위한 교수(teaching)능력도 중요하다. 연구능력이 있다고 하여 저절로 교수능력이 향상되지는 않기 때문에, 대학 교수들은 자신의 교수능력을 향상시키기 위한 노력을 지속해야 할 것이다.

각 대학마다 소위 교수학습개발센터 등을 신설하여 대학 교수의 교수능력 제고를 위한 다양한 지원사업을 전개하고 있으나, 아직은 초보단계에 있다. 사실, 대학 교수가 교수법에 관한 정보를 습득하고, 자신의 교수법을 진단하며, 개선할 수 있는 기회를 갖기는 쉽지가 않다. 그러나 교수법이란 하루아침에 습득되는 것이 아니므로, 강의기술이나 방법에 관한 체계적인 교육이나 연수를 통해서 기본적인 원리를 습득하고 자신의 교수법을 꾸준히 개선할 필요가 있다. 이러한 관점에서 이 책은 경력 있는 교수에게는 자신의 교수법을 진단하고 개선하는 기회를 제공하고, 이제 막 첫 강의를 시작하는 시간강사나 강의 경험이 많지 않은 신규 교수에게는 효과적인 교수법을 안내하기 위해 집필되었다.

이 책의 전체적인 내용은 대학에서 효과적으로 가르치기 위해 교수에게 요구되는 교수능력을 중심으로 계획 및 준비, 실행, 평가의 체계적인 과정에 따라 구성되어 있다. 특히, 본문의 내용 전개는 주어진 주제에 관한 실제 현상을 먼저 기술하고, 그 현상에서 개선되어야 하거나 바람직한 대안을 제시하였다. 마지막으로 효과적으로 가르치기 위하여 쉽게 활용할 수 있는 전략이나 기법, 혹은 예시 등을 제시하는 식으로 구성하였다. 또한, 가급적 전문용어 사용이나 관련 지식을 망라하는 것도 생략하였다. 이는 교육학을 학습한 경험이 없거나 교육학에 대한 선행지식이 없는 사람도 누구나 쉽게 가까이 하고 이해할 수 있도록 하기 위함이었다.

끝으로, 저자에게 연구와 학문적 성장을 위해 지도 · 편달해 주신 많은 은사님과 산업교육에 대해서 고민과 의견을 함께 나누는 선배 및 동료들께도 깊이 감사드린다. 그리고 원고 정리 및 교정에 최선을 다해 준 대학원생 이명훈, 김주이, 한홍진, 마상진, 김진실, 박은희, 김강호, 김기용, 박종훈, 정상택, 전승환, 문세연, 민상기 등 모두에게 감사드린다. 또한, 출판을 맡아주신 서울대학교출판부와 그동안 이 책의 출판을 위하여 수고해 주신 출판부 직원 여러분에게도 감사드린다.

2004년 8월
관악산 산업교수학습 연구실에서
나승일 씀

차례

3장 | 핵심적인 수업기술

4장 | 효과적인 수업방법

1장

대학과 교수학습

지식기반 사회로 불리는 오늘날, 우리는 더는 학력(學歷)을 추구하는 '지식 소비자'가 아니라 학력(學力)을 지닌 '지식 생산자'로서의 능력을 갖추어야 한다. 따라서, 이제는 대학에서도 종전의 지식전달 위주의 교육보다는 구성주의에 입각하여 학생 스스로 지식을 구성하도록 하는 교육이 이루어져야 한다. 그렇다면, 과연 교수들은 이러한 새 시대에 적합한 교육을 하고 있는가? 교수들 가운데에는 무엇인가 변화를 느끼고 자신의 수업을 개선해야 할 필요성을 느끼면서도 구체적인 노하우(know-how)를 잘 알지 못해 고민하는 교수들도 있을 것이다.

한편, 일부 교수들은 근무하고 있는 대학이 연구중심 대학이기 때문에 자신의 역할 가운데 '연구'를 '교육'보다 더 중요하다고 생각하는 경향도 있다. 그러나 근무하는 대학이 연구중심 대학이든 교육중심 대학이든 대학 교수로서 연구와 교육은 어느 하나도 소홀히 해서는 안 된다. 새로운 교육내용을 효과적으로 가르치기 위해서는 그에 관한 연구를 해야만 한다. 또한, 뛰어난 교수능력을 갖추게 되면 그만큼 강의준비를 위한 시간을 절약할 수 있어서 연구에 투자할 시간을 더 확보할 수 있게 될 것이다.

따라서, 대학 교수의 역할로서 효과적인 수업을 진행하기 위하여 교수학습 이론 및 수업요소, 교수학습 원리 등에 대한 이해를 통해 필요한 교수능력을 갖추도록 노력해야 할 것이다.

01
대학 교수의 역할

우리나라에는 일반 4년제 대학을 비롯하여 교육대학, 산업대학, 특수대학, 전문대학 등 다양한 대학들이 있으며, 대학원으로만 이루어진 대학도 있다. 2016년 현재 전국적으로 4년제 대학만 해도 약 190교이고, 전문대학을 모두 합하면 약 330교가 되며, 이들 대학에 재학하는 학생들은 약 258만 명에 이른다.

대학은 예전부터 '상아탑'이라 불려 온 것과 같이 학문 연구의 산실인 동시에 성숙한 사회인을 길러내는 후진 양성의 교육적 기능을 담당하고 있다. 또한 학생들의 취업을 위한 기술 전수의 기능도 맡고 있다. 이 가운데 대학이 가장 중점을 두는 기능이 무엇이냐에 따라 연구중심 대학, 교육중심 대학, 기술중심 대학으로 나눌 수 있다. 그러나 대학의 중점 기능이 어디에 있느냐에 관계없이 대학 교수들에게 공통적으로 요구되는 것은 교육자, 연구자, 봉사자로서의 역할이다(그림 1-1).

먼저, 교수들에게 요구되는 역할은 교육자로서의 역할이다. 최근에는 지식기반 사회의 도래와 함께 고등교육의 질 개선에 대한 압력이 더욱 커지고 있고, 대학 평가를 통하여 재정을 차등 지원하는 등

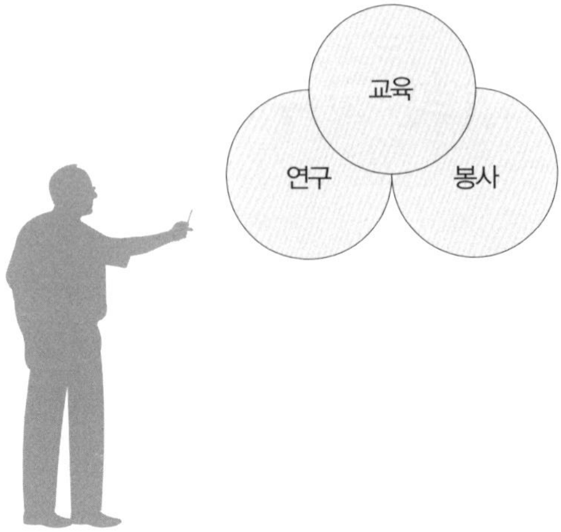

그림 1-1 대학 교수의 역할

대학 간 경쟁이 심화되고 있다. 또한, 안으로는 학습자들의 개성과 능력이 점점 더 다양해져 감에 따라 그에 적합한 교육을 실시할 수 있는 교수능력이 더욱 중시되고 있다.

그러나 대학 교수는 주로 연구중심 대학원을 통하여 양성되기 때문에 연구능력은 뛰어날지라도 교수능력에 대한 교육 기회는 거의 갖지 못한 상태에서 임용되는 경우가 대부분이다. 비록, 임용 전 시간강의 경험과 함께 개인의 노력으로 강의기술을 터득해가기도 하지만, 많은 현직 교수들이 교수능력에 대한 전문성이 부족한 실정이다.

이러한 사정은 외국도 마찬가지여서 오래전부터 'teaching award'를 제정하여 교수들의 교수능력 개발을 장려해 왔다. 국내에서도 최근 대학 내에 '교수학습지원센터'를 설치하여 교수들의 교수능력을 신장시키는 프로그램을 운영하고 있다. 그러나 일부 교수들은 수업진행의 어려움을 학생들의 실력 저하 탓으로 돌리면서 자신의 교수능력에 대한 전문성 부족을 느끼지 못하거나 개선하려는 노력에 관심을 갖지 않고 있다.

대학에 근무하는 교수는 자신의 전공에 상관 없이 담당 과목을 '어떻게 가르쳐야 효과적인가' 하는 교수법을 탐구하고 개발해야 한다. 연구중심 대학이든, 교육중심 대학이든 교수들은 맡은 학생들을 잘 가르치기 위한 교육자로서의 역할 수행에 충실해야 할 것이다. 미국의 대표적인 연구중심 대학인 하버드대 교수들도 평균 연구에 32%, 교육에 40%의 시간을 할애한다고 한다.

두 번째로, 교수들에게 요구되는 역할은 연구자로서의 역할이다. 교수들은 자신의 학문 분야에서 새로운 지식을 쌓기 위해, 그리고 새로운 시대적 요청에 부응하기 위하여 학문을 탐구할 연구자로서의 역할을 수행해야 한다.

연구는 교육중심 대학에서도 중요하다. 왜냐하면 잘 가르치기 위해서는 교수법에 관한 연구를 해야 하기 때문이다. 그러나 지금까지는 대학의 유형에 상관 없이 연구자로서의 역할이 지나치게 강조되어 왔다. 예를 들어, 교육중심 대학에 근무하는 교수에게도 연구중심 대학 교수의 연구업적 평가 기준이 그대로 적용되고 있다. 그러나 앞으로는 교육중심 대학의 경우에는 어떻게 가르칠 것인가에 관한 연구가 교수의 업적 평가에 많이 반영되어야 할 것이다.

또한, 대학 교수의 역할 중 학교의 유형에 따라 '연구 아니면 교육'이라는 상호 배타적인 이분법에서 벗어나야 한다. 강의기술이 뛰어나면 강의준비에 상대적으로 적은 시간을 들이고도 더 큰 효과를 볼 수 있어 그만큼 연구에 할애할 시간이 더 많아질 것이다. 또한, 전공 분야에 관한 연구를 수행하면 현장감 있는 새로운 지식을 강의내용에 반영할 수 있을 것이다. 따라서, 교수는 끊임없이 새로운 연구물들에 관심을 가지고 자신의 교수법과 연구능력을 발전시키며 새로운 지식내용을 강의에 반영해야 한다.

마지막으로, 교수에게는 교육자와 연구자로서의 역할 외에도 봉사자로서의 역할이 요구된다. 물론, 교수 본연의 역할인 연구활동과 교육활동 그 자체도 사회를 위한 봉사의 의미를 가진다. 그러나 좀 더 적극적 차원에서 교수 개개인이 가지고 있는 전문 지식과 능력을 사회발전과 전공 분야의 발전을 위해 발휘할 필요가 있다.

교수들은 자신의 전문 지식을 활용하여 연구를 수행할 뿐만 아니라, 지역사회의 지도자로서 학부모 및 관련 분야 종사자들의 자문위원으로서 봉사하게 된다. 또한, 각종 연수회나 관련 분야 종사자들을 위한 특강 등을 통하여 봉사할 수 있다. 특히, 전문 직업인 양성을 목적으로 하는 교육중심 또는 기술중심 대학에 근무하는 교수들은 졸업생들의 취업 지도를 위해서라도 봉사자로서의 다양한 역할을 적극적으로 수행할 필요가 있다.

02
교수학습 이론과 수업 요소

교수학습이란 가르치고 배우는 것을 의미한다. 교수(teaching)란 사전적 의미로는 '지식이나 기능을 가르치는 것'을 의미하나, 교육학에서는 일반적으로 '학습자에게 학습이 발생할 수 있도록 하기 위해 도움을 주는 의도적이고 계획적인 활동'으로 정의한다. 한편, 학습(learning)이란 '경험을 통하여 유기체에게 일어나는 비교적 지속적인 행동이나 인지의 변화'로 정의한다. 그러나 자연적 성숙이나 발달에 의한 것뿐만 아니라 약물, 피로 등에 의한 일시적인 행동 변화는 학습으로 취급하지 않는다. 즉, 교육학에서 학습이란 사전에 의도되고 계획된 다양한 경험에서 초래된 행동의 변화를 의미한다. 그렇다고 반드시 학습이 교수의 결과로만 발생하지는 않는다. 학습은 교수 없이도 환경과의 상호작용을 통하여 발생할 수 있기 때문이다. 또한, 교수가 이루어졌다고 하여 반드시 학습이 발생하는 것도 아니다. 예를 들면, 교수자가 아무리 열심히 가르쳐도 학습자가 반응하지 않아 학습이 일어나지 않을 수도 있기 때문이다.

이러한 교수와 학습에 관한 이론을 교수이론과 학습이론이라고 한다. 지금까지 제시된 교수학습 이론은 무수히 많으나, 크게 보면 행동주의 관점과 인지주의 관점으로 나눌 수 있다.

행동주의 관점은 인간의 마음보다는 행동을 중시함으로써 인간의 행동 변화에 초점을 둔다. 행동주의 관점은 학습을 자극과 행동 간의 반복을 통해 점증적으로 강화시키는 것으로 본다. 또한 충분한 반복 연습을 통해 그 관계는 강해지며, 자극에 대한 행동 반응의 시간은 점점 빨라진다고 본다. 행동주의에 입각한 교수학습법에는 프로그램 학습, 완전학습 등이 있다.

인지주의 관점은 눈으로 보이는 가시적인 행동 그 자체보다는 인간의 내부에서 일어나는 사고의 능동적인 과정에 초점을 둔다. 인지주의 관점은 학습을 복합적인 정신과정이 개입된 인지구조의 변화로 본다. 즉, 학습은 학습할 내용과 그것과 관련된 기존의 인지구조가 상호작용을 통해 의미 있게 연결됨으로써 일어난다고 본다. 또한, 눈에 보이는 행동만으로는 인간의 내면에서 일어나는 과정, 즉 인간이 어떻게 생각하고 왜 그렇게 행동하는지를 설명할 수 없다고 본다. 인지주의는 단순한 사실의 축적이 아닌, 사고의 과정과 탐구 기능의 교육을 강조한다. 인지주의에 입각한 교수학습법에는 수용학습, 탐구학습 등이 있다.

최근 교육현장에서 널리 강조되고 있는 교수학습 이론은 인지주의 관점에 해당하는 구성주의다. 구성주의 관점은 지식이 발견되거나 재생산되는 것이 아니라, 창조되고 구성된다는 데에 초점을 둔다. 구성주의 관점은 학습을 학습자가 무엇을 알게 되는 것이 아니라, 학습자 자신이 지식과 의미를 구성해나가는 사고과정으로 본다. 또한, 구성주의에서는 객관적 진리 또는 지식이 학습자의 외부에 존재하는 것이 아니라, 개인의 경험에 기초하여 구성된다고 본다. 즉, 학습자는 끝없이 의미를 추구하는 '능동적인 유기체'로서, 자신의 경험을 이해하고 해석하여 스스로 의미를 구성해나간다. 구성주의에 입각한 교수학습법에는 발견학습, 문제해결 학습 등이 있다(표 1-1 참조).

표 1-1 행동주의, 인지주의, 구성주의의 학습관

구분	행동주의	인지주의	구성주의
관심(초점)	인간의 행동 변화	인간의 내부에서 일어나는 사고의 능동적인 과정	지식은 발견되거나 재생산되는 것이 아니라 창조되고 구성됨
학습	자극과 행동 간의 학습된 관계를 반복을 통해 점증적으로 강화시키는 것	복합적인 정신과정이 개입된 인지구조의 변화	학습자 자신이 지식과 의미를 구성해나가는 사고과정
교수학습법	완전학습 프로그램학습	수용학습 탐구학습	발견학습 문제해결학습

효과적인 교수학습을 위해서는 관련 이론을 토대로 수업을 계획하고 수행해야 한다. 즉, 교수들은 각종 교수학습 이론으로부터 제안된 다양한 교수학습 전략을 자신의 수업에 반영하도록 부단히 노력해야 한다.

한편, 수업(instruction)이란 한 마디로 교수자와 학습자의 상호작용으로 정의할 수 있다. 그러나 교수자의 입장에서는 수업을 학습자로 하여금 사전에 설정된 구체적인 학습목표를 달성하도록 자료를 제시하고 안내하는 일련의 교수활동으로 볼 수 있다. 반면, 학습자의 입장에서의 수업을 학습목표 성취를 위하여 교수자의 안내와 지도에 따라 계획된 학습 경험을 하는 과정으로 볼 수 있다. 즉, 교수자의 교수활동과 학습자의 학습활동은 불가분의 관계다. 그렇기 때문에 최근에는 수업을 교수학습 과정이라고도 한다.

수업은 반드시 학습목표를 가지며, 계획적인 활동이다. 즉, 수업은 교수자의 수업방향과 학습자의 학습방향을 제공해 주며, 그 목표를 달성하기 위한 활동은 계획적이다. 하지만, 수업을 하였다고 반드시 학습이 이루어지는 것은 아니다. 교수자가 교수목표를 가지고 계획적으로 수업을 진행하였다고 해도, 학습자에게 지속적인 행동이나 인지의 변화가 일어나지 않을 수 있기 때문이다. 따라서, 대학에서 수업을 잘하기 위해서는 교수가 담당 과목에 대한 전문적 지식과 기술을 습득하고 있어야 할 뿐 아니라, 교수학습에 관한 지식과 기술을 갖추고 있어야 한다.

지금까지 밝혀진 교수학습 이론에 따르면, 대학에서의 수업에 영향을 미치는 요소는 매우 다양하다. 이들 가운데 핵심적인 요소들은 그림 1-2와 같은 다섯 가지를 들 수 있다. 따라서, 대학에서 효과적인 수업을 진행하기 위해서는 교수들은 수업에 미치는 이러한 요소들에 대해 잘 알고 있어야 한다.

- **교수목적**: 교수자의 수업을 통해 수강생들로 하여금 궁극적으로 성취시키고자 하는 도착점 행동으로, 즉 지식, 기능 및 바람직한 태도다.

- **교수내용**: 교수목적 달성에 필요한 교과내용이다. 담당 교과를

그림 1-2 대학 수업에 영향을 미치는 핵심 요소

통해 궁극적으로 성취하고자 하는 교수목적의 달성에 필요한 교과내용을 선정하고 적절하게 조직해야 한다.

- **학습자 특성**: 학습자가 지닌 특성으로 연령, 흥미, 적성, 학습양식, 선행학습 수준, 기초학력 수준 등을 말한다. 따라서, 효과적인 수업을 위해서는 다양한 학습자 특성이 파악되어 교수 설계 및 전개에 반영되어야 한다.

- **교수학습 원리**: 교수이론과 학습이론에 기초한 원리를 의미한다. 효과적인 수업은 교수학습 원리에 기초를 두어야 한다. 즉, 학생들에게 학습이 잘 일어나도록 촉진하기 위해서는 교수학습 원리에 적합한 수업이 이루어져야 한다.

- **교수자의 지식과 기술**: 담당 교과나 전공에 관한 지식 및 기술뿐만 아니라 앞서 언급한 네 가지 요소에 관한 전문성을 의미한다. 이러한 전문성을 제대로 갖추고 있어야 수업을 효과적으로 계획하고, 진행하며, 평가할 수 있다. 따라서, 교수자가 갖추어야 할 지식과 기술에는 수업 설계, 전개, 평가에 대한 것도 포함된다.

이상에서 알 수 있듯이, 수업에 영향을 미치는 다섯 가지 요소는 독립적인 것이 아니라 상호 밀접하게 수업에 영향을 미친다. 따라서, 대학에서 효과적으로 수업을 전개하기 위해서는 담당 과목의 전문성만 갖고는 충분하지 못하다. 좀 더 효과적으로 지도하기 위해서는 명확한 교수목적 설정, 교수목적 달성에 필요한 교수내용의 선정 및 조직, 교수학습 원리의 반영, 학습자 특성 파악, 그리고 수업의 설계, 전개, 평가에 관한 전문성을 지녀야 한다.

03

교수학습 원리와 전략

교수(teaching)의 목적은 학습자 개개인에게 진정한 의미의 '학습(learning)'이 일어나도록 돕는 데 있다. 즉, 학습자에게 학습이 일어나지 않았다면 아무리 열심히 가르쳤다고 하더라도 소용이 없는 일이다. 그렇다면, 어떻게 해야 의미 있는 학습이 일어나게 할 수 있을까? 이를 위해서는 우선 학습이 잘 일어날 수 있는 학습조건을 고려해야 한다. 즉, 교수학습 원리를 고려해야 한다.

그동안 밝혀진 교수학습 원리는 매우 다양하다. 대학에서 비교적 널리 적용하고 있는 열한 가지 교수학습 원리를 살펴보면 다음과 같다.

원리 1 교육내용을 유의미하게 조직하면 학습자가 빠르게 배우고 오래 기억한다

학습자의 내적 동기를 유발하고 학습내용 간의 관계와 핵심 내용을 알기 쉽도록 교과내용이 조직되어 있을 때 학습이 더 잘 일어난다. 예를 들어, 담당 수업을 위하여 선택된 주교재의 차례 순서에 따라 수업을 진행하는 것보다는 교수목적, 학습자 특성, 교수내용의 난이도와 계열성 등을 고려하여 교과내용을 재조직하는 것이 효과적이다.

원리 2 교과내용을 학습자의 출발점 수준에서 제공해야 한다

학습자의 출발점 수준이란 곧 학습자의 현재 수준을 의미한다. 이는 학습자에게 지도해야 할 교과내용은 반드시 학습자의 현재 수준을 고려해서 제시되어야 한다는 것이다. 즉, 가르쳐야 할 내용을 학습자의 선행 지식이나 학습 경험 수준에서 제시해야 한다. 학생들에게 지나치게 어려운 내용을 그대로 제시하거나, 반대로 너무 쉬운 내용을 그대로 제공하는 것은 효과적이지 못하다. 시작은 학생들의 수준에서 출발해야 하나, 궁극적으로는 교수목적을 성취하도록 지도해야 한다. 예를 들어, 덧셈을 모르는 학습자에게 곱셈을 가르치기 위해서는 먼저 덧셈부터 가르치되 결국에는 곱셈도 가르쳐야 할 것이다.

원리 3 학습활동을 학습자 특성이 반영되어 조직해야 한다

학습자는 자신이 현재 가지고 있는 흥미와 요구사항에 부합하는 내용에 대하여 배우고자 하는 동기를 갖는다. 따라서, 학습자의 요구나 흥미, 관심 분야 등을 미리 파악하여 학습활동 조직에 반영하는 노력이 필요하다. 학습자마다 선호하는 학습방법이 다르며, 이것을 흔히 학습양식이라고 한다. 또한, 교수자마다 선호하는 교수방법이 다른데, 이것을 흔히 교수양식이라고 한다. 그러나 수업에서의 문제점은 교수자의 교수양식과 학습자의 학습양식의 불일치가 심하다는 것이다. 과거에는 일방적으로 학습자로 하여금 교수자의 교수양식에 적응하도록 요구하였으나, 진정한 학습자의 학습을 촉진하려면 교수자의 교수양식보다는 학습자의 학습양식을 먼저 고려하여 학습활동을 조직해야 한다.

원리 4 학습자는 목표설정 및 학습활동 계획에 참여함으로써 동기화 된다

학습자는 스스로 문제의식을 가지고 자신의 학습목표와 학습활동을 계획할 때 더 적극적으로 수업에 참여하게 된다. 그러므로 일방적인 학습목표와 학습활동 제시보다는 교수가 설정한 목표에 도달할 수 있게끔 하되, 학습목표 설정과 구체적인 학습활동 계획에 학습자가 참여할 수 있는 기회를 제공한다.

원리 5 성공은 동기 유발의 강력한 원동력이므로 학습자가 노력하면 성취할 수 있는 학습내용으로 선정 및 구성되어야 한다

교과내용이나 학습내용을 제시함에 있어 학습자의 수준과 내용의 난이도를 고려해서 가급적 세분하여 단계적으로 제시하고, 단계마다 학습자가 성공을 통하여 성취감을 맛볼 수 있도록 구성해야 한다. 성공만큼 강력한 동기유발 요인은 없다. 따라서, 학습자로 하여금 학습을 통해 성취감을 느끼도록 하는 것은 대단히 중요하다.

원리 6 학습이 일어나도록 바람직한 학습자 행동을 강화해야 한다

학습이란 바람직한 행동의 변화를 의미한다. 그러나 바람직한 행동의 변화를 위해서는 적절한 강화 원리를 적용해야 한다. 즉, 수업시간에 학습자가 바람직한 행동을 보였을 때 적절한 칭찬이나 격려, 점수 부여 등으로 긍정적 강화를 하고, 반대로 학습자의 바람직하지 못한 행동에 대해서는 그 행동을 제거하고 수정하기 위해서 부정적 강화를 사용해야 한다.

원리 7 가장 효과적인 강화는 바람직한 행동이 일어난 직후에 곧바로 이루어져야 한다

학습자의 바람직한 행동 직후에 보상을 제공함으로써 보상의 효과를 극대화할 수 있다. 예를 들어, 수업시간에 교수의 질문에 어떤 학생이 정답을 말했다면, 그 학생에게 즉시 엄지손가락을 들어 보이며 “대답을 정확하게 잘 했다”고 칭찬하는 것이다.

원리 8 교수자의 의도하에 지시된 학습이 비지시된 학습보다 더 효과적이다

일반적으로 계열성과 구조를 가지고 있는 수업활동에 있어서는 교수가 의도된 목표를 가지고 교과내용을 선정 · 조직화하고 적절한 수업자료와 수업 기술을 활용하여 학습기회를 적극 제공하는 지시된 학습(directed learning)이 더 효과적이다.

원리 9 학습을 극대화하기 위해서는 교과내용에 대해 학생들이 지도되기보다는 스스로 탐구하게 해야 한다

학생들은 문제를 중심으로 제공되는 학습 경험을 통하여 스스로 학습할 수 있는 방법을 배움으로써 학습을 더 향상시킬 수 있다. 그러기 위하여 교수는 시범 및 모델링 기법을 활용하고, ‘왜’, ‘어떻게’ 등에 관한 질문과 즉각적인 피드백을 통하여 학생들의 응용력과 사고력을 키워줄 수 있는 교수방법을 활용한다.

원리 10 학습자들은 실제 적용하거나 실습을 통해 학습한다

학습자는 학습한 것을 실제 활용해 봄으로써 더 잘 이해하게 된다. 학습이 제대로 이루어지려면 실제적인 적용활동을 통한 꾸준한 강화가 필요하다. 따라서, 학습내용과 관련된 연습문제를 푼다거나 실습을 수행할 수 있도록 강의를 계획할 필요가 있다.

원리 11 학습 과정 및 결과에 대한 피드백을 제공해야 한다

학습자의 강점과 약점을 진단할 수 있도록 간단한 퀴즈나 질문,

학습활동 관찰 후의 지도 조언, 노트나 과제물에 대한 평가 등의 피드백을 학습자에게 제공한다. 대부분 평가를 교수가 학습자에게 학점을 부여하기 위해 이루어지는 행위로만 인식하고 있으나, 평가는 학습자에게 자신의 학습결과에 대한 정보를 제공해 줄 수 있다.

한편, 앞에서 제시한 원리를 바탕으로 대학에서 교과목을 지도할 때나 일련의 교육 프로그램을 운영할 때 학생들이 좀 더 능동적으로 참여하고 학습몰입을 촉진하는 여덟 가지 전략을 제시하면 다음과 같다.

전략 1 수업내용의 범위와 수준을 적절히 설정한다

교수들은 대체로 담당과목의 수업내용을 선정할 때 선택한 교재의 구성내용을 주차별로 배분하는 경향이 있다. 교재를 선택할 때 교수목적 및 학생들의 수준을 고려하지만 여전히 한계가 있다. 이에 따라 담당과목에 맞게 저술된 교재가 아닌 경우, 교재의 분량이 너무 많거나 어려울 수 있고, 혹은 반대로 다룰 내용이 너무 적거나 수준이 낮은 경우가 있다. 한편, 선택한 교재의 많은 분량을 전부 가르치다 보면 수업을 허겁지겁 운영하게 되고, 학생들은 많은 내용을 기억하기 어려워하거나 쉽게 잊어버릴 수 있다. 이러한 수업이 반복될 경우에는 학생들의 수업참여도는 점차 떨어질 것이고, 결과적으로 교수중심 수업으로 전락될 확률이 높다.

따라서 담당과목의 수업내용과 수준을 적절하게 설정하는 것은 학생들의 수업 참여를 촉진할 수 있다. 핵심은 우선적으로 학생들이 주어진 학습목표를 성취할 수 있도록, 반드시 알아야 할 내용을 설정하는 것이다. 예를 들어, 선택한 교재의 내용을 중심으로 학생 수준에서 적절한지, 반드시 알아야 하는 내용인지, 알아두면 유용한 내용인지, 혹은 심화학습이나 보충학습을 위한 내용인지를 분석하고, 그 결과를 바탕으로 내용을 설정할 필요가 있다. 장기적으로 담당과목에 적합한 교재를 직접 집필하는 것도 고려할 필요가 있다.

전략 2 인지적 · 심동적 · 정의적 학습목표 간의 균형을 유지한다

수업이란 학습자들이 학습목표를 성취하도록 학습을 안내하고 촉진하는 것이다. 학생들이 성취해야 할 학습목표는 인지적 · 심동적 · 정의적 영역으로 구분된다. 그런데 교수들은 대체로 담당과목의 수업을 통해 지식이나 기술을 가르치는 데 주력하는 경향이 있다. 한편, 어떤 지식이나 기술 습득만이 아닌 내면화된 가치관이나 태도와 같은 정의적 학습을 보다 높은 차원으로 보는 시각도 있다.

따라서 담당과목의 수업을 통해서 학생들이 지식 습득과 같은 인지적 학습목표, 기술 습득과 같은 심동적 학습목표, 내면화되는 태도와 같은 정의적 학습목표를 가능하면 최대한 균형 있게 설정하는 것이 필요하다. 단순한 지식이나 기술 지도에만 머물지 말고 좀 더 깊이 있는 학습이 되도록 정의적 학습목표를 설정하고 지도할 필요가 있다.

전략 3 다양한 교수법을 활용한다

교수들은 흔히 자신에게 익숙한 교수법(예: 강의)만을 고집하는 경향이 있다. 그러나 획일적인 교수방법을 통해 운영되는 수업은 학생들의 흥미를 떨어뜨리고, 결과적으로 학습효과를 감소시킬 수 있다.

한편, 교수들은 피교육자로 경험하였거나 배운 방식대로 가르치는 경향이 있다. 게다가 교수마다 선호하는 교수방식(teaching style)이 따로 있다. 한편, 학생들도 저마다 선호하는 학습방식(learning style)이 따로 있다. 혹시라도 학생들의 학습방식을 고려하지 않고 교수가 선호하는 교수방식에 따라 지도한다면, 결과적으로 학생들의 수업참여도는 떨어질 것이다. 따라서 자신의 수업시간에 학생들의 관심과 참여가 낮은 경우, 교수 자신이 선호하는 교수방법 및 획일적인 방법에 따라 수업을 운영하는 것은 아닌지 자문해 볼 필요가 있다.

따라서 학생들의 수업 참여를 높이고 보다 능동적으로 수업을 운영하기 위해서는 가능하면 다양한 교수방법을 활용할 필요가 있다. 특히 교수 자신의 선호하는 교수방법보다는 학생들이 선호하는 학습방법을 선택하여 다양한 방식으로 가르치는 것이 필요하다. 이 책에 제시된 핵심적인 수업기술과 효과적인 수업방법들을 활용하면 매우 유용할 것이다.

전략 4 소집단(팀) 학습 활동을 활용한다

교수들은 대체로 강의식 위주로 수업을 운영하는 경향이 있다. 수강생이 많은 경우에는 더욱 그렇다. 하지만 학생들은 대체로 교수의 일방적인 강의보다는 동료들과의 팀 활동을 통해서 더 재미있고 쉽게 배운다. 소집단(팀) 활동을 통해서 학생들은 서로 협동정신과 협업하는 능력을 기를 수 있다. 협력은 미래 사회에 요구되는 핵심 역량이다.

따라서 학생들의 수업 참여를 촉진하고 협력을 키워 주기 위해서 가능하면 학생들을 적정 규모로 소집단(팀)으로 구분하여 프로젝트 수행과 같은 집단 학습을 활용할 필요가 있다.

전략 5 학습자의 사전 경험을 활용한다

최근에는 직장 경력이 있거나 일하면서 대학에 다니는 성인 학생들이 점점 늘어나고 있다. 이러한 성인학습자들은 자신의 사전 경험을 학습과 연계시키거나 당면 문제의 해결에 관심을 갖는다. 따라서 성인학습자들의 수업 참여를 높이고 수업내용의 심도 있는 이해와 적용을 촉진하기 위해서는 학습자들의 사전 경험을 적극 활용할 필요가 있다. 이를 통해 학습자의 관심사 및 출발점 수준에서 수업을 운영할 수 있을 것이다.

따라서 학생들의 사전 경험이나 관심사를 파악할 필요가 있다. 수업내용과 관련하여 성인학습자들의 사전 경험이나 관심사를 간단하게 파악하여 수업설계 시 반영하도록 한다. 성인학습자들이 많은 경우에는 주차별로 적절하게 분배하여 성인학습자들이 공유하고 싶거나 원하는 학습 활동을 제안받아 수업설계 및 수업운영 시 반영하는 것도 효과적이다. 이럴 때 학습자의 수업 참여와 효과는 극대화될 것이다.

전략 6 이전에 학습한 개념과 기술을 상기시켜 통합시킨다

일부 교수들은 해당 차시 수업의 내용 지도에만 관심을 갖는 경향이 있다. 그러나 학생들의 학습 참여와 효과를 극대화하기 위해서는 이미 학습한 개념과 지식 및 기술을 적절하게 상기시키고 본 차시의 내용과 적절하게 연계할 필요가 있다. 특히 한 학기에 걸쳐 가르치는 교과목의 경우, 주차별 수업내용 간의 연계를 통해 통합할 필요가 있다.

이를 위해서 새로운 수업내용을 제시하기에 앞서 사전에 배운 내용 중 수업내용과 관련 있는 내용을 질문이나 퀴즈로 확인할 수 있을 것이다. 아니면 본 수업내용을 제시할 때 사전에 배운 내용과의 유사점, 차별점 혹은 연관성을 명료하게 제시할 수도 있을 것이다. 이럴 경우 학생들은 새로운 내용에 흥미를 갖거나 학습의욕이 생길 것이고, 학습효과가 촉진될 것이다.

전략 7 실생활 문제와 사례를 활용한다

학생들의 수업에 대한 관심 제고와 참여를 촉진하기 위한 효과적인 방법은 학생들의 실생활에서 경험하거나 당면한 문제 및 사례를 수업에 활용하는 것이다. 학생들의 궁극적인 학습목적은 자신이 현재 겪고 있거나 미래에 직면할 문제를 해결하는 데 있을 것이다. 그렇다면 담당과목의 내용과 관련된 학생들의 실생활 문제와 사례들을 파악하는 것이 필요하다. 이를 위해 학생들을 대상으로 면담이나 설문조사 등을 실시할 필요가 있다. 또는 뉴스나 인터넷을 통해서 수업내용과 직접적으로 관련된 실생활 문제나 사례를 검색하여 활용할 수도 있을 것이다. 그리고 담당과목의 수업을 통해서 다루고 제기되었던 다양한 질문이나 사례를 기록 및 관리하여 활용할 수 있을 것이다.

전략 8 학습 성과를 정리한다

교수들은 흔히 강의에 치중한 나머지 별도의 마무리 과정 없이 차시 수업을 마친다. 심지어 담당과목의 종강을 시험으로 마치는 것이 관행적이다. 그러나 차시 수업이나 종강 시 학습 성과를 정리할 필요가 있다. 이러한 정리 과정은 학생들로 하여금 배운 것을 확인하고 강화하는 과정이다. 또한 효과적인 마무리 과정은 학생들로 하여금 배운 것을 오래 기억하게 한다.

수업에서의 학습 성과 정리는 과거 서당에서 있었던 책거리처럼 일종의 학생들의 성취를 축하하는 기회가 되기도 한다. 이러한 기회는 다음 학습에 대한 동기화로 이어질 수 있다. 예를 들어 수업시간에 일어나는 다양한 학습 활동이나 수업 장면을 사진으로 찍어 두었다가 종강 시 '슬라이드쇼'로 다 함께 보는 것도 유용할 것이다.

04

교수에게 필요한 교수능력

대학 교수에게 요구되는 교육자, 연구자, 봉사자로서의 역할 가운데 교육기관에 근무하기 때문에 교육자로서의 역할이 핵심이라 할 수 있다. 교육자로서의 역할 가운데에서도 가장 중요한 것은 바로 담당 과목을 가르치는 능력, 즉 교수능력일 것이다.

교수능력에는 교육과정 개발에서부터 학기단위, 또는 단위수업을 위한 교수설계능력, 다양한 수업방법의 실행 및 학습평가능력 등이 포함된다. 이 밖에도 수업관리능력과 학생상담능력, 능력중심교육(산학협동교육 실행능력)과 지역사회와의 연계능력, 학생조직능력, 전문성 개발능력이 요구되며, 학생들의 다양한 요구를 만족시키고 기초능력을 증진시킬 수 있는 능력도 요구된다.

특히, 대학에서 성공적인 수업을 위하여 교수들은 사전에 효과적으로 수업을 계획하고 준비하는 교수설계능력, 다양한 학생의 특성에 따라 수업을 의미 있게 진행하는 능력, 효과적인 수업방법의 특성을 이해하고 선택적으로 활용하는 능력, 학습이 부진하거나 뛰어난 학생들을 위한 보충 및 심화학습 지도능력, 그리고 학습 목표 및 내용에 따라 합리적으로 학습성취도를 평가하는 능력을 갖추어야 한다(표

표 1-2 대학 교수에게 요구되는 교수능력

교수능력	세부 교수능력	
교수설계	• 교수목적 확인 • 교수내용 분석 • 학습자 특성 파악 • 학습목표 설정 • 평가계획 수립	• 수업방법 선택 • 교수매체 선정 및 제작 • 강의계획서 작성 • 학습지도안 작성
핵심적인 수업진행 기술	• 첫 수업진행 • 신뢰감 형성 • 학습의욕 향상 • 적절한 질문 • 수업에 대한 반응 제고 • 설득력 있는 설명	• 학습자료 제시 • SNS를 활용 • 시범 • 학습강화 • 지각 및 결석 줄이기 • 수업 시 문제행동 대처
효과적인 수업방법	• 강의식 수업 • 토의식 수업 • 거꾸로 수업 • 능력중심수업 • 문제해결식 수업 • 문제중심 수업	• 협동식 수업 • 프로젝트 수업 • 팀티칭 • 실험, 실습 수업 • 시뮬레이션 수업
보충 및 심화학습 지도	• 작업기초능력 지도 • 자기주도학습 지도 • 개별화 학습지도	• 수준별 지도 • 자격취득 지도
학습평가	• 평가기준 설정 • 인지적 학습 성취 평가 • 정의적 학습 성취 평가	• 심동적 학습 성취 평가 • 루브릭 평가 • 채점 및 성적 부여
지속적인 능력 개선	• 자기평가 • 학생에 의한 평가	• 동료수업 벤치마킹

1-2 참조).

교수설계능력이란 수업에 영향을 미치는 교수목적, 교수내용, 학습자 특성, 학습목표, 수업방법, 교수매체, 평가 등을 체계적으로 고려하여 수업을 설계하는 능력을 의미한다. 교수설계를 제대로 수립하기 위해서는 교수목적 확인, 교수내용 분석, 학습자 특성 파악, 학습목표 설정, 평가계획 수립, 수업방법 선택, 교수매체 선정 및 제작 등에 관한 능력을 지녀야 한다. 또한, 교수자는 담당 과목의 강의계획서와 학습지도안을 작성할 수 있어야 한다.

대학에서 수업을 효과적으로 진행하기 위해서 교수자는 다양한 수업진행 기술을 활용할 수 있는 능력이 있어야 한다. 이러한 수업진행 기술에는 학생들로 하여금 교수에 대한 신뢰감을 형성하도록 하여 학습의욕을 높이고, 설득력 있게 수업내용을 설명하며, 적절하게 질문하는 기술이 포함된다. 그리고 꼭 필요한 자료를 적절한 시기에 적절한 방법으로 제시하는 기법과 판서를 효과적으로 활용하는 기술, 수업 시 문제가 되는 행동을 다루는 기술, 지각 및 결석을 줄이는 기술 등도 교수자가 갖추어야 할 수업진행 기술이다.

또한, 교수자는 다양한 수업방법을 이해하고 활용할 수 있어야 한다. 다양한 수업방법 가운데 대학에서 흔히 적용되는 강의식, 토의식, 실험 · 실습식, 문제해결식, 협동식, 시뮬레이션, 팀티칭 등의 수업방법에 대한 이해와 활용능력을 지녀야 한다. 즉, 이러한 수업방법에 대한 이해를 기초로 학습목표, 학습자 특성, 수업 상황 등을 고려하여 최적의 수업방법을 선택하여 활용할 수 있어야 한다.

어느 정도 비슷한 학습능력을 갖추었다고 볼 수 있는 같은 대학의 같은 학과 내에서도 학습능력의 차이는 존재한다. 또한, 학생들이 선호하는 학습양식이 다르고 성격이나 사회적 배경 등의 차이로 다양성이 존재한다. 이렇게 다양한 학생의 특성에 적합한 교육을 하기 위하여 보충학습과 심화학습 지도능력이 교수에게 요구된다. 즉, 일반 학생들에 비해 상대적으로 학습능력이 부족하거나 여러 가지 이유로 정상적인 학습량을 따라오지 못하는 학생들의 학습을 보충하거나, 특별히 학습능력이 우수한 학생들의 학습을 심화시킬 수 있는 추가적인 교육활동을 할 수 있는 능력을 갖추어야 한다.

대학 교수들은 학습을 지도한 후에 학생들의 학업성취를 객관적이고 타당하게 평가한 뒤, 학생들의 발전 및 성취에 적절한 피드백과 합당한 성적을 부여할 수 있어야 한다. 이를 위해서 교수는 우선 다양한 평가원리 및 방법에 대한 이해를 기초로 담당 교과목의 학습목표 및 학습평가 준거에 따라 적절한 평가방법을 선택하고, 시험문제를 개발하며, 시험 결과를 객관적이고도 합리적으로 채점하여 성적을 부여하는 능력이 있어야 한다.

끝으로, 지속적인 능력개선을 위해서는 스스로 본인 강의에 대한 평가와 함께 수업을 함께한 학생들의 평가를 반영하여 보완해야 한다. 더욱이 동료수업을 벤치마킹하여 좋은 스킬을 이후 수업에서 시도하여 교수능력을 향상시켜 나가야 할 것이다.

2장

성공적인 수업 준비와 실제

수업이란 일반적으로 학생이 주어진 학습목표를 성취하도록 돕는 교수와 학생 간의 상호작용을 의미한다. 수업의 일반적인 과정은 학습의 조건에 따라 도입, 전개, 마무리 단계로 구분되며, 학습목표를 효과적으로 달성하기 위해서는 다양한 전략이 요구되며, 수업을 체계적으로 계획하는 교수설계가 필요하다.

일반적으로 교수설계란 교수목적, 교수내용 분석, 학생 특성 파악, 학습목표 설정, 평가계획 수립, 수업방법 선택, 교수매체 선정 및 제작과정을 통해 수업을 설계하는 활동을 의미한다. 교수설계의 과정을 거치면 한 학기의 계획인 강의계획서와 단위 수업시간의 지도계획인 학습지도안을 결과물로 얻을 수 있다. 또한, 첫인상에 해당되는 첫 수업을 잘 운영한다면 더욱 효과적인 수업운영이 가능하다.

대학의 교과목마다 교수의 수업을 보조하는 교육조교(TA)가 배정되므로 교육조교의 일반적인 역할과 효과적인 역할 수행, 유의사항 등을 사전에 파악하고 업무를 분배하여 효과적인 수업이 진행될 수 있도록 준비해야 한다.

01
일반적인 수업 과정과 전략

학생들의 반응이 좋은 수업은 대체로 교수자의 기분이나 상황에 따라 즉흥적으로 진행되기보다는 사전에 잘 계획된 교수설계에 따라 진행되는 수업이다. 그리고 이러한 수업은 학생들에게 학습이 제대로 일어나도록 하는 기본조건들을 충족하도록 설계된 수업이다. 즉, 수업의 일반적인 과정은 학습의 조건에 따라 도입, 전개, 마무리 단계로 나누고 각 조건에 따라 표 2-1과 같이 세부 단계로 구분할 수 있다.

그리고 각 세부 수업단계에서 활용할 수 있는 교수전략은 적용하는 수업방법에 따라 다양하다. 이러한 차이점이 각 단위 수업의 학습지도안에 반영되어야 한다. 그러나 많은 교수는 수업방법에 대한 체계적인 교육을 받지 못한 채 자신이 경험적으로 터득한 수업방법이나 절차에 따라 수업을 실행하는 편이다.

따라서, 효과적인 수업을 진행하기 위해서는 자신의 수업을 일반적인 수업단계 및 전략과 비교하여 어느 학습조건 및 전략이 미비한지 자가 진단해보는 것이 필요하다.

표 2-1 수업단계별 학습조건 및 교수전략의 관계

수업단계	학습조건	교수전략
도 입	주의집중	학습과제 및 자극에 주의를 기울이게 한다
	기대	학습목표나 학습에 기대감을 갖게 한다
	관련 지식의 재생	기억하고 있는 관련 지식을 회상하게 한다
전 개	선택적 지식	학습을 위한 각종 자극을 단기 기억에 저장하도록 한다
	의미론적 부호화	새로운 자극 및 정보를 이미 기억하고 있는 것과의 관련성을 찾아 장기 기억으로 전이시킨다
	재생과 반응	정보를 재현시켜 반응하도록 한다
	강화	학습자가 가졌던 기대(학습목표)의 성취를 확인시킨다
마무리	재생을 위한 암시	이후의 학습 시 재생하기 위한 부가적 암시를 제공한다
	일반화	새로운 상황에서의 적용을 촉진하고 학습 전이력을 높인다

도입은 흥미롭게

수업의 도입 부분에서는 흔히 인사를 하거나 출석을 확인하는 것 이외에 학습자로 하여금 학습할 내용이나 주제에 집중하도록 하고, 학습목표를 인식하게 하며, 학습에 대한 흥미와 동기를 갖도록 한다. 또한, 수업의 개요나 미리보기를 제공해서 전체적인 수업내용을 조망하도록 하는 것이 필요하다. 이러한 교수활동이 모든 수업마다 순차적으로 일어나는 것이 아니라, 경우에 따라서는 동시에 연계되어 이루어질 수 있음을 상기해야 한다.

도입 단계의 교수활동을 진행하는 데 소요되는 시간은 전체 시간의 5~10% 내외로 할당하는 것이 적절하며, 도입 부분이 너무 길면 오히려 비효과적일 수도 있으니 주의해야 한다.

인사, 수업환경 및 출석을 확인한다

학생들과 짧게 인사를 나눈 뒤 출석을 점검한다. 또한, 난방, 조명, 청결 등 수업환경이 수업하기에 적절한지 확인한다.

주의를 집중하게 한다

대학에서의 수업은 50분 단위로 이루어지는데, 학생들이 강의실을 옮겨다니며 수강하기 때문에 대체로 수업이 시작되어도 자칫 분위기가 어수선하고 주의가 산만한 경우가 있다. 또한, 1, 2학년 학생들의 경우 전공지식이 생소하고, 그것의 중요성이나 유용성을 잘 모르기 때문에 수업내용에 집중을 하지 않는 경우도 있다. 그러나 효과적인 학습이 일어나려면 학생들의 관심, 흥미, 동기유발이 필요하다. 따라서, 도입 부분에서 가장 중요한 것은 학생들의 주의를 집중시키는 것이다. 이를 위해서는 학생들의 주변 이야기나 관심사가 무엇인지를 파악하고 학습내용과 직 · 간접적으로 관련된 개념, 사물, 일화, 또는 예시 등을 활용할 필요가 있다.

학습목표를 제시한다

학생들의 주의를 집중한 후에 학습목표를 구체적으로 제시한다. 분명한 학습목표의 제시는 학습성취도를 높이는 데 도움이 되며, 학습목표의 제시방법은 설명과 함께 칠판에 직접 판서하거나, 사전에 준비한 자료(예: 유인물, 파워포인트 등)를 활용해서 제시하도록 한다.

학습동기를 유발한다

학생들의 주의를 집중시키고 학습목표의 제시를 통해서 무엇을 왜 배워야 하는지 알게 되더라도 여전히 흥미를 갖지 못하거나 배우고 싶은 의욕이 없는 학생이 있을 수 있다. 즉, 학습동기가 없는 학생들이 있을 수 있다. 학생들의 학습동기를 유발하기 위해서는 수업을 통해서 무엇을 배우게 되고, 그러면 어떤 점에서 좋고 학습내용을 어떻게 활용할 수 있는지를 소개하는 것이 필요하다.

수업 전체에 대한 안내를 한다

학생들에게 수업내용을 쉽게 전달하기 위해서는 수업의 개요나 전개과정의 일부, 또는 전체를 간단하게 설명하거나 맛보기로 제시하는 수업 미리보기가 필요하다. 이때에는 전체적인 수업내용뿐 아니라 수업방법 및 학습활동도 간단하게 소개하는 것이 좋다.

수업내용을 선행학습 내용과 연관시킨다

전개 단계에서 본격적으로 배우게 될 수업내용과 관련된 선행지식이나 배경을 상기시키고 기초적 이해를 확인하도록 하는 관련 선행지식의 회상을 자극하는 것이 필요하다.

전개는 열정적으로

전개 단계는 학생들이 학습목표를 달성하도록 수업내용을 제시하고 학습을 촉진하는 수업의 본론 부분이다. 전개 단계에서는 일반적으로 학습내용 제시, 학습활동 지도, 연습 및 적용기회 제공, 피드백 활동을 하게 된다. 이때 세부적인 단계 및 교수전략과 활동은 적용한 수업방법에 따라 차이가 있을 수 있다.

이러한 전개과정에서 중요한 것은 수업을 열정적으로 진행해야 한다는 것이다. 수업을 열정적으로 전개하려면, 사전에 수업을 철저하게 설계하고 준비해야 하는 것은 말할 나위 없다. 또한, 사전에 아무리 교수설계를 잘 했다고 하더라도 정작 수업상황을 점검하지 못하여 계획대로 하지 못한다면 낭패이므로 수업 시작 전에 반드시 수업환경을 점검하는 것도 잊지 말아야 한다.

아울러, 수업 중에 학생들에게 교수가 '불성실하다'는 오해를 주는 언행은 하지 않도록 한다. 예를 들어, "이 부분은 중요하지 않으니 대충 넘어가겠다", "오늘 컨디션이 좋지 않아서 수업하기가 힘들다" 등의 발언은 주의해야 한다. '열정은 전염된다'는 말처럼, 교수가 강의실이나 실험 · 실습실에서 수업에 대한 열의를 보이면 학생들도 학습에 대한 열의를 가질 것이다. 따라서, 교수는 우선 전개과정을 열정적으로 진행하도록 노력해야 한다.

전개 단계의 소요시간은 전체 시간의 70~80%를 할당하는 것이 적절하다. 다만, 전개 단계의 세부 단계에 따라 시간할당에 주의를 기울여야 한다. 많은 교수들이 전개 단계의 시간할당이 적절하지 못해 마무리를 제대로 하지 못하고 수업을 마치는 경우가 있다. 그렇기 때문에 전개과정의 세부 단계별 시간할당을 여유 있게 하고 시간관리에 유념해야 한다.

특히, 수업의 전개 단계에서 다음과 같은 사항을 효율적으로 진행하기 위하여 시간관리에 유념해야 한다.

학습내용을 세분하여 제시한다

전체 수업시간 가운데 전개 단계가 70~80%를 차지하기 때문에 전개 단계는 학생들이 집중할 수 있는 시간을 고려해서 설계해야 한다. 참고로, 학생에 따라 차이가 있지만, 학생들이 지속적으로 집중할 수 있는 시간은 대체로 10분에서 20분 정도밖에 되지 않는다는 것을 고려해야 한다. 또한, 대체로 학습내용이 학습목표에 따라 여러 개로 세분될 수 있기 때문에, 학생들의 집중력을 지속시키고 학습내용을 쉽게 가르치기 위해서는 가능하면 학습내용을 세분하여 제시하는 것이 효과적이다. 즉, 학습내용을 종류, 난이도, 관련성, 능력 단위, 범위 등에 따라 여러 개로 세분하여 제시하고 각각의 요점을 분명히 확인하여 하나씩 지도하는 방식이 바람직하다.

학생들은 단계적으로 학습하는 것을 선호한다. 따라서, 수업은 논리적으로 조직되어야 하며, 구체적인 것에서 추상적인 것으로, 또는 아는 것에서 모르는 것으로, 쉬운 것에서 어려운 것으로, 가까이 있는 것에서 멀리 있는 것으로 수업이 진행되어야 한다. 학생들은 그들이 현재 어디에 있고, 그들이 가려고 하는 방향이 어디이며, 그곳으로 가려고 하는 방법을 알고 있을 때 가장 잘 학습하게 된다.

학습내용과 관련된 예시를 든다

갑자기 난해한 이론부터 수업을 시작하면 거부반응을 일으킬 학생들이 속출할 것이다. 학생들을 무난하게 수업에 끌어들이기 위해서는 학습내용과 관련된 재미있는 예시를 드는 것이 좋다. 특히, 생소한 내용을 소개할 때에는 구체적인 사례를 소개한 뒤 설명하는 것이 좋다. 기본적인 원리를 설명하기 위해서는 시각적이고 체험적으로 경험할 수 있는 학습 경험을 제공하는 것이 선행되어야 한다. 그후에 체험으로부터 새로운 개념이나 원리를 발견하고 정리할 수 있도록 유도하는 것이 효과적이다.

학생들은 학습하는 내용이 이미 알고 있는 것에 기초했을 때 더 쉽게 학습하게 된다. 따라서, 수업을 계획할 때 새로운 지식과 사전지식을 결부시키고, 학생들에게 친숙한 내용에서부터 시작하여 새로운 정보나 기술을 그것과 연관시키는 것이 좋다.

다양한 수업방법을 적용한다

수업의 효율성을 높이기 위해서 토의식 수업, 문제해결식 수업 등 다양한 수업방법을 적용한다. 교수는 학생들이 새로운 내용을 쉽게 이해하고, 이해한 것을 오래 기억하도록 돕는 다양한 수업방법을 활용해야 한다.

학생들의 반응을 관찰한다

교수는 종종 가르치는 일에 몰두하여 학생들의 반응을 신경 쓰지 못하는 경우가 있다. 학생들의 표정이나 자세 등을 주의 깊게 관찰함으로써 학생들이 수업을 제대로 따라오고 있는지, 학습내용을 이해하고 있는지 등을 알 수 있다.

학습한 것을 연습하도록 한다

새롭게 배운 것을 적용하고 확인할 수 있도록 학생들에게 연습 기회를 제공해야 한다. 예를 들어, 자격시험과 같은 기출 문제들을 준비하여 풀어 보게 하는 것이다. 그러나 대체로 강의실 수업에서는 시간 부족 등의 이유로 배운 것을 실제 적용하고 확인할 수 있는 연습 기회를 제공하지 못하는 경향이 있다. 그러나 연습은 학습자로 하여금 다소 불완전하게 이해한 것을 확실하게 이해하게 돕는 역할을 한다.

피드백을 제공한다

수업내용 중에서 학생들이 이해하지 못한 부분을 확인하여 피드백을 제공한다. 학생들이 어려워하거나 제대로 이해하지 못한 점 등을 확인하여 보충설명 등의 피드백을 제공하는 것이 필요하다.

최신의 사례나 자신의 연구결과를 소개한다

주교재에는 나와 있지 않은 최신의 정보나 지식을 소개한다. 즉, 구체적인 사례를 제시함으로써 학생들에게 일상생활과 수업내용이 밀접하다는 것을 실감하도록 한다.

또한, 학생들에게 수업내용과 관련된 자신의 연구업적을 간략하게 소개한다. 이렇게 함으로써 학생들은 최신의 관련 정보를 얻을 수 있으며, 자신들을 가르치는 교수의 실력이 대단하다는 것을 알게 되어 교수에 대한 신뢰감이 쌓일 것이다.

마무리는 인상적으로

수업의 마무리 단계는 주로 학습한 내용을 요약 · 정리하고 바람직한 행동에 대해서 강화를 제공하며 일반화를 돕도록 안내하는 단계다. 이때 학습내용 중 중요한 사항만을 힘있게 그리고 효과적으로 요약하여 제시하는 것이 좋다. 정해진 수업시간이 끝났다고 하여 학생들의 학습이 끝나는 것이 아니기 때문에 학습내용이 파지 및 전이될 수 있도록 인상적인 마무리를 구상할 필요가 있다.

수업을 요약한다

요약은 학생들에게 해당 수업시간에 배운 내용에 관하여 명확한 개념을 심어 주기 위해서 수업내용을 하나로 묶는 방법이다. 또한, 학생들이 배운 내용을 오래 기억하고 활용하도록 수업을 강화하기 위한 하나의 방법이기도 하다. 사전에 학습목표에 비추어 핵심적인 사항을 파워포인트나 유인물로 준비하여 수업 요약 시 활용한다면 보다 효과적일 것이다. 또한, 요약을 교수가 직접 할 수도 있으나, 학생들이 노트 필기를 잘했다면 한 학생에게 요약된 노트를 전체 학생들에게 읽어 주도록 시킬 수도 있다.

학생들의 흥미를 끄는 수업 요약방법으로는 수업내용과 관련된 간단한 ○×퀴즈를 내거나, 스피드 퀴즈 게임처럼 설명을 하면 학생들이 정답을 답하는 식의 게임방법이 있으며, 색다른 방법으로 학생들에게 배운 내용에 대한 개념지도를 그리게 하는 방법도 있다. 개념지도란 핵심 개념을 중심에 놓고 관련된 개념들을 바깥 쪽으로 써 나가면서 관련 있는 개념들을 서로 선으로 연결하는 그림이다.

질의응답한다

학생들이 수업내용을 완전히 이해하지 못하고 의문을 느끼고 있다는 것을 파악하지 못한 채 수업을 마치는 경우가 있는데, 그 이유는 학생이 수업 중에 질문하기를 망설이기 때문이다. 따라서, 마무리 단계에서 학생들이 궁금한 것을 질문할 수 있도록 유도하고, 자세히 설명해 줄 필요가 있다. 또는, 사전에 학생들이 궁금해 할 만한 사항을 정리해 두었다가 학생들의 질문이 없을 때에 그러한 사항들에 대해 알고 있는지 학생들에게 물어보는 것도 좋다.

그리고 수업이 끝난 다음에도 서둘러 강의실을 나서지 말고 학생들이 개별적으로 찾아와 질문할 수 있는 시간적 여유를 갖는다.

학습한 것을 일반화한다

학생들에게 전에 배웠던 내용을 그날 배운 내용에 적용할 수 있는 기회를 제공한다. 더 나아가 학생들이 이제까지 배웠던 것을 상기하고, 앞으로 배울 내용에 대한 관심을 높여 학생들의 이해를 증진시킬 수 있도록 한다. 연습은 학습을 확고하게 하고, 망각을 방지하며, 새로운 자료의 학습을 용이하게 하므로 학습내용과 학습자 수준에 맞는 연습을 지도한다.

또한, 교수는 수업이 끝날 무렵 명확한 답변을 요구하는 질문 대신에 자유 질의 시간을 갖고 모든 학생을 토론에 참여하도록 할 수도 있다. 교수는 토론의 초점을 학습목표에 맞추도록 유도하고 학생들의 의견을 종합한다. 교수는 이러한 요약 토론과정에서 수업내용을 논리정연하게 정리하는 사회자 역할을 담당한다.

다음 수업을 안내한다

다음 시간에는 어떤 내용을 학습할 것인지 예고하고, 필요한 준비물이나 예습사항이 있는 경우 이야기해 준다.

시간을 엄수한다

수업시간이 지났는데도 열강을 하는 교수도 있으나, 이는 수업계획을 잘못 했다는 것을 스스로 증명하는 것이다. 그리고 수업시간이 지나면 학생들의 마음은 이미 강의실에 있지 않는다는 사실을 명심해야 한다. 따라서, 시간을 잘 계획하여 수업을 진행하는 것이 바람직하다.

읽을거리

학생들의 주의를 집중시키기 위한 다양한 전략

- 학생들의 흥미를 끌 수 있는 주제로부터 수업을 시작하고, 이것이 수업내용으로 자연스럽게 연결되도록 한다.
- 학생들의 생활과 관련 있고 재미있는 다양한 정보를 제공한다.
- 사례나 예시를 많이 든다.
- 일방적인 설명보다는 문제를 제기하는 방식으로 수업을 진행한다.
- 문제를 개인별로 풀도록 한다.
- 3~4명 정도의 조로 나눈 뒤 조별로 의논하여 답변할 수 있는 문제를 낸다.
- 시청각 기자재를 활용한다.
- 한곳에서만 수업을 진행하지 말고 강의실 안을 돌아다니며 수업한다.
- 다양한 제스처를 취한다.

02
수업 준비와 교수설계

효과적인 수업은 교수가 자기 혼자만의 경험의 틀에서 벗어나는 데에서부터 시작된다. 과거에 경험하고 해오던 방식에서 벗어나지 못하면 새롭게 변화하는 학생들의 요구와 교육내용에 적절하게 대처할 수 없을 것이다. 이를 위해 우선 효과적인 수업을 위한 교수설계에 대한 이해가 있어야 한다.

교수설계란 마치 건축가가 건물을 짓기 위해 설계도를 그리듯이, 강의의 내용을 학습자들이 가장 효과적으로 학습하도록 하기 위하여 수업의 제반 활동과 요인을 설계하는 활동을 말한다. 이러한 교수설계의 결과물 가운데 어느 한 과목을 한 학기 동안 가르치기 위해 설계한 계획을 '강의계획서'라 지칭하고, 실제 일정 단위의 수업시간을 위해 설계한 지도계획을 '학습지도안'이라 한다.

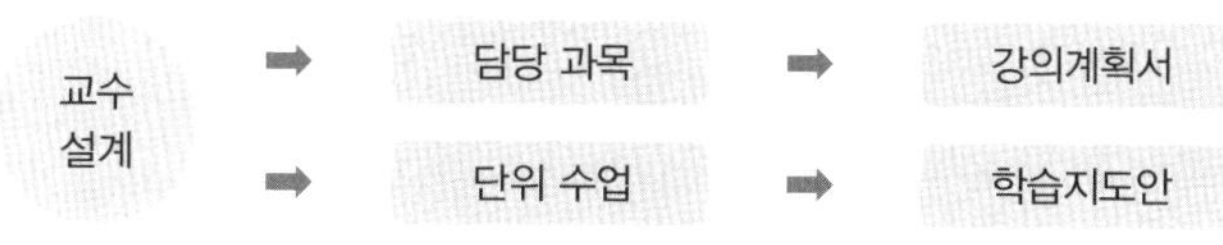

그림 2-1 강의계획서와 학습지도안의 차이

이러한 교수설계의 일반적인 과정은 ① 교수목적 확인, ② 교수내용 분석, ③ 학습자 특성 파악, ④ 학습목표 설정, ⑤ 평가계획 수립, ⑥ 수업방법 선택, ⑦ 교수매체 선정 및 제작 순으로 이루어진다(그림 2-2 참조).

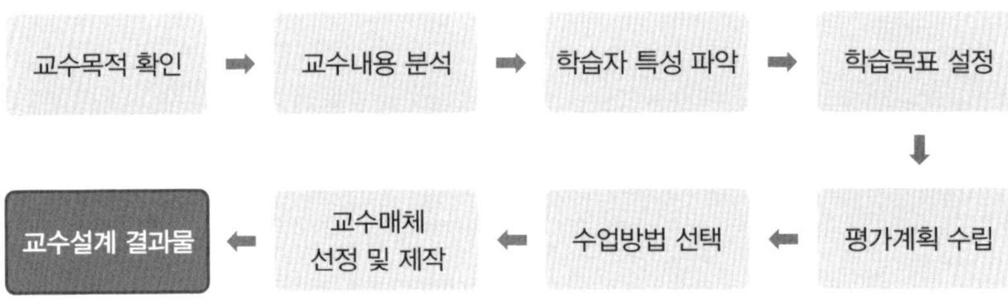

그림 2-2 교수설계의 일반적 과정

1. 교수목적 확인

교수설계에 있어 가장 먼저 해야 할 일은 담당 과목이나 단위수업의 교수목적을 확인하는 것이다. 교수목적이란 가르치는 교수자가 자신의 담당과목이나 단위수업을 통해 수강생들이 궁극적으로 성취해야 하는 지식, 기능 및 바람직한 태도로 구성된 학습성과(learning outcomes)를 의미한다.

일반적으로 우수대학에서는 전공별 인재상을 실현하기 위해 교육과정에 제시된 교과목별 성취해야 할 학습성과 혹은 역량(competency)이 명확하게 제시되어 있다. 그렇지 않은 경우에는 교수마다 담당하는 교과목의 교수목적을 정하고 있다. 예를 들어, 전공별 교육과정 및 '교과목개요'를 참고하여 설정할 수 있다. 한편, 단위수업의 교수목적은 강의계획서에 제시된 주별로 다룰 학습주제나 학습내용을 참고하면 설정할 수 있을 것이다. 이 밖에도 끊임없이 변화하는 사회적 · 시대적 요구도 고려해야 한다.

2. 교수내용 분석

교수목적을 확인한 후 해야 할 일은, 교수목적을 달성하기 위해 수업을 통해 다루어야 할 교수내용을 결정하는 것이다. 이는 교수내용 분석을 통해서 가능하다. 교수내용 분석이란 앞에서 확인한 교수목적의 달성을 위하여 학습자에게 필요한 교수내용이 무엇인지 분석하는 것이다.

교수내용 분석은 흔히 담당과목과 관련하여 가장 권위 있는 교재 분석과 직무분석을 통해서 이루어질 수 있다. 한편, 우리나라의 경우 전체 직업에 종사하는 사람들에게 주어진 직무를 성공적으로 수행하는 데 필요한 지식, 기술 및 태도 등으로 구성된 국가 차원의 국가직무능력표준(National Competency Standards, NCS)을 사용할 수 있다. 이밖에 최근의 학계 동향, 전문가나 현장 종사자의 자문을 받아 도출할 수도 있을 것이다. 이러한 교수내용 분석을 통해서 지도해야 할 교육내용과 그것의 난이도 및 계열성 등을 알 수 있다.

3. 학습자 특성 파악

최근 대학생들의 인적 구성이 매우 다양해지고 있다. 특히, 편입학, 재입학 등이 늘어나면서 대학생들의 연령, 사전 경험, 학습양식, 흥미, 성숙도, 사회경제적 배경, 적성, 태도 등의 개인차가 점점 심해지고 있다. 이러한 학습자의 개인차를 제대로 파악하고 있어야 학생들의 다양성을 반영한 교수를 설계할 수 있을 것이다. 교수가 학습자의 특성을 수업에 반영할 수 있다면 좀 더 우수한 수업을 전개할 수 있을 것이다. 나아가 개개인의 능력을 충분히 발휘할 수 있도록 유도할 수도 있을 것이다.

일반적으로 파악해야 할 학습자 특성에는 학생의 연령, 학습양식, 흥미, 적성만을 생각하기 쉬운데, 이 밖에도 학생들의 선행학습 수준, 기초학력 수준, 담당과목이나 단위수업을 통하여 학습자가 얻고자 하는 지식, 기능, 태도 등도 파악해야 한다. 이러한 특성을 파악하는 목적은 학습자 입장에서 학습목표를 수립하고, 적절한 수준을 조절하며, 수업자료를 선택하기 위한 것이다.

학생들의 학습자 특성을 파악하는 방법에는 수강생 설문조사, 수강생 면담, 동료 교수들로부터 정보 얻기, 각종 정보가 기록된 학생카드 및 교과목 이수 현황 파악하기, 표준화 검사 등이 있다.

강의계획서나 학습지도안을 작성하는 데 필요한 학습자 특성 파악은 자체 설문조사를 실시하거나 강의 첫 시간에 수강생들의 요구사항을 확인하여 반영하는 것이 일반적이다. 특히, 수업 주제 및 내용과 관련된 학생들의 흥미, 관심사 및 사전 경험 정도를 파악하여 반영한다면 한층 더 흥미롭고 의미 있는 학습활동을 조직할 수 있을 것이다.

4. 학습목표 설정

학습목표란 일정한 수업이 이루어진 후 학습자가 최종적으로 성취해야 할 도착점 행동을 의미한다. 특히 무엇을 아는가가 아닌, 얼마나 잘할 수 있는지를 보여 주는 수행(performance)을 토대로 설정해야 한다. 앞에서 언급한 교수목적과 학습목표 간에는 차이가 있을 수 있다. 교수목적은 교수자의 입장에서 설정한 목표이기 때문에, 학습자 중에는 이미 교수목적을 달성한 경우도 있을 수 있다. 그렇기 때문에 학습목표는 학습자 입장에서 설정한 도착점 행동으로, 교수목적, 교수내용, 학습자 특성 등을 고려하여 설정해야 한다.

이러한 학습목표는 다음과 같이 학습자가 학습해야 할 내용(주제)과 도착점 행동을 나타내는 동사로 표현된다.

학습목표 = 학습내용(주제) + 도착점 행동(동사)

학습목표를 진술하려면, 우선 학습자가 성취해야 할 도착점 행동이 무엇인지를 확인해야 한다. 일반적으로 학습목표는 궁극적으로 도달하려고 하는 도착점 행동이 지식과 관련된 것(인지적 학습영역), 태도와 관련된 것(정의적 학습영역), 육체적 기능과 관련된 것(심리운동적 학습영역)으로 구분된다.

인지적 학습영역은 지식, 이해, 적용, 분석, 종합, 평가 능력으로 세분되고, 정의적 학습영역은 감수, 반응, 가치화, 조직화, 인격화로, 심리운동적 학습영역은 지각, 태세, 유도된 반응, 기계화, 복합 반응으로 각각 세분된다. 각 영역의 능력은 표 2-2에서 아래로 갈수록 보다 고차원적인 능력을 의미한다.

이처럼, 학습을 통해서 학습자가 성취해야 할 도착점 행동이 무엇인지를 먼저 구체적으로 확인해야만 적절한 동사를 선택하여 학습목

표 2-2 인지적 · 정의적 · 심리운동적 학습영역

인지적 영역	정의적 영역	심리운동적 영역	
지식	감수	지각	단순 능력
이해	반응	태세	↑
적용	가치화	유도된 반응	
분석	조직화	기계화	
종합	인격화	복합 반응	↓
평가			고차원적 능력

표를 진술할 수 있다.

가장 이상적인 학습목표의 진술은 학습자가 학습한 후에 '궁극적으로 나타내야 하는 도착점 행동', '그러한 행동을 나타낼 수 있는 상황과 조건', '그 행동을 평가하기 위한 기준'을 포함하도록 제시하는 것이다. 그러나 대체로 학습목표는 학습자가 성취해야 할 도착점 행동을 관찰 가능한 동사를 사용해서 진술하는 것이 일반적이다.

학습목표를 제대로 진술하는 요령에는 여러 가지가 있으나, 우선 학습자인 학생이 동작의 주체가 되는 문장으로 표현해야 한다. 또한, 교수자가 경험적으로 관찰 가능한 용어(~말할 수 있다, ~분류할 수 있다, ~도표로 나타낼 수 있다 등)로 끝나는 문장으로 표현한다. 이는 교수자가 학습자의 성취 여부를 판단할 수 있게 하기 위해서다. 따라서, '안다', '감상하다'와 같이 관찰할 수 없거나 추상적인 표현은 사용하지 말아야 한다. 또한, 하나의 목표에 하나의 행동만이 포함되게 진술해야 한다.

- 관찰 가능한 동사: 설명하다, 분류하다, 나타내다 등
- 관찰할 수 없거나 추상적인 동사: 안다, 감상하다 등

한편, 일상에서 무심코 사용하는 표현이라도 이것이 학습상황에서 학습목표로 사용되는 경우에는 좀 더 정교하게 사용되어야 한다. 학습목표는 교수자의 것이 아니라 학습자가 궁극적으로 도달해야 할 지점을 표현한 것이기에, 여러 학습자에게 공유될 때에는 학습자에 따라 미묘하지만 다르게 받아들여질 수 있다는 점을 주의해야 한다. 또한, 학습목표가 결국 수업에 대한 학습자의 기대수준과 연결된다는 점에서 행동의 특성이 무엇이며, 어떠한 수준을 요구하는가를 주의하여 진술해야 한다.

표 2-3은 학습목표 진술 시 자주 범하는 오류를 나타낸 것이다.

표 2-3 학습목표 진술 시 자주 범하는 오류

오류의 유형	잘못된 학습목표 진술		바른 학습목표 진술
교수의 활동을 학습목표로 진술	현미경을 통하여 미생물을 관찰시킨다	⇨	관찰한 미생물의 특징을 열거할 수 있다
학습의 결과가 아닌 과정으로 진술	빵의 성분에 대하여 토의한다	⇨	빵의 성분을 설명할 수 있다
교과목의 내용이나 주요 제목으로 나열	버터의 제조공정	⇨	버터의 제조공정 과정을 설명할 수 있다
두 가지 목표를 진술	달걀의 특성을 이해하고 마요네즈를 만들 수 있다	⇨	달걀의 특성을 이용한 마요네즈를 만들 수 있다

5. 평가계획 수립

평가계획 수립이란 학생들의 학습목표 성취도를 확인하기 위한 계획으로, 교수목적으로 제시한 학습성과가 달성되었는지 확인할 수 있도록 수립되어야 한다. 이때 앞서 설정한 학습목표를 평가준거로 삼을 수 있다. 일반적으로 평가에는 어떤 학습목표의 달성 여부를 판단하기 위해 언제(평가시기), 어떠한 방식(평가방법)으로, 얼마나 자주(평가 횟수) 평가하고, 최종 교과성적에는 어떠한 요소들이 어떤 비율로 반영될 것인가를 결정해야 한다.

평가라고 하면 학기말에 성적을 부여하기 위한 결과지향적 평가만을 생각하기 쉽지만, 이러한 의미에서 행해지는 총괄평가(summative evaluation)보다 요즘은 과정지향적인 형성평가(formative evaluation)가 더 중시되고 있다. 또한, 단순한 지식 평가가 아닌 학생의 수행에 초점을 둔 총체적 평가로 루브릭 평가(Rubrics)가 널리 활용되고 있다. 이를 위해서는 사전에 성취도를 확인하기 위한 세부적인 평가요소 및 기준을 마련해야 한다.

우리나라 대학에서는 대체적으로 중간고사, 기말고사, 과제물평가 등이 사용되고 있다. 하지만 교수목적 및 학습목표에 기초하여 성취도를 확인할 수 있는 학습성과 또는 역량 등을 루브릭 평가와 같은 수행중심 평가로의 개선 노력이 필요하다.

6. 수업방법 선택

교수 자신이 자신 있고 익숙한 수업방법을 사용하는 것도 중요하지만, 여러 가지 수업 관련 요인을 고려하여 학습자 입장에서 최선의 수업방법을 선택하고 이를 적절히 활용할 필요가 있다.

대학에서 주로 사용하는 수업방법으로는 강의식 수업, 토의식 수업, 문제해결식 수업, 실험 · 실습 수업, 협동식 수업, 문제중심 수업, 역량중심 수업 등을 들 수 있다. 수업방법을 선택할 때 교수는 학습목표, 학습활동, 학습자 특성, 교수의 수업진행 능력, 수업환경 등을 고려해야 한다.

- 학습목표 달성에 적합한 방법인가?
- 학습활동에 적합한 방법인가?
- 학습자 특성에 적합한 방법인가?
- 교수가 자신 있게 지도할 수 있는 방법인가?
- 수업환경에 적합한가?

7. 교수매체 선정 및 제작

수업은 교수내용을 담고 있는 각종 교수매체를 교수와 학생들이 공유하면서 이루어지는 활동이다. 교수매체에는 학습목표나 교수방법에 따라 교과서, 참고서, 실습지침서와 같은 인쇄물 자료 이외에도 그림, 비디오, 컴퓨터와 같은 시청각 자료, 그리고 공작세트, 표본, 시뮬레이터와 같은 실험 · 실습용 자료 등이 있다.

교재는 교수내용을 담고 있는 서적을 말한다. 해당 과목 분야의 다른 전문가가 이미 개발한 서적을 교재로 선택하여 사용할 수도 있고, 담당 교수가 교수목적에 맞게 직접 제작한 인쇄물, 또는 시청각 자료를 교재로 사용할 수도 있다.

하나의 교재만으로 수업을 진행할 경우 해당 분야의 권위 있는 전문가가 이미 정리해 놓은 자료를 정확하고 체계적으로 가르칠 수 있다는 장점이 있는 반면에, 수업내용이 해당 교재로 한정되기 쉽다는 단점이 있다. 따라서 이왕이면 교재와 더불어 단원별로, 그리고 수업시간별로 여러 참고문헌과 시청각 자료(교수 보조자료)를 활용할 필요가 있다.

03
강의계획서 작성

최근 각 대학은 평가를 대비하여 교수들에게 담당 과목의 강의계획서 작성을 요구하고 있다. 강의계획서(syllabus)란 강좌별로 한 학기 동안 수업을 어떻게 이끌어 나갈 것인지에 대한 교수설계를 구체화한 것으로, 교수가 수업을 체계적으로 전개해 나갈 수 있도록 안내해 주는 역할을 한다. 또한, 학생들에게는 한 학기 동안 수업시간에 어떤 내용이 어떻게 다루어지며, 학습결과가 어떻게 평가되는지 알려 줌으로써 수업을 통해 자신이 무엇을 해야 하는지를 예측 가능하게 한다.

과거에는 교수자만 강의계획서를 활용하였다. 그러나 최근 대다수 대학에서 강의계획서를 홈페이지에 탑재하여 수강신청 시 학생들이 자유롭게 열람하도록 하거나, 유인물로 학생들에게 나누어 주도록 장려하고 있다. 강의계획서는 한 학기 동안 수업을 어떻게 진행하겠다고 하는 교수자와 학생들 간의 일종의 약속이므로 실제 수업상황을 고려하여 실현 가능하도록 작성해야 한다. 특히, 학생들에 의한 강의평가가 실시되는 경우에 '강의계획서'대로 수행하지 않았다는 평가를 받기 쉬우므로 작성 시에는 이를 유념해야 한다.

강의계획서를 잘 작성하기 위해서는 교수설계의 원리에 맞게 작성해야 한다. 또한, 전공분야가 같은 동료 교수의 강의계획서를 참고하여 적절하게 수정하는 방법도 있다. 특히, 최근에는 많은 교수가 온라인에 자신의 강의계획서를 공유하고 있으므로, 잘 만들어진 강의계획서를 인터넷으로 검색하여 참고하는 것이 좋다.

강의계획서 양식

강의계획서 양식은 매우 다양하다. 최근에는 많은 대학에서 학교마다 통일된 양식에 따라 강의계획서를 작성하여 인터넷에 올리도록 하고 있다. 이 경우에는 강의계획서 작성 기간을 확인하고, 해당 기간에 대학에서 만든 강의계획서 양식에 따라 입력하면 된다. 인터넷으로 입력하는 강의계획서의 경우, 대부분 정교한 양식이기보다는 약식으로 되어 있고, 교수의 필요에 맞게 강의계획서 양식을 수정할 수 있게 되어 있지 않다.

그러나 강의계획서는 획일적인 양식보다는 좀 더 다양한 양식을 개발하여 제시하는 것이 필요하다. 예를 들어, 강의계획서 양식은 담당 과목, 담당 교수, 수업장소, 수업방법 등에 따라 얼마든지 달라질 수 있다. 따라서, 대학에서 제공하는 강의계획서 양식이 자신이 작성하려고 하는 강의계획서와 일치하지 않는 경우, 자신의 수업에 맞게 강의계획서 양식을 나름대로 작성하는 것이 좋다.

다만, 강의계획서 양식은 차이가 있을지라도 강의계획서에는 일반적으로 교과목 정보, 담당 교수 정보, 수강대상 학생 정보, 교수목적 및 주요 내용, 수업방법, 교수매체, 평가방법, 교재 및 참고문헌, 주별 강의계획 등의 사항이 포함된다. 이 밖에도 교수는 얼마든지 필요한 내용을 추가할 수 있다.

강의계획서 작성

강의계획서를 작성하기 위해서는 1절에서 언급한 교수설계 과정을 거쳐야 한다. 독자의 이해를 돕기 위하여 ○○대학의 △△과에 〈교육방법론〉이라는 과목이 있고, 이것을 담당하는 교수가 한 학기를 기준으로 어떠한 절차를 거쳐 강의계획서를 작성하게 되는지 알아보자.

강의계획서 작성의 일반적인 과정은 ① 교수목적 확인, ② 교수내용 분석, ③ 학습자 특성 파악, ④ 학습목표 설정, ⑤ 평가계획 수립, ⑥ 수업방법 선택, ⑦ 교수매체 선정과 제작의 순으로 이루어진다.

1. 교수목적 확인

강의계획서 작성에서 교수목적 확인이란 교과목의 한 학기 동안의 교수목적을 설정하는 것을 말한다. 아직도 많은 교수들이 교수목적을 형식적으로 설정하는 경우가 많다. 하지만 교수목적은 교과목 수강이 끝난 학기말에 학생들이 어떤 능력을 갖추게 되는가를 고려해 설정해야 한다. 따라서, 교수목적 설정을 위해서는 다음과 같은 사항을 고려해야 한다.

교육과정상의 교과목표를 확인한다

학과마다 존재하는 학과의 교육과정 안내서나 교수요목 등에 제시되어 있는 해당 교과목의 교과목표를 확인한다. 또한, 교과 개요, 성격 등은 무엇인지 참고할 필요가 있다.

> ○○대학 △△과의 교육과정에는 〈교육방법론〉 교과목의 교과목표에 대하여 다음과 같이 기록되어 있다.

〈교육방법론〉 과목은 3학년 학생들이 1학기 때 이수하도록 되어 있는 과목으로서, 이 과목의 교과목표는 학생들로 하여금 교육방법에 관한 이론과 실제를 학습하게 함으로써, 구체적이고 실제적인 교수 능력을 배양하게 하는 데 있다.

다른 교과목과의 계열성을 확인한다

해당 교과목의 교수목적 설정을 위해 해당 교과목이 전체 교육과정에서 어떤 위치에 있는지 확인할 필요가 있으며, 다른 교과목과의 계열성을 고려할 필요가 있다.

〈교육방법론〉을 수강하는 3학년 학생들은 2학년 때까지 〈교육학 개론〉 〈교육심리〉 〈교육사회〉 등을 수강했으며, 이 과목을 수강한 이후에는 〈교육행정 및 경영〉 〈교육철학〉 〈교육연구방법〉 〈교육실습〉 등을 수강하게 된다는 것을 알게 되었다. 또한, 〈교육방법론〉은 2학년 1학기에 이수한 〈교육학 개론〉 과목을 기초로 하고 있으며, 4학년 1학기에 이수하게 되는 〈교육실습〉과 직접 연계되어 있다.

사회적 요구를 확인한다

직업현장에서 요구되는 능력 중 교과목과 관련된 능력은 어떤 것이 있는지 확인한다. 대학 수업은 직업교육만을 목표로 하지는 않지만, 학생들에게 도움이 되는 실용적인 내용을 가르치기 위해 최근 직업현장에서 요구되는 능력이나 중요시되는 능력 등을 교수목적에 반영할 필요가 있다.

예전에는 중 · 고등학교 교육현장에서 적용되는 교수법이 주로 강의식이었으며, 다른 교수법이나 교육방법에 대한 요구가 많지 않았다. 그러나 최근에는 학급당 학생 수도 30명대 이하로 줄었으며, 교수매체나 교육시설 등이 많이 개선되어 학교현장에서도 강의식 수업 외에 문제해결식 수업, 협동식 수업, 토의식 수업 등이 이루어지고 있다. 따라서, 훌륭한 예비교사를 양성하기 위해서는 다양한 교수방법에 대한 이론뿐 아니라 실제 수행능력까지 신장시켜 줄 필요가 있다.

위에서 언급한 교육과정상의 교육목표 확인, 다른 교과목과의 계열성 확인, 사회적 요구 등을 고려하여 〈교육방법론〉 교과목의 교수목적을 설정하면 다음과 같다(그림 2-3 참조).

이 교과의 교수목적은 〈교육학 개론〉 이론에 대한 이해를 바탕으로 구체적인 교수방법 이론을 습득하고, 교육현장에서 활용할 수 있는 실제적인 교수능력을 신장시킨다.

교육과정상의 교과목표	다른 교과목과의 계열성	사회적 요구
학생들로 하여금 교육방법에 관한 이론과 실제를 학습하게 함으로써 구체적이고 실제적인 교수능력을 배양하게 한다.	2학년 1학기에 이수한 〈교육학 개론〉 과목을 기초로 하고 있으며, 4학년 1학기에 이수할 〈교육실습〉과 직접적인 연계성이 있다.	다양한 교수방법에 대한 이론뿐 아니라 실제 수행능력까지 신장시켜 줄 필요가 있다.

⬇ ⬇ ⬇

교 수 목 적

〈교육학 개론〉 이론에 대한 이해를 바탕으로 구체적인 교수방법 이론을 습득하고, 교육현장에서 활용할 수 있는 실제적인 교수능력을 신장시킨다.

그림 2-3 〈교육방법론〉 과목의 교수목적 확인 예시

교수목적 설정 후 확인사항

- 교육과정상의 교과목표가 반영되었는가?
- 다른 교과목과의 계열성을 고려했는가?
- 사회적 요구를 반영했는가?
- 그 밖에 교수목적 설정에 반영할 사항들을 고려했는가?

2. 교수내용 분석

강의계획서 작성에서 교수내용 분석이란 한 학기 동안 가르치게 될 학습내용을 선정하는 것이다. 일반적으로 대학에서는 주교재 한 권을 선택하여 한 학기 동안 처음부터 끝까지 가르치거나 수업시간이 허락하는 범위까지만 가르치는 경우가 많다. 그러나 이러한 방법은 결코 바람직한 방법이라고 할 수 없다.

교수내용을 선정하기 위해서는 가장 먼저 앞에서 결정한 교수목적을 고려해야 한다. 즉, 교수목적을 달성하기 위해 필요한 내용을 교수내용으로 선정해야 한다. 따라서, 교수목적 달성에 적합한 주교재를 선정해야 하며, 그 주교재를 처음부터 끝까지 순서대로 가르치는 것보다는 교수목적을 고려하여 내용을 엄선하고 순서를 재배열할 필요도 있다. 적당한 주교재가 없는 경우, 여러 권의 교재에서 교수목적을 달성하기에 적합한 교수내용을 엄선할 수도 있으며, 적합한 교재를 교수가 직접 제작할 수도 있다.

또한, 교수내용의 난이도를 고려해야 하며, 선정된 교수내용을 계열성을 고려하여 배치한다.

〈교육방법론〉 교과목의 교수목적은 앞에서 언급한 대로 첫째, 구체적인 교수방법 이론 습득, 둘째, 교육현장에서 활용할 수 있는 실제적인 교수방법에 대한 수행능력 신장이다.

이러한 교수목적을 달성할 수 있는 교수내용을 선정하기 위하여 이 교과목과 관련이 많은 〈교수학습 이론〉〈교수방법의 원리와 실제〉〈성공적인 교수법 가이드〉〈교육방법 개발〉〈학습지도안 개발〉 교재들의 차례를 중심으로 내용을 분석하였다. 특히, 교수방법 및 교수능력과 관련된 가장 권위 있고 많이 사용되는 교재들을 중심으로 분석하되, 최근의 학계 동향과 전공 관련 직업 분야의 동향도 참고하여 꼭 필요한 내용과 순서로 재구성하였다. 이와 같은 과정을 거쳐 다음 내용이 이 과목을 위한 교수내용으로 선정되었다.

- 교수학습의 원리
- 다양한 수업방법에 대한 이해와 적용
- 실제 수업 상황에 적절한 수업진행 기술
- 수업 시 문제상황별 대처법
- 보충 및 심화학습 지도
- 다양한 평가방법과 성적 부여 방법

교수내용 분석 후 확인사항

- 교수내용 분석 시 교수목적을 충분히 고려했는가?
- 교과목과 관련 있는 서적들의 차례를 검토했는가?
- 한 학기 동안 충분히 가르칠 수 있는 학습량인가?
- 교수내용들이 계열성을 고려하여 배치되었는가?
- 교수내용의 난이도를 고려했는가?

3. 학습자 특성 파악

아무리 학습내용이 잘 구성되었다 하더라도 학습자 특성이 고려되지 않는다면 그 수업은 교수목적을 이룰 수 없을 것이다. 예를 들어, 영어독해 능력이 전혀 없는 학생들에게 영어로 된 원서를 주교재로 선택하게 한다면, 학습목표 달성은커녕, 한 학기 동안 수업진행도 제대로 할 수 없을 것이다. 또한, 교수가 사전에 학습자들의 관심이나 흥미를 파악하고, 수업시간에 학습자들이 흥미있어 하는 학습내용과 관련 있는 이야기를 해 준다면, 학습자들의 학습동기는 더욱 높아질 것이다. 즉, 학습자 특성을 파악하는 목적은 학습자들의 학년, 성별, 사전 경험, 흥미, 태도, 선수학습 경험 정도, 요구 등을 파악하고, 이러한 정보를 강의계획서 작성과 학습지도안 작성과 같은 수업준비와 수업시간에 적절하게 활용함으로써 수업효과를 극대화하기 위한 것이다.

학습자 특성은 학과사무실이나 지도교수가 보관하고 있는 학생 신상기록부나 자기소개서, 환경조사서 등과 같은 기존 문서를 통해 파악할 수 있으며, 수강생 중 몇 명과의 면담을 통해 파악할 수도 있다. 또는, 지난 학기 수업을 들은 수강생이나 강의한 교수를 통해 학습자에 관한 정보를 얻을 수 있다.

〈교육방법론〉 교과목 수강생들의 특성을 파악하기 위하여 학생 신상기록부를 살펴보고 동료 교수들 및 몇몇 학생과 면담을 하였다. 그 결과, 학과 3학년은 남학생 22명, 여학생 8명으로 모두 30명의 학생들로 구성되어 있었고, 남학생 가운데 절반은 군대를 갔다 온 복학생이며, 남학생 2명은 편입생이었다. 대체로 이 학생들은 학교생활과 학과공부에 적응을 잘하고 학업능력이 비슷한 편이었다. 또한, 대부분의 학생들이 교원임용고사를 준비하고 있었다. 학생들은 대체로 교육방법에 관한 이론과 원리를 잘 이해하고 있었으나, 실제적인 수업기술이 부족하였다. 따라서, 이에 대한 실제적인 기술을 실습 위주로 지도하고 모의수업을 실시할 필요가 있다. 또한, 학생들의 입학 당시 수능성적으로 보아 영어독해 능력이 어느 정도 있는 것으로 분석되며, 수업내용과 관련되는 외국 자료(인터넷에서 뽑은 텍스트 등)를 참고자료로 활용할 수 있을 것으로 예상된다.

학습자 특성 파악 시 확인사항

- 학습자 특성을 파악하기 위하여 학생 신상기록부나 자기소개서와 같은 다양한 자료를 참고했는가?
- 학습자 특성 파악을 위해 수강생들과 면담을 할 필요가 있는가?
- 학습자 특성 파악을 위해 동료 교수들로부터 수집할 정보는 없는가?

4. 학습목표 설정

학습목표는 학생 입장에서 설정된 최종적으로 도달하고자 하는 목적지다. 교수목적이 포괄적인 것이라면 학습목표는 구체적인 목표이며, 학습평가 시 평가의 준거가 된다. 따라서, 교수는 학습자의 최종 도착점 행동을 명시한 학습목표를 구체적으로 설정하여야 한다. 이를 위해 학습목표는 관찰 가능한 동사로 서술된다.

또한, 학습목표는 교수목적, 교수내용, 학습자 특성 등을 반영하여 학습자 입장에서 설정되어야 한다.

〈교육방법론〉의 학습목표는 교수목적, 교수내용, 학습자 특성 등을 고려하여 다음과 같이 설정할 수 있다(그림 2-4 참조).

- 교수학 이론을 바탕으로 구체적인 교수방법 이론을 설명할 수 있다.
- 다양한 수업방법의 특징 및 각 수업방법의 장단점, 도입-전개-마무리 단계별 진행과정을 설명할 수 있다.
- 수업 상황에 활용할 수 있는 다양한 수업진행 기술을 실제 수업에 적용할 수 있다.

교수목적

교육학 이론에 대한 이해를 바탕으로 구체적인 교수방법 이론을 습득하고, 교육현장에서 활용할 수 있는 실제적인 교수능력을 신장시킨다.

교수내용

- 교수학습의 원리
- 다양한 수업방법에 대한 이해와 적용
- 실제 수업 상황에 적절한 수업진행 기술
- 수업 시 문제 상황별 대처법
- 보충 및 심화학습 지도법
- 다양한 평가방법과 성적 부여 방법

학습자 특성

- 학년: 3학년
- 성별: 남학생 22명, 여학생 8명
- 사전 경험: 교육학의 전반적인 내용에 대하여 학습 경험이 있음
- 관심 분야: 대부분의 학생이 임용고사를 준비하고 있음

↓ ↓ ↓

학 습 목 표

- 교육학에 대한 이해를 바탕으로 구체적인 교수방법 이론을 설명할 수 있다.
- 다양한 수업방법의 특징 및 각 수업방법의 장단점, 도입–전개–마무리 단계별 진행과정을 설명할 수 있다.
- 수업 상황에 활용할 수 있는 다양한 수업진행 기술을 실제 수업에 적용할 수 있다.

그림 2-4 〈교육방법론〉 과목의 학습목표 설정 예시

학습목표 설정 후 확인사항

- 교수목적과 학습목표의 관련성을 고려했는가?
- 교수내용을 고려하여 학습목표를 설정했는가?
- 학습자 특성을 고려했는가?
- 학생들의 도착점 행동이 관찰 가능한 동사로 진술되었는가?
- 학습목표가 학습자 입장에서 달성 가능한 것인가?

5. 평가계획 수립

학생들의 학습목표 도달 여부를 측정하고 앞으로의 학습을 촉진하기 위한 평가계획을 수립한다. 평가계획은 평가내용, 평가방법, 평가시기, 평가비율, 평가기준, 성적 부여 등에 관해 최대한 구체적으로 세우고, 학생들의 학습의욕을 고취시키기 위해 첫 수업시간에 학생들에게 자세히 안내해 줄 필요가 있다. 또한, 학기말에 학생들의 성적을 산출할 방법과 기준을 염두에 두고 평가계획을 수립해야 타당하고 적절한 평가가 될 수 있다.

성적 평가계획을 구체적으로 수립하고 학기 중에도 평가계획에 따라 평가를 수행하면 학생들의 성적이 체계적으로 산출되므로 학기말 성적을 더 쉽게 부여할 수 있다. 일반적으로 강의계획서에는 평가방법, 평가비율, 평가시기 정도만 소개되고, 평가기준이나 성적 부여에 대해서는 소개되지 않으나, 미국에서는 강의계획서에 이러한 내용까지 자세히 소개되고 있다.

〈교육방법론〉 과목은 실제적인 수업능력과 이론의 적용능력을 중시하는 교과이므로 중간고사 대신에 모의수업 발표를 통한 평가를 실시하고, 개별 과제나 발표 대신에 수업 중 실습결과에 대한 평가를 실시하도록 계획할 수 있다.

평가 내용 및 요소를 설정한다

학습목표의 달성 여부를 알아보기 위한 평가 내용 및 요소를 설정해야 한다. 평가 내용 및 요소의 수는 학습목표의 수만큼 설정하는 것이 편리하다.

앞에 설정된 세 개의 학습목표가 달성되었는지를 알아보기 위한 평가 내용 및 요소를 다음과 같이 설정할 수 있다.

① 교수학습 원리를 체계적으로 설명할 수 있는가?

② 다양한 수업방법의 특징을 설명할 수 있는가?

③ 각 수업방법별 장단점, 도입-전개-마무리 단계별 진행과정을 설명할 수 있는가?

④ 다양한 수업방법을 실제 수업에 적용할 수 있는가?

⑤ 강의식 수업을 위한 학습지도안을 작성할 수 있는가?

⑥ 수업 상황에 활용할 수 있는 다양한 수업진행 기술을 나열할 수 있으며, 예를 들어 설명할 수 있는가?

⑦ 수업별, 문제 상황별 대처법을 설명할 수 있는가?

⑧ 보충 및 심화학습 지도의 정의와 방법을 설명할 수 있는가?

⑨ 다양한 평가방법과 성적 부여 방법을 사용하여 학습결과를 평가할 수 있는가?

⑩ 다양한 평가문항을 제작할 수 있는가?

평가방법과 평가시기를 결정한다

일반적으로 대학에서는 중간고사나 기말고사 때 이루어지는 지필평가와 출석 상황만을 가지고 성적을 산출하는 경우가 많다. 그런데 이런 경우 수업에 적극적으로 참여하지 않아도 지필시험만 잘 보면 좋은 평가를 받게 되는 문제가 생길 수 있다. 따라서, 보다 정확한 평가가 되기 위해서는 이러한 평가방법 외에도 수업참여도나 과제물 제출과 같은 다양한 평가방법을 도입할 필요가 있다. 그러나 학생들은 해당 과목만을 수강하는 것이 아니라 학기마다 보통 6~8과목을 수강하므로, 학생들에게 너무 많은 부담이 되지 않는 범위에서 타당하고 신뢰할 수 있는 다양한 평가방법을 선택하도록 한다.

앞의 ①, ②, ③, ⑥, ⑦, ⑧, ⑨항목의 평가내용을 평가하기 위한 방법은 학기말에 실시되는 기말고사 때 지필평가 형식으로 평가가 이루

어질 것이며, ⑤, ⑩항목을 평가하기 위한 방법은 학기 중(6주, 11주차)에 실습평가 형식으로 이루어질 것이며, ④항목을 평가하기 위해서는 학기말(12주, 13주차)에 모의수업 발표 형식으로 이루어질 것이다. 또한, 태도평가를 위해 매 시간 출석과 수업참여도를 체크할 것이다.

평가비율을 결정한다

평가비율은 평가내용의 중요도, 난이도 등을 고려하여 평가방법별로 설정한다.

성실한 출석과 적극적인 수업 참여를 유도하는 가산점 부여, 실습평가, 모의수업, 지필평가(기말고사) 등 평가방법별 평가비율을 결정한다.

- 출석 및 수업 참여(20%)
- 실습평가 2회(20%): 학습지도안 작성, 평가문항 개발
- 모의수업(30%): 팀별 학습지도안 제출 및 모의수업 발표
- 기말고사(30%)

평가기준을 설정한다

평가방법별 평가기준을 강의가 시작되기 전에 결정해 두는 것이 좋다. 첫 수업시간에 학생들에게 평가기준을 알려 줌으로써 학생들도 자신의 학점이 어떻게 부여되는지를 알 수 있으며, 교수 입장에서도 공정하고 타당한 평가를 수행할 수 있다.

따라서, 평가기준은 가능한 한 구체적으로 마련하는 것이 좋으며,

학생들에게는 인쇄물로 작성하여 배부할 수도 있으나, 보통은 구두로 자세히 설명하는 것이 일반적이다.

〈교육방법론〉 과목의 평가방법에는 실습평가, 발표평가(모의수업 발표), 지필평가(기말고사), 태도평가(출석 및 수업 참여)와 같은 평가방법이 적용되며, 각각의 평가기준은 다음과 같다.

출석 및 수업 참여

- 무단결석 1회당 -1점
- 공결은 사유서 제출 시 인정
- 지각 1회 시 -0.5점
- 4회 이상 결석 시 F
- 수업참여도는 학생의 사전 · 수업 중 질의응답, 토론참여 여부를 수시로 평가 체크
- 수업참여도에 따라 가산점 +2, +1, 0, -1, -2점 부여

실습평가

- 수업 중 실습 결과물로 평가
- 실습당 10점 만점
- 실습과정 중에 작성한 결과물의 수준을 등급화하여 점수 부여
  - 교수학습 원리를 체계적으로 적용하여 다양한 수업방법의 특징을 적절히 활용하고, 다양한 방법의 평가문항을 제작 · 반영한 경우: 10점
  - 교수학습 원리의 체계적 적용이 미흡하며, 제한적인 수업방법이 활용되고, 제한적인 평가문항을 제작 · 반영한 경우: 8점
  - 교수학습 원리가 체계적으로 적용되지 않고, 수업방법이 단조로우며, 평가문항이 단순한 경우: 6점

모의수업 발표

- 3명 내외로 팀 구성, 한 시간 수업에 관한 지도안 작성 및 교재 제작, 모의수업 발표
- 각 항목당 5점씩
- 팀 발표에 대한 교수평가(18점), 상호평가(12점)의 합산 점수로 평가

기말고사

- 주차별로 2~3문항씩 가장 핵심적 교과내용이 반영되도록 객관식, 단답식, 서술식 문항을 골고루 출제
- 변별도를 위해 다소 상 · 중 · 하의 난이도를 다양하게 구성

이와 같은 평가계획을 정리하면 그림 2-5와 같다.

성적 부여 기준을 결정한다

평가결과를 토대로 성적을 부여하게 되는데, 강의계획서를 작성할 때 성적 부여 기준까지 마련해 두는 것이 좋다. 또한, 성적 부여 기준을 학생들에게 알려 줌으로써 성적 부여가 공정하고 타당하게 이루어진다는 것을 학생들에게 밝힐 필요가 있다.

성적 부여 기준은 대학마다 다른데, 일반적으로 절대평가인 경우 100점 만점에 학생의 성취점수가 95점 이상이면 A^{+}이고, 90~94점은 A^{0}, 85~89점은 B^{+}, 80~84점은 B^{0} …… 식으로 F학점까지 성적을 부여하게 된다. 상대평가인 경우에는 A학점은 상위 20%, B학점은 상위 21~50%, C학점은 51~80%, D학점은 81~100%와 같이 대학마다 학점당 학생비율이 정해져 있어 학생들을 석차순으로 분류한 뒤 비율에 해당하는 성적을 부여한다. 그러나 상대평가는 성취도의 전체적인 수

평가방법 (비율)	평가내용(요소)	평가기준	평가시기
출석 및 수업 참여 (20%)	• 출석 • 수업참여도	• 결석 1회당 −2점(지각, 조퇴, 결시는 3회당 결시 1회로 처리) • 4회 이상 결석 시 F • 수업참여도는 학생명부를 이용하여 수시로 체크 • 수업참여도에 따라 가산점 +2, +1, 0, −1, −2점 부여	• 모든 수업 시간
실습평가 (20%)	• 학습지도안 작성 실습 • 문항개발 실습	• 수업 중 실습 결과물로 평가 • 실습당 10점씩 • 실습과정 중에 작성한 결과물의 수준에 따라 8, 9, 10점 부여	• 6주차 • 11주차
모의수업 발표 (30%)	• 학습지도안(교수설계) • 실제 수업진행 기술 • 적절한 수업방법과 매체 사용 • 타당한 평가와 피드백 • 태도 및 창의성 • 적절한 역할배분과 팀워크	• 3명 내외로 팀 구성, 한 시간 수업에 관한 지도안 작성 및 교재 제작, 모의수업 발표 • 항목당 5점씩 • 상호평가(12점): 항목당 1.4~2점 부여 • 교수평가(18점): 항목당 2.1~3점 부여	• 12주차 • 13주차
기말고사 (30%)	• 교수학 이론을 바탕으로 구체적인 교수방법이론을 설명할 수 있는가? • 다양한 수업방법의 특징 및 각 수업방법의 장단점, 도입–전개–마무리 단계별 진행과정을 설명할 수 있는가? • 수업 상황에 활용할 수 있는 다양한 수업진행 기술을 실제 수업에 적용할 수 있는가?	• 가장 핵심적 교과내용 5~6문항을 논술형으로 출제 • 변별도를 위해 다소 어려운 문제도 하나 포함	• 15주차 기말 고사 기간

그림 2–5 〈교육방법론〉 과목의 평가계획 예시

준을 고려하지 않고 고정된 비율의 학생들에게 A학점을 주게 되거나 D학점을 주게 되는 문제가 있다.

평가계획 수립 후 확인사항

- 평가내용은 학습목표의 달성 정도를 측정할 수 있는 내용인가?
- 학습방법과 평가시기를 구체적으로 결정했는가?
- 평가비율은 항목의 중요도를 고려하여 배정되었는가?
- 평가기준은 구체적으로 설정되었는가?
- 평가계획은 실현 가능한가?

6. 수업방법 선택

주별로 설정한 학습주제에 대해 수업하기에 가장 적합한 방법을 선택하며, 대표적인 수업방법에는 강의식, 토의식, 협동식, 문제해결식, 실험 · 실습식, 프로젝트식 등이 있다. 수업방법을 선택할 때 유의할 점은, 어느 한 학습주제에 한 가지 수업방법만을 적용할 수도 있으나, 필요할 경우 여러 수업방법을 병행하여 사용할 수도 있다는 것이다.

효과적인 수업방법 선택을 위해서는 다음 사항을 고려해야 한다.

- 학습내용을 가르치기에 적합한 수업방법인가?
- 학습활동에 적합한 수업방법인가?
- 학습자 특성에 적합한 수업방법인가?
- 자신 있게 지도할 수 있는 수업방법인가?
- 수업환경에 적합한 수업방법인가?
- 학습주제의 목표 달성에 가장 적합한 수업방법을 선택했는가?

〈교육방법론〉 과목의 학습주제별 수업방법과 그 선택 근거를 제시하면 그림 2-6과 같다.

학습주제	수업방법	선택 근거
교수학습 원리 이해	강의식, 사례연구	교수학습 원리에 관한 일반적인 내용을 전달하고 각 원리에 대한 사례를 알아보기 위함
다양한 수업방법별 특징 이해	협동식, 강의식	각 수업방법별 진행 과정, 장단점, 유의사항 등을 학생들 스스로 협동하며 학습하고, 협동식 수업이 끝난 뒤 교수가 정리해 주기 위함
수업방법의 적용 실제	토의식, 시뮬레이션	실제 수업에 수업방법들이 어떻게 적용되는지 학생들끼리 토의하게 하고, 실제와 유사한 상황을 제시하여 학생들에게 수업방법을 적용해 보도록 함
학습지도안 작성의 실제	프로젝트식	학습지도안이라는 과제를 주고 학생들로 하여금 해결하도록 함
다양한 수업진행 기술	토의식, 시뮬레이션	수업진행 시 일어날 수 있는 여러 상황에 대해 토의하고, 그러한 상황에서 어떻게 수업을 진행할 것인가를 습득하도록 함
수업 시 문제 상황별 대처법	역할극	문제 상황별 대처법을 습득하기 위해 학생들이 직접 경험해 볼 수 있도록 역할극을 시킴
보충 및 심화학습 지도법	강의식, 토의식	일반적인 보충 및 심화학습 지도법을 강의식 수업으로 진행하고 개선된 지도에 대해 토의함
다양한 평가방법과 성적 부여	강의식, 토의식	다양한 평가방법과 성적 부여에 대한 설명을 강의식 수업으로 하고, 각 문제점에 대해 토의함
평가문항 개발의 실제	프로젝트식	평가문항 개발이라는 과제를 주고 학생들로 하여금 해결하도록 함
모의수업	발표식 (협동식)	학생들이 실제 수업을 경험해 보도록 하고, 시간을 고려하여 팀당 5명 정도로 구성하여 진행함

그림 2-6 〈교육방법론〉 과목의 수업방법 선택 근거 예시

수업방법 선택 후 확인사항

- 학습주제의 목표달성에 가장 적합한 수업방법을 선택했는가?
- 학습활동에 적합한 수업방법을 선택했는가?
- 학습자 특성에 맞는 수업방법을 선택했는가?
- 수업환경에 적합한 수업방법을 선택했는가?

7. 교수매체 선정과 제작

각 수업에 가장 적합한 교수매체를 선정하고, 적절한 교수매체가 없는 경우 직접 제작한다. 교수매체로 주교재와 칠판만을 활용하는 것보다, 미리 선정 및 제작한 시청각 매체를 적절히 사용하는 것이 학습자들의 동기유발과 주의집중을 도울 수 있고 핵심 내용을 쉽게 전달할 수 있으므로 효과적이다.

일반적으로 강의계획서 작성 단계에서 '교수매체 선정과 제작'은 교수매체를 제작하는 단계까지는 이르지 않는다. 어떤 종류의 교수매체가 사용될 것인지, 한 학기 가운데 언제쯤 어떤 매체가 사용될 것이고, 이러한 교수매체를 준비하거나 제작하는 기간은 어느 정도 걸리며, 언제부터 이를 준비할 것인지 정도만 결정한다. 그리고 구체적인 교수매체 제작에 관해서는 학습지도안 작성 시 다루도록 한다.

또한, 강의실에 어떤 교수매체가 있는지 확인할 필요가 있다. 즉, 칠판이나 화이트 보드는 있는지, 컴퓨터와 빔 프로젝터는 있는지 등을 확인할 필요가 있다.

> 교수매체는 매 수업의 목표와 성격, 수업방법에 따라 가장 적절한 방법을 선택적으로 사용해야 한다. 그러나 〈교육방법론〉 수업에서 매주 공통적으로 사용될 수 있는 교수매체로는 빔 프로젝터와 컴퓨터, 유인물 등이 있다. 그 밖에도 수업내용을 보충할 수 있는 인쇄물과 칠판, 참고서적 등의 교수매체도 활용될 수 있다.

이상의 교수설계 단계별 결정 사항을 일정한 형식에 따라 작성하면 강의계획서가 된다. 그림 2-7은 강의계획서의 예시를 나타낸 것이다.

강의계획서

201○년도 ○학기

<table>
<tr><td rowspan="2">과목명</td><td colspan="3" rowspan="2">201○–
교육방법론</td><td rowspan="2">이수구분</td><td>전공</td><td>학점</td><td>3</td></tr>
<tr><td>선택</td><td>시수</td><td>3</td></tr>
<tr><td>담당학과</td><td colspan="2">△△학과</td><td>학년</td><td>3</td><td>강의실</td><td colspan="2">○○동 ○○호</td></tr>
<tr><td>담당교수</td><td>○○○</td><td>교수
연락처</td><td colspan="2">00–000–0000
hong@kil.dong</td><td>교수
연구실</td><td colspan="2">○○동 ○○호</td></tr>
<tr><td>수업목표
(학습목표)</td><td colspan="7">• 교수학 이론을 바탕으로 구체적인 교수방법이론을 설명할 수 있다.
• 다양한 수업방법의 특징 및 각 수업방법의 장단점, 도입–전개–마무리 단계별 진행과정을 설명할 수 있다.
• 수업 상황에 활용할 수 있는 다양한 수업진행 기술을 실제 수업에 적용할 수 있다.</td></tr>
<tr><td>수업방법</td><td colspan="7">강의식, 토의식, 협동식, 사례연구, 프로젝트식, 역할극, 팀별 발표 등</td></tr>
<tr><td>교수매체</td><td colspan="7">노트북, 빔 프로젝트, 유인물 등</td></tr>
<tr><td>평가방법</td><td colspan="7">출석 및 수업 참여(20%)
실습평가(20%): 2회 실시
모의수업 발표(30%)
기말고사(30%)</td></tr>
<tr><td>교재 및
참고문헌</td><td colspan="7">1. ○○○. (2015). 교수학습이론. ○○출판사.
2. ○○○. (2015). 교수방법의 원리와 실제. ○○출판사.
3. ○○○. (2015). 성공적인 교수법 가이드. ○○출판사.
4. ○○○. (2015). 교육방법 개발. ○○출판사.
5. ○○○. (2015). 학습지도안 개발. ○○출판사.</td></tr>
</table>

그림 2–7 〈교육방법론〉 과목의 강의계획서 예시

주별 강의계획

주차	학습주제	수업방법	비고
1	오리엔테이션		
2	교수학습 원리 이해(I)	강의식, 사례연구	
3	교수학습 원리 이해(II)	강의식, 사례연구	
4	다양한 수업방법별 특징 이해	강의식, 협동식	
5	수업방법의 적용 실제	토의식, 시뮬레이션	
6	학습지도안 작성의 실제	프로젝트식	실습평가
7	다양한 수업진행 기술	토의식, 시뮬레이션	
8	수업 시 문제 상황별 대처법	역할극	
9	보충 및 심화학습 지도법	강의식, 토의식	
10	다양한 평가방법과 성적 부여	강의식, 토의식	
11	평가문항 개발의 실제	프로젝트식	실습평가
12	모의수업(I)	발표식(협동식)	팀별 발표 평가
13	모의수업(II)	발표식(협동식)	팀별 발표 평가
14	지속적인 교수방법 개선 전략	강의식, 토의식	
15	종합 토의 및 기말고사		

그림 2-7 계속

교수매체 선정 및 제작 후 확인사항

- 수업내용을 고려하여 적절한 교수매체를 선정했는가?
- 수업방법을 고려하여 교수매체를 선정했는가?
- 강의실에 어떤 교수매체가 있는지 확인했는가?

04
학습지도안 작성

대다수 대학에서 교수들에게 담당 과목의 강의계획서를 작성하여 제출하도록 요구하고 있으나, 단위 수업시간을 위한 학습지도안의 작성은 요구하지 않는 경우가 많다. 요구한다고 해도 핵심내용 수준 정도만을 기록하는 간단한 형식의 지도안을 요구하는 경우가 대부분이다. 주된 이유는 강의계획서가 주별 강의계획을 포함하고 있기 때문에 그것으로 충분하다는 생각을 하는 것이다. 그러나 강의계획서와 학습지도안은, 이미 앞서 언급했듯이 서로 다른 것이고, 단위 수업시간을 위한 학습지도안을 작성하는 것이 수업의 질과 학생들의 학업성취도에 지대한 영향을 미침을 상기해야 한다.

대학 당국에서 일방적으로 학습지도안을 작성하도록 강요하는 경우 교수들은 거부감을 가지기 쉬우며, 이런 경우 실용적인 학습지도안이 아니라 형식적인 학습지도안을 작성하게 된다. 그러나 학습지도안 작성의 궁극적인 목적은 학습자의 학습이 좀 더 잘 일어나도록 하기 위한 것이다. 그러므로 이상적인 수업을 계획하기 위해서는 실제적인 학습지도안을 작성할 필요가 있다.

단위 수업에 대한 교수설계 결과물인 학습지도안을 작성함으로써 교수는 전체적인 교수목적을 잃지 않고, 교과과정과 단위 수업시간 간의 연계성을 유지할 수 있다. 또한, 학습지도안은 수업이 실시되는 동안 지도(地圖)와 같은 수업의 지침서 역할을 하며, 특히 경험이 많지 않은 초임교수의 경우 학습지도안을 준비함으로써 수업에 대한 불안감을 어느 정도 해소할 수 있다.

학습지도안 양식

학습지도안은 다른 누구보다도 교수 자신의 수업을 위한 것이기 때문에 교수 개개인의 담당 과목의 성격에 따라 그 양식이 매우 다를 수 있다. 수업에서 다룰 내용의 핵심만을 개조식으로 간략하게 기록하는 경우에서부터 영화 시나리오에 버금갈 만큼 수업 시작부터 끝까지 자세히 기록하는 경우까지 매우 다양할 수 있다.

수업 경험이 풍부한 교수들의 경우 간략한 학습지도안만으로도 충분할 수 있겠지만, 초임교수나 해당 교과목을 처음 담당하는 교수일수록 자세한 학습지도안을 작성할 필요가 있다. 학습지도안에 기록되어야 할 핵심 사항으로는 수업 관련 정보, 학습주제 및 학습목표, 평가를 포함한 교수학습 활동계획 등이 있다.

학습지도안 작성

학습지도안을 작성하기 위해서는 그림 2-2에서 제시한 교수설계의 일반적인 과정인 ① 교수목적 확인, ② 교수내용 분석, ③ 학습자 특성 파악, ④ 학습목표 설정, ⑤ 평가계획 수립, ⑥ 수업방법 선택, ⑦ 교수매체 선정 및 제작, ⑧ 수업과정에 따른 수업활동 수립을 거쳐야 한다. 강의계획서 작성 시 예시로 든 〈교육방법론〉 과목의 주별 학습주제 가운데 4주차 수업인 '다양한 수업방법별 특징 이해' 수업을 위한 학습지도안이 어떤 절차를 거쳐 작성되는지 알아보자.

1. 교수목적 확인

학습지도안 작성에서 교수목적 확인이란 단위 수업시간 동안에 달성하게 되는 교수목적을 확인하는 것을 말한다. 즉, 해당 단위 수업시간당 교과목의 교수목적을 확인하기 위해서는 다음과 같은 사항을 고려해야 한다.

강의계획서의 교수목적을 확인한다

학기가 시작되기 전에 작성한 강의계획서의 교수목적을 확인하고, 강의계획서의 '주별 강의계획'에 나와 있는 해당 주의 '학습주제'를 확인한다.

〈교육방법론〉의 강의계획서에 기록되어 있는 교수목적은 '구체적인 교수방법 이론을 습득하고, 교육현장에서 활용할 수 있는 실제적인 교수방법을 익힌다'이다. 또한, 학습주제는 '다양한 수업방법별 특징 이해'다.

전후 수업시간과의 계열성을 확인한다

해당 수업시간에 강의하게 될 학습내용과 관련하여 학생들이 이전에 어떤 내용을 학습했으며, 해당 수업을 들은 후에 어떤 내용을 배우게 되는지를 확인한다.

해당 학습주제인 '다양한 수업방법별 특징 이해'와 관련하여 학생들은 이전 학년도에 배운 〈교육학개론〉 수업에서 다양한 수업방법에 대한 간략한 학습을 했으며, 지난 주까지 교수학습 원리에 대하여 학습을 했으므로 이러한 선행학습 내용을 학생들이 숙지하고 있을 것으로 판단된다. 또한, 다음 주에 계획되어 있는 '수업방법의 적용 실제' 수업과 직접적인 연계성을 가지고 있다.

사회적 요구를 확인한다

직업현장에서 요구되는 능력 중 해당 수업시간과 관련된 능력은 어떤 것이 있는지 확인한다.

졸업 후 교단에 섰을 때 다양한 수업방법을 적용하지 못하고 강의식으로만 수업을 할 수밖에 없다면, 가르치는 자나 배우는 학생들이나 지루하고 힘들 것이다. 최근에는 학교현장에서 토의식 수업이나 협동식 수업, 문제해결식 수업 등과 같은 다양한 수업방법이 활용되고 있다.

위에서 언급한 강의계획서의 교수목적, 전후 수업시간과의 계열성, 사회적 요구 등을 고려하여 〈다양한 수업방법별 특징 이해〉 수업의 교수목적을 설정하면 그림 2-8과 같다.

지금까지 학생들이 학습한 수업방법에 관한 이해를 바탕으로 다양한 수업방법별 특징(개념, 수업단계, 교사의 역할, 장단점 등)을 이해한다.

강의계획서의 교수목적	전후 수업시간과의 계열성	사회적 요구
구체적인 교수방법 이론을 습득하고, 교육현장에서 활용할 수 있는 실제적인 교수방법을 익힌다. 학습주제는 〈다양한 수업방법별 특징 이해〉다.	이전 학년도에 배운 〈교육학개론〉 수업에서 다양한 수업방법에 대한 간략한 학습을 했으며, 지난주까지 교수학습 원리에 대하여 학습을 했다. 다음 주의 〈수업방법의 적용 실제〉 수업과 직접적인 연계성이 있다.	학교현장에서 토의식 수업이나 협동식 수업, 문제해결식 수업 등과 같은 다양한 수업방법의 활용이 요구되고 있다.

⬇ ⬇ ⬇

교 수 목 적
지금까지 학생들이 학습한 수업방법에 관한 이해를 바탕으로 수업방법별 특징(개념, 수업단계, 교사의 역할, 장단점 등)을 이해한다.

그림 2-8 〈다양한 수업방법별 특징 이해〉의 단위시간 교수목적 확인 예시

교수목적 확인 시 확인사항

- 강의계획서의 교수목적을 확인했는가?
- 강의계획서의 해당 주의 학습주제를 확인했는가?
- 전후 수업시간과의 계열성을 확인했는가?
- 사회적 요구를 확인했는가?

2. 교수내용 분석

학습지도안 작성에서 교수내용 분석이란 해당 단위시간에 가르치게 될 학습내용을 선정하는 것이다. 이를 위해서는 가장 먼저 앞에서 결정한 학습지도안상의 교수목적을 확인해야 한다. 즉, 교수목적을 달성하기 위해 필요한 학습내용을 선정하는 것이다.

교수내용 분석 시 전공 관련 서적과 같은 다양한 참고문헌 등을 참고할 필요가 있으며, 교수내용이 분석된 뒤에는 그 수업에 대해 경험이 많은 교수나 동료 교수에게 타당성을 확인받는 것도 수업의 질을 높이기 위해 바람직한 방법이다. 왜냐하면, 아무리 학습내용이 좋다 하더라도 주어진 시간 내에 가르칠 수 없다면 아무 의미가 없기 때문이다. 또한, 교수내용의 난이도를 고려하여야 하며, 선정된 교수내용은 계열성을 고려하여 배치해야 한다.

〈다양한 수업방법별 특징 이해〉 수업의 핵심 교수내용을 선정하기 위하여 주교재와 여러 참고문헌의 관련 내용을 분석한 결과, 다음과 같은 내용을 핵심 교수내용으로 선정할 수 있다.

- 교육현장에서 사용되는 다양한 수업방법(강의식 수업, 토의식 수업, 실험 · 실습 수업, 문제해결식 수업, 협동식 수업)의 종류
- 다양한 수업방법의 개념
- 다양한 수업방법의 장단점
- 다양한 수업방법의 수업단계 및 교사의 역할

교수내용 분석 후 확인사항

- 학습지도안상의 교수목적을 확인했는가?
- 교수내용과 관련 있는 참고문헌을 참고했는가?
- 수업시간 내에 충분히 가르칠 수 있는 학습량인가?
- 교수내용을 계열상을 고려하여 배치했는가?
- 교수내용의 난이도를 고려했는가?

3. 학습자 특성 파악

수업을 수강하는 학습자들의 특성을 파악하기 위하여 강의계획서를 설계하는 단계에서 이미 분석한 학습자 특성을 재확인한다. 또한, 강의계획서 작성 시 파악한 학습자 특성은 학기 전에 파악된 것이므로 달라진 내용은 없는지 확인하고, 파악되지 않은 학습자 특성이 있는 경우 수업시간에 간단한 설문조사를 실시하거나, 수강생 몇 명에게 물어보도록 한다.

〈다양한 수업방법별 특징 이해〉에 관한 학습자의 선행학습 정도와 흥미 및 요구를 간단한 질문을 통하여 분석한 결과, 학생들은 다양한 수업방법의 종류와 그 개념에 대하여 어느 정도 이해하고 있었으나, 구체적인 수업의 단계와 장단점에 대한 파악은 명확하지 못한 실정이다. 그러나 대부분의 학생들이 졸업 후 교단에 서길 희망하고 있으므로 이 교수내용에 관해 흥미를 가지고 있는 것으로 파악된다.

학습자 특성 파악 시 확인사항

- 강의계획서 작성 시 파악한 학습자 특성을 확인했는가?
- 학습자 특성 파악을 위해 수강생들과 면담을 할 필요가 있는가?
- 학습자 특성 파악을 위해 설문지를 만들 필요가 있는가?

4. 학습목표 설정

학습목표는 이 수업을 통하여 최종적으로 도달하고자 하는 목적지를 학생들 입장에서 진술한 것이다. 또한, 수업을 마치고 학생들이 성취 정도를 평가할 때 준거가 된다. 따라서, 학습자들이 달성할 수 있도록 학습목표를 구체적으로 설정해야 한다.

학습목표는 이전 단계까지 확인한 교수목적, 교수내용, 학습자 특성을 고려하여 설정해야 한다(그림 2-9 참조).

〈다양한 수업방법별 특징 이해〉 수업의 교수목적, 교수내용, 학습자 특성 등을 고려하여 학습목표를 설정하면 다음과 같다.

- 다양한 수업방법(강의식, 토의식, 실험 · 실습, 문제해결식, 협동식)의 개념을 설명할 수 있다.
- 다양한 수업방법별 특징을 세 가지 이상 설명할 수 있다.
- 다양한 수업방법별 수업단계 및 교사의 역할을 설명할 수 있다.

교수목적	교수내용	학습자 특성
지금까지 학생들이 학습한 수업방법에 관한 이해를 바탕으로 다양한 수업방법별 특징(개념, 수업단계, 교사의 역할, 장단점 등)을 이해한다.	• 교육현장에서 사용되는 다양한 수업방법(강의식, 토의식, 실험 · 실습, 문제해결식, 협동식)의 종류, 개념, 장단점, 수업단계 및 교사의 역할 • 수업 상황별로 가장 적절한 수업방법 선택	• 학생들은 다양한 수업방법의 종류와 그 개념에 대하여 어느 정도 이해하고 있었으나, 구체적인 수업의 단계와 장단점에 대해서는 명확하게 파악하지 못한 실정이다. • 대부분의 학생들이 졸업 후 교단에 서길 희망하므로 교수내용에 관해 흥미를 가지고 있다.

⬇

학 습 목 표

- 다양한 수업방법(강의식, 토의식, 실험 · 실습, 문제해결식, 협동식)의 개념을 설명할 수 있다.
- 다양한 수업방법별 특징을 세 가지 이상 설명할 수 있다.
- 다양한 수업방법별 수업단계 및 교사의 역할을 설명할 수 있다.

그림 2-9 〈다양한 수업방법별 특징 이해〉의 단위시간 학습목표 설정 예시

학습목표 설정 후 확인사항

- 교수목적과 학습목표의 관련성을 고려했는가?
- 교수내용을 고려하여 학습목표를 설정했는가?
- 학습자 특성을 고려했는가?
- 학생들의 도착점 행동이 관찰 가능한 동사로 진술되었는가?
- 학습목표가 학습자 입장에서 달성 가능한가?

5. 평가계획 수립

단위 수업시간의 수업결과를 평가하기 위한 계획으로서, 학생들의 학습목표 도달 여부를 측정하기 위한 평가계획을 수립한다. 학생들의 지속적인 학습을 촉진하기 위해서는 학기말에 이루어지는 총괄평가보다 수업시간마다 학생들의 성취 정도를 파악하고, 적절한 피드백을 통하여 학습동기를 부여하는 형성평가가 더욱 의미가 있다.

이를 위해 강의계획서 작성 시 마련했던 평가기준과 해당 단위 수업시간에 대한 학습목표를 확인하고, 평가내용, 평가방법, 평가기준을 구체적으로 결정한다.

평가내용을 확인한다

학습목표의 달성 여부를 알아보기 위한 평가내용으로서, 단위 시간에 다룬 학습내용이 평가내용이 될 수 있다.

평가방법을 선택한다

평가내용을 평가하기 위한 평가방법으로서, 수업 도중에 또는 수업을 마치고 학생들에게 질문을 할 수도 있으며, 쪽지시험과 같은 간단한 필기시험을 볼 수도 있다. 이러한 평가는 학생들의 성적을 사정하기 위한 자료로 활용될 뿐만 아니라, 교수의 수업진행의 적절성, 학생들의 수업이해 정도 등을 파악하는 자료가 될 수 있다.

평가기준을 설정한다

어떤 기준에 따라 점수가 부여될 것인지를 구체적으로 제시한다. 이러한 평가기준은 평가의 타당성, 신뢰성, 객관성 등을 높여 줄 수 있다(그림 2-10 참조).

학습목표

- 다양한 수업방법(강의식, 토의식, 실험 · 실습, 문제해결식, 협동식)의 개념을 설명할 수 있다.
- 다양한 수업방법별 장단점을 설명할 수 있다.
- 다양한 수업방법별 수업단계 및 교사의 역할을 설명할 수 있다.

강의 계획 시 작성한 평가기준

- 결석 1회당 −2점(지각, 조퇴, 결시는 3회당 결석 1회로 처리)
- 4회 이상 결석 시 F
- 수업참여도는 학생명부를 이용하여 수시로 체크
- 수업참여도에 따라 가산점 +2, +1, 0, −1, −2점 부여

평가내용

- 팀이 맡은 수업방법의 개념, 장단점, 수업단계 및 교사의 역할을 설명할 수 있다.
- 수업 상황별로 가장 적절한 수업방법을 선택할 수 있다.

평가기준

- 팀별 협동이 잘 이루어졌으며, 팀별 발표내용에 수업방법의 개념, 장단점, 수업단계 및 교사의 역할에 대한 핵심 내용이 포함되어 있다: +2점
- 팀별 협동은 잘 이루어졌으나, 팀별 발표내용에 수업방법의 개념, 장단점, 수업단계 및 교사의 역할에 대한 핵심 내용이 부분적으로 빠져 있다: +1점
- 팀별 협동이 잘 이루어졌으나, 팀별 발표내용에 수업방법의 개념, 장단점, 수업단계 및 교사의 역할에 대한 내용이 적절하지 못하다: 0점
- 팀별 협동이 잘 이루어지지 않았으며, 팀별 발표내용에 수업방법의 개념, 장단점, 수업단계 및 교사의 역할에 대한 내용이 적절하지 못하다: −1점
- 팁별 협동이 전혀 이루어지지 않았으며, 팀별 발표내용에 수업방법의 개념, 장단점, 수업단계 및 교사의 역할에 대한 내용이 적절하지 못하다: −2점

평가방법

- 발표평가

그림 2-10 〈다양한 수업방법별 특징 이해〉의 단위시간 평가계획 수립 예시

평가계획 수립 후 확인사항

- 강의계획서 작성 시 마련했던 평가기준을 확인했는가?
- 해당 단위 수업시간의 학습목표를 확인했는가?
- 해당 단위 수업시간의 수업방법을 확인했는가?
- 평가내용, 평가기준, 평가방법 등을 구체적으로 결정했는가?
- 평가방법은 수업시간에 활용할 수 있는 방법인가?
- 학생들의 학습목표 도달 여부를 파악할 수 있는가?

6. 수업방법 선택

주어진 수업시간에 학습목표를 가장 효율적으로 달성할 수 있는 수업방법을 선택한다. 물론, 강의계획서 작성에서 수업방법 선택이 이루어졌으나, 강의계획서상의 수업방법 선택이란 단위 수업시간을 포괄하는 수업방법을 결정한 것을 말하며, 학습지도안상의 수업방법 선택이란 더 구체적으로 수업활동별로 수업방법을 선택하는 것을 말한다.

학습지도안 작성상의 수업방법 선택 시에는 교수목적, 교수내용, 학습자 특성, 학습목표 등이 고려되어야 한다. 예를 들어, 학생들이 문제해결식 수업에 관한 경험이나 지식이 없는 상태에서 문제해결식 수업을 선택한다면, 그 수업은 실패할 것이다. 또한, 수업환경도 고려되어야 한다. 예를 들어, 학생 수가 수백 명이 되는데, 협동식 수업을 한다거나 토의식 수업을 진행한다면 이 역시 원만하게 진행되기 어려울 것이다.

〈다양한 수업방법별 특징 이해〉 수업은 '협동식 수업'과 '강의식 수업'을 병행하기로 계획한다. 우선, 학생들이 협동식 수업을 진행해 나갈 수 있도록 협동식 수업에 관한 안내를 한다.

협동식 수업을 위하여 6명 정도로 구성된 5개의 팀을 조직하고, 팀별로 강의식 수업, 토의식 수업, 실험 · 실습 수업, 협동식 수업, 문제해결식 수업 중 하나의 수업방법을 선택하도록 한다. 각 팀별로 수업방법의 개념, 장단점, 수업단계 및 교사의 역할 등을 조사하고 정리하게 한다. 팀별 과제수행에 앞서 교수는 평가기준을 제시하거나 언급함으로써 학생들이 핵심적 내용으로 결과를 정리하고 발표요령을 파악할 수 있도록 한다.

또한, 학생들의 발표가 끝난 다음 부족한 설명을 보충하기 위하여 교수가 강의식으로 설명을 한다.

수업방법 선택 후 확인사항

- 학습목표 달성에 가장 적합한 수업방법을 선택했는가?
- 학습활동에 적합한 수업방법을 선택했는가?
- 학습자 특성에 맞는 수업방법을 선택했는가?
- 수업환경에 적합한 수업방법을 선택했는가?

7. 교수매체 선정과 제작

해당 수업에 가장 적합한 교수매체를 선정, 제작한다. 이를 위해 수업내용과 수업방법을 고려해야 한다. 예를 들어, 수업내용이 복잡하거나 난해하지 않으며 학생들이 자주 접하는 내용이라면, 주교재와 칠판만으로도 충분할 것이다. 그러나 수업내용이 어렵고 추상적이라면, 학생들의 학습을 도울 수 있는 다른 교수매체가 추가로 필요할 것이다.

또한, 수업방법이 강의식이라면 주교재와 강의자료, 간단한 보충 인쇄물 등이 필요하겠으나, 실험 · 실습 수업이라든지, 문제해결식 수업인 경우에는 이에 맞는 교수매체가 따로 필요할 것이다.

그리고 교수매체 선정 및 제작 단계에서 주의할 점은, 지나치게 많은 양의 정보 제공보다는 핵심적 내용을 교수의 설명과 함께 적절하게 제시하는 것이 보다 효과적이라는 것이다. 좀 더 자세한 내용은 3장 6절의 '학습자료를 제시하는 기술'을 참고하기 바란다.

다양한 수업방법에 관한 자료를 학생들이 검색할 수 있도록 하기 위하여 인터넷이 가능한 컴퓨터를 여러 대 준비하거나, 같은 건물 안에 컴퓨터실이 있다면 수업 중에 컴퓨터실을 사용할 수 있도록 조치를 취한다. 수업시간에 인터넷 사용이 불가능하다면, 다양한 수업방법에 관한 자료를 찾을 수 있는 서적이나 인쇄물 등을 준비한다.

팀별 협동식 수업 결과 발표를 위해 팀별로 TP(transparency) 용지와 네임펜을 제공하도록 한다.

〈다양한 수업방법별 특징 이해〉 수업에서 다양한 수업방법의 개념, 장단점, 수업단계 및 교사의 역할 등에 관한 설명을 하기 위하여 프레젠테이션 자료를 제작한다.

교수매체 선정 및 제작 후 확인사항

- 수업내용을 고려하여 적절한 교수매체를 선정했는가?
- 수업방법을 고려하여 적절한 교수매체를 선정했는가?
- 선정된 교수매체를 수업시간에 활용할 수 있도록 조치를 취했는가?

8. 수업과정에 따른 수업활동 수립

이상의 교수설계 단계별 결정사항을 일정한 학습지도안 양식에 따라 작성하면 학습지도안이 된다(그림 2-11 참조). 수업과정 및 단계별 수업활동 작성은 이 책의 표 2-1 '수업단계별 학습조건 및 교수전략의 관계'를 기준삼아 학습주제와 목표를 반영하여 작성한다. 특히, 수업활동 작성 시 수업단계별 할애시간, 필요한 교수자료 및 유의점을 고려하여 기재하도록 한다.

학습지도안

<table>
<tr><td>학습주제</td><td colspan="2">다양한 수업방법별 특징 이해</td><td>담당교수</td><td>○○○</td></tr>
<tr><td>학습목표</td><td colspan="4">1. 다양한 수업방법(강의식, 토의식, 실험 · 실습, 문제해결, 협동식)의 개념을 설명할 수 있다.
2. 다양한 수업방법별 장단점을 설명할 수 있다.
3. 다양한 수업방법별 수업단계 및 교사의 역할을 설명할 수 있다.</td></tr>
<tr><td>학습시간</td><td>3시간(150분)</td><td>학습장소</td><td colspan="2">강의실(○○○호)</td></tr>
<tr><td>학습대상</td><td>○○학과 3학년 30명</td><td>수업방법</td><td colspan="2">협동식 수업, 강의식 수업</td></tr>
<tr><td>수업자료</td><td colspan="4">프레젠테이션 자료, 빔 프로젝터, 팀별 TP 용지와 네임펜</td></tr>
</table>

<table>
<tr><td colspan="2">수업단계</td><td rowspan="2">수업활동
(교수학습활동)</td><td rowspan="2">시간
(분)</td><td rowspan="2">자료 및 유의점</td></tr>
<tr><td>과정</td><td>단계</td></tr>
<tr><td>도입</td><td>수업의 시작</td><td>• 출석 확인
• 전시학습내용 확인
– 교사에게 필요한 교수능력에는 어떤 것이 있는가?
– 효과적인 학습을 위한 교수학습 원리에는 어떤 것이 있는가?
• 학습동기 유발
– 그동안 여러분이 받아본 수업방법 중 가장 마음에 들었던 수업방법이나 색다른 수업방법은?
– 섬머힐과 같은 학교에서는 어떤 식으로 수업을 할까?
• 학습목표 확인
– 각 수업방법별 특징(개념, 장단점, 수업단계 및 교사의 역할)을 조사 · 발표해 보자.
• 수업방법에 관한 안내
– 협동식 수업이 어떤 식으로 진행되는지 간략하게 소개한다.</td><td>20</td><td>허용적 분위기 조성을 통하여 되도록 학생들에게 답이 도출되도록 유도한다</td></tr>
<tr><td>전개</td><td>협동식 수업 안내</td><td>• 과제 안내 및 팀조직
– 강의식 수업, 토의식 수업, 실험 · 실습 수업, 문제해결식 수업, 협동식 수업별 개념, 장단점, 수업단계와 주요 활동, 교사의 역할 등에 관한 내용을 정리해 보자.
– 출석번호 순대로 6명씩 한 팀이 되어 제시된 수업방법을 차례대로 하나씩 맡도록 하자.
• 평가기준 및 발표요령 안내
– 평가기준을 기준으로 하여 팀별 협동학습을 수행하고 발표준비를 하도록 한다.</td><td>10</td><td>과제안내 및 팀조직을 전 시간에 하여 자료를 수집하도록 할 수도 있다.
• 프레젠테이션 자료(평가기준)</td></tr>
</table>

그림 2-11 학습지도안 예시

<table>
<tr><th colspan="2">수업단계</th><th rowspan="2">수업활동
(교수학습활동)</th><th rowspan="2">시간
(분)</th><th rowspan="2">자료 및 유의점</th></tr>
<tr><th>과정</th><th>단계</th></tr>
<tr><td rowspan="2">전개</td><td>팀별협동식수업</td><td>• 역할 분담
– 팀별로 발표자 1명, 자료정리자 1명, 자료 조사자 4명(담당한 수업방법의 개념 조사자, 장단점 조사자, 수업단계와 주요 활동 조사자 1명, 교사의 활동 조사자 1명)을 선정한다.
• 자료수집
– 팀별로 수업방법에 관한 자료를 인터넷이나 참고서적을 찾아 수집한다.
• 자료분석 및 정리
– 수집된 학습자료를 분석 · 종합 · 편집하여 발표할 내용을 정리한다.
• 발표자료 준비
– 발표자료를 TP에 작성한다.</td><td>50</td><td>• TP 용지와 네임펜(팀별)</td></tr>
<tr><td>팀별결과발표및평가</td><td>• 팀별 학습결과 발표 및 평가
– 각 팀별로 조사 · 정리한 수업방법별 특징에 관한 내용을 약 5분간 발표한다.
– 학생들은 팀별 발표 시 의문사항을 질문하고, 발표자 및 해당 팀에서 대답한다(팀별 질의 및 응답 시간은 3분 내외).
– 교수는 팀별 발표 시 평가기준에 따라 채점을 하고, 추가설명이 필요한 사항을 체크한다.</td><td>40</td><td>• TP
• 교수용 팀별 평가자료
• 기작성한 평가기준표</td></tr>
<tr><td>마무리</td><td>요약정리및차시예고</td><td>• 수업내용의 요약 · 정리
– 따로 준비한 다양한 수업방법에 관한 내용을 정리한 인쇄물을 학생들에게 배포하고, 발표결과에 대한 간단한 코멘트와 함께 이 시간에 배운 가장 핵심적인 내용을 요약 · 정리해 준다.
– 학생들이 설명을 빠뜨린 부분을 보충 설명한다.
– 학생들이 잘못 설명한 내용을 교정해 준다.
• 차시 예고
– 다음 시간에는 이번 시간에 배운 각 수업방법을 실제 교육현장에서 적용했을 때 발생할 수 있는 문제점과 그에 대한 대처방안에 대하여 공부하도록 한다.
– 주교재에서 관련된 부분을 미리 읽고, 각자 한 가지 이상 수업시간에 발생할 수 있는 문제점과 대처방안에 대해 생각해 오도록 한다.</td><td>30</td><td>다양한 수업방법에 관한 개념, 장단점, 수업단계, 교사의 활동에 관한 내용은 나승일의 『교수법가이드』 해당 부분을 요약하여 인쇄물로 따로 준비한다.</td></tr>
</table>

그림 2-11 계속

05
첫 시간 수업 운영

신규 교수든 시간 강사든 누구나 교단에 처음 서게 되면 대체로 설렘과 함께 걱정이나 두려움을 갖는다. 심지어 강의 경험이 많은 교수들도 매학기 담당과목의 첫 시간 수업을 약간의 걱정과 염려로 준비하고 맞이하기도 한다. 왜냐하면 대인관계에서 첫인상이 중요하듯이 학생들과 처음 대면하는 첫 시간 수업이 중요하기 때문이다. 첫 시간 수업의 이미지는 이후 계속되는 담당과목 수업이나 프로그램의 성패를 좌우할 정도로 많은 영향을 미칠 수 있다.

일반적으로 첫 시간 수업을 오리엔테이션 시간으로 인식하여 사전에 작성한 '강의계획서'를 안내하는 것에 그치는 경우가 많다. 강의계획서를 설명하는 것도 매우 중요한 부분이지만 이와 함께 학생들의 선행학습 수준, 요구도 등을 조사하거나 친밀한 분위기를 조성하고 앞으로의 수업 규칙 등을 공유하고, 나아가 담당과목의 핵심적인 개념과 개론을 소개하는 것이 좋다.

첫 시간 수업은 교수 자신의 교육철학이나 수업 스타일 등을 밝힐 수 있는 좋은 시간이며, 학생들에게는 전반적인 수업에 대해 이해하는 시간이기 때문에 다른 차시와는 다른 목적으로 계획되고 운영되어야 할 것이다. 이 시간을 잘 활용함으로써 앞으로 진행될 수업을 보다 가치 있게 만들 수 있을 것이다.

아울러 막연한 걱정보다는 안내된 절차에 따라 첫 시간 수업을 준비하고, 실제 수업의 절차 및 전략에 대해 알아둘 필요가 있다.

사전준비 사항

첫 시간 수업은 한 학기 수업의 성패를 좌우하는 중요한 시간이기 때문에 사전에 철저한 준비 및 점검이 필요하다. 이를 위해 첫 시간 수업에서 다룰 내용을 미리 정해 두고, 2절에서 제시된 '수업 준비와 교수설계' 절차에 따른 강의계획서를 작성해 두어야 한다. 또한 첫 시간 수업 운영을 위한 학습지도안을 준비하고, 강의계획서 수정이나 학생들의 선행학습 수준을 파악하기 위해 필요한 진단평가지, 자기소개서 용지 등을 학생 수만큼 사전에 준비해 둔다.

수업시간 전에 강의실에 도착한다

흔히 학생들이 좋아하는 수업은 정시보다 좀 늦게 시작하고 일찍 마치는 수업이라고 한다. 학생들 입장에서는 다음 수업을 준비해야 하는 경우 선호될 수 있지만, 수업은 정시에 시작하고 제때 마치는 것이 바람직하다.

처음으로 교단에 서거나 담당과목의 첫 시간 수업에는 가능하면 여유 있게 강의실에 도착하여 학생들과 편안하고 자연스러운 분위기에서 대화를 나누는 것이 앞으로의 수업에 도움이 된다. 이는 학생들과의 거리감을 없애 줄 수 있을 뿐만 아니라, 교수 자신의 첫 수업에 대한 부담과 긴장을 덜어 줄 수 있다.

복장, 자세, 태도를 갖춘다

첫 수업에서 사무적인 정장 옷차림을 반드시 갖춰 입을 필요는 없다. 눈에 거슬리지 않을 정도의 단정한 옷차림이라면 크게 문제되지 않는다. 평소 엄격한 느낌을 주는 교수는 권위적이지 않다는 이미지를 주기 위해서 밝은색 계통의 옷과 노타이가 좋으며, 반대로 너무 편안한 느낌을 주는 교수는 위엄을 보이도록 진한색 계통의 옷을 입는 것이 좋다. 첫 수업 복장에 대해 정해진 규칙은 없으므로 개인의 기존 이미지나 향후 이끌어나갈 수업의 분위기, 주제, 교수방법 등을 고려하여 복장을 선택하는 것이 좋다.

좋은 자세는 허리를 반듯하게 펴고, 시선은 학생들의 턱 쪽을 보면서(학생의 눈을 쳐다보면 학생들은 주눅이 들기 쉽다) 천천히, 그리고 분명하고 큰 목소리로 이야기하는 것이다. 신임교수의 경우, 첫 수업에서 긴장하는 경우가 많은데, 편안한 마음으로 자연스럽게 임하는 것이 좋다.

또한, 학생들에게 '가르칠 의지가 없는 교수'라는 인상을 줄 수 있는 말은 가능한 사용하지 않는 것이 좋다. 대신 "나도 이 수업을 열심히 가르칠 것이니, 우리 모두 열심히 공부하자"라는 태도와 열정을 보이는 것이 중요하다.

첫 시간 수업 실제

일반적으로 첫 시간 수업은 담당 과목명과 교수 자신을 소개하고, 출석 점검, 수강생 프로파일 조사, 자기소개, 강의계획서 안내, 수업규칙 안내 등의 순서로 운영한다.

강좌명 및 교수 자신을 소개한다

첫 시간에 강좌명을 소개하는 것은 담당 강좌명에 대한 전반적인 설명을 하기 위해서도 필요하지만, 학기 초에는 강의실을 잘못 찾아온 학생들에게 강좌명을 확인하고 이석할 수 있는 기회를 제공해 주기도 한다.

교수가 자신에 대한 소개를 한다는 것이 쑥스럽기도 하고 멋쩍기도 하지만, 학생들은 수업을 담당하게 된 교수에 대하여 높은 관심을 갖고 있다. 따라서 일반적인 자기소개 외에도 왜 이 전공분야를 공부하고 연구하게 되었으며, 이 교과목을 어떻게 맡게 되었는지, 전공분야에 대한 연구 업적 및 열의 등을 보여 주는 것은 중요하다. 이러한 내용들은 학생들에게 과목에 대한 전체적인 조망과 학습동기 및 의욕을 갖게 해 준다.

아울러, 교양과목이 전공 기초과목의 경우 강좌번호는 같지만 담당 교수가 다른 경우가 종종 있기 때문에 학생들이 담당 교수의 성함을 분명하게 확인하도록 배려할 필요가 있다.

출석을 점검한다

출석 점검은 출석부에 있는 이름을 부르고, 추가로 수강신청한 학생들이 있을 경우에는 출석부에 기록하는 것으로 이루어진다. 출석부에 학생들의 출결 상황을 제때 정확하게 기재하고 수업 참여태도 등을 메모하여 성적 산출에 반영하도록 한다.

첫 시간 수업에서의 출결 점검은 수강생이 많지 않은 경우, 호명하지 말고 시선을 잠깐 마주치며 간단한 대화를 하도록 한다. 또는, 학생들에게 직접 자신의 소개를 간단하게 하도록 하는 것으로도 출석 체크를 대신할 수 있다.

수강생의 학습 특성을 파악한다

신임 교수나 시간 강사처럼 교단에 처음 서는 경우에는 첫 시간 수업 전에 수강생들의 특성을 파악하는 것은 사실상 어렵다. 그럼에도 강의계획서는 선배교수들의 경험담이나 강의계획서를 벤치마킹하여 작성한다. 그렇기 때문에 이미 작성된 강의계획서는 수강생들의 학습 특성 및 요구가 충분히 반영되었다고 보기 어려울 것이다.

이를 위하여 대체로 첫 시간 수업을 수강생들의 관심사 및 사전 지식, 요구 사항 등을 파악하는 기회로 활용해도 좋다. 예를 들어, 수강생의 학습 특성을 조사하는 '수강생 프로파일 조사지'를 준비하여 활용할 수 있을 것이다. 프로파일 조사지에는 수강생의 긴급 연락처, 사전에 이수한 관련 교과목, 수강 동기 및 목적, 선호하는 수업방법, 시험 및 과제물에 대한 바램, 졸업 후 희망 진로 등 수업을 계획하고 운영하는 데 도움이 되는 정보를 수집할 수 있는 사항들을 중심으로 작성하면 될 것이다.

수강 학생이 소수이거나 시간이 허락된다면 학생들과 교류할 수 있는 시간을 갖는 것도 효과적일 것이다. 이러한 시간을 통해서 학생들로 하여금 수강 목표를 명료하게 할 수 있고, 학습 동기화 및 의욕을 갖게 하는 데 도움이 된다.

강의계획서를 안내한다

일부 과목의 경우 여전히 첫 시간을 담당교수가 아닌 수업 조교가 강의계획서를 간단하게 소개 혹은 배포하고 마치는 경우가 있다. 심지어 일부 학생들도 첫 시간이나 첫 주차는 수강신청 변경 및 정정 기간이기 때문에 악용하여 아예 결석하는 경우가 있다. 이러한 문제는 반드시 개선되어야 한다.

첫 시간 수업에서 강의계획을 안내하는 것은 과목의 전체 내용을 조망할 수 있는 좋은 기회다. 따라서 첫 시간에 학생들에게 강의계획서를 배포하고 자세히 설명함으로써 학생들이 왜, 무엇을, 어떻게 학습하게 되는지, 그리고 어떻게 평가받고 학점이 부여되는지 알 수 있도록 해 준다.

특히 부과되는 과제물과 평가방법에 대해서는 자세한 지침 및 기준 등을 안내해야 한다. 또한, 평가 및 과제물에 대해서는 반영비율을 설명하는 것에 그치지 말고, 평가기준까지 상세히 공유하여 학생들이 명확하게 준비할 수 있도록 한다.

학생들로부터 강의계획서를 살펴본 결과 예상되는 문제나 어려움 등을 피드백 받는다. 예를 들어, '과제물이 학생들이 수행하기에 너무 어렵다'거나 '이번 학기는 공유일이 많은데 진도를 제대로 끝낼 수 있을지' 등의 피드백을 받아 필요하다면 강의계획서를 수정 · 보완한다.

일반적으로 강의계획서는 첫 수업시간 이전에 완성되는 것이 일반적이나, 경우에 따라서는 첫 수업시간의 학생들의 의견을 반영한 뒤 다음 수업시간에 수정한 강의계획서를 다시 나누어 줄 수도 있다.

수업규칙을 분명하게 알려 준다

수업규칙이란 학생들이 수업 중에 지켜야 할 규정이다. 간혹 학생들은 수업규칙을 몰라서 수업시간에 태연하게 휴대전화로 문자를 보내는 경우를 흔히 볼 수 있다. 따라서, 교수들은 첫 수업시간에 학생들이 지켜야 할 수업규칙을 구체적이고 분명하게 제시할 필요가 있다. 예를 들어, "최소한 세 가지는 지켜 줄 것, 첫째, 수업 중 잡담을 하지 않을 것, 둘째, 수업 중 휴대전화 통화나 문자 보내기 등을 하지 않을 것, 셋째, 과제물 제출 기한을 지킬 것" 등 반드시 지켜야 할 최소한의 규칙을 제시하는 것이 좋다.

이 밖에도 학생들에게 수업과 관련된 안전지도를 하는 것이 필요하다. 예를 들어, 수업 중 화재가 나거나 정전이 발생하는 등의 비상시에 어떻게 행동해야 하는지를 알려 주어야 한다. 특히, 실습이나 실험 교과목인 경우 실습장이나 실험실에서 지켜야 할 준수사항을 설명해 주어야 한다.

○ 읽을거리

학생들이 준수해야 할 수업 규칙 사례

- 수업 중에 잡담이나 시끄러운 소리를 내지 않도록 한다.
- 수업 중에 불필요하게 서 있지 않도록 한다.
- 사전승인 없이 이동, 입실 및 퇴실하지 않도록 한다.
- 수업시간에 졸지 않도록 한다.
- 지각하지 않도록 한다.
- 자세를 바르게 한다.
- 교수에게 예의를 지키도록 한다.
- 학생 서로 간에 존중하도록 한다.

학생들의 궁금증을 풀어준다

일반적으로 수업을 수강할 때 학생들이 갖는 의문으로는 이 과목이 나에게 도움이 되는지, 담당 교수는 능력이 있는지, 성적은 공정하게 주는지, 과제는 어떤 종류의 것이 부과되며, 이 과목을 잘 이수하기 위해 얼마나 많은 시간을 투자해야 하는지, 학점을 잘 받을 수 있을지, 우수한 성적을 얻기 위해서는 어떻게 공부해야 하는지 등을 들 수 있다. 이러한 궁금증을 풀어줌으로써 앞으로 이루어질 수업에 대한 학생들의 학습목표와 학습동기가 분명해질 수 있다.

의식적으로 학생들과 교류한다

첫 수업시간에 교수가 학생들에게 일방적으로 이야기하는 방식은 바람직하지 않다. 오히려 학생들에게 "강의실 찾아오기는 쉬웠나요?", "오늘 날씨가 꽤 쌀쌀하네요", "대부분 4학년 학생들인 거 같네요. 4학년 학생이 아닌 사람?" 등 일상적인 질문을 하는 것이 바람직하다. 이를 통해서 학생들의 긴장을 풀어 주고 대화의 장으로 나올 수 있게 하며, 또한 이런 대화를 통해 교수는 수강생들의 구성을 자연스럽게 알 수 있다.

학생들과의 교류를 위해 간단한 설문지를 작성하게 하는 것도 하나의 방법이다. 그러나 이 설문의 목적은 학생들의 지식수준을 파악하고자 하는 것이 아니라 교류를 위한 것이기 때문에 간단하게 쓸 수 있고 그 자리에서 바로 발표하고 피드백할 수 있는 내용으로 한다. 예를 들어, 영어회화 시간이라면, "여러분들이 가장 좋아하는 영어 단어, 팝송, 외국 인물을 하나씩 적어 주세요?"라고 주문한 뒤 그 자리에서 발표하게 하고, 교수는 학생들이 발표한 내용과 앞으로 수업하고자 하는 내용을 관련시켜 코멘트를 해 준다.

수업에 대한 피드백을 받는다

수업에 대한 피드백을 받는 것은 좀 더 적합한 수업을 진행하기 위한 것이다. 특히, 첫 수업시간에 느낀 점을 쪽지에 적어서 강의실에서 나갈 때 제출하게 하거나, 수업 후 몇 명의 학생들과 면담을 하는 방법이 있을 수 있다. 그러나 이 경우 학생들이 쑥스러워 하거나 교수에 대한 배려 때문에 무조건 좋았다는 말만 할 수 있으므로 면담을 통한 방법보다는 쪽지나 이메일을 통해 피드백을 받는 것이 좋다.

설문의 내용에는 목소리의 크기가 적당했는지, 말하는 속도는 적절했는지, 판서를 한 경우 글씨 크기는 알아볼 수 있을 정도로 충분히 컸는지, 필체는 알아보기 괜찮았는지, 수업 분위기는 어떠했는지, 앞으로 수업시간에 기대되거나 우려되는 것들은 무엇인지 등이 포함될 수 있다.

읽을거리

학생 이름을 외우는 여러 가지 방법

- 학생 자신의 소개, 취미, 흥미, 배경, 건의사항 등을 기록할 수 있는 자기소개서를 작성하게 한다.
- 명찰을 만들어 수업시간 중에 가슴에 달게 한다.
- 좌석표를 만든다.
- 자기소개를 시킨다.
- 2인 1조가 되어 상대방을 소개하도록 한다.

06
교육조교의 역할과 활용

교육조교(Teaching Assistant, TA)는 교수의 다양한 교육활동을 보조하는 사람으로, 일반적으로 대학의 교과목마다 배정되어 역할을 수행하게 된다. 특히 이들은 수업의 전반적인 과정에서 교수의 수업을 보조하는 역할을 하면서 대학 수업의 질 개선에 도움을 주는 조력자다.

그런데 실험이나 실습중심 과목이 많은 이공계학과의 경우, 과거부터 교육조교의 활용이 일반화되어 왔지만 인문 · 사회나 이론중심 과목의 경우는 교육조교의 필요성을 느끼지 못하거나 활용이 되지 않는 경우가 많았다. 그러나 대학 수업의 질을 제고하는 데 있어 교육조교의 활용은 수강생 특성의 다양화, 교수학습 매체의 현대화, 역량중심 교육의 필요성 증대 등으로 절대적으로 필요한 상황이다. 따라서 교육조교의 일반적인 역할을 이해하고, 효과적인 역할 수행과 유의사항을 살펴볼 필요가 있다.

교육조교의 특성

대학에서의 교육조교는 수업과 실험 · 실습을 보조하는 사람으로, 수업의 특성에 따라 수업 · 강의조교, 실험 · 실습조교, 실기조교 등으로 지칭된다. 한편, 행정을 보조하는 행정조교와 연구를 지원하는 연구조교 등이 있으며, 주로 국립대학에서는 교육공무원으로서 교육, 연구, 행정 등의 업무를 보조하는 '조교'도 있다.

교육조교는 전일제로 근무하거나 시간제로 근무한다. 시간제로 근무하는 경우는 대체로 대학원생들이 지도교수의 담당과목에 교육조교 역할을 수행하고 있다. 대학원생 교육조교는 교수마다 1명씩 배정되거나 과목이나 수강생 규모 등에 따라 여러 명이 배정될 수도 있다.

국립대학 조교는 교육공무원으로서 호봉 규정에 따라 초 · 중등교사 수준과 비슷한 처우를 받고 있다. 대학원생 교육조교의 경우는 장학금의 형태로 전액 또는 일부를 지원받고, 매월 일정한 수준의 수당을 받기도 한다. 한편, 이러한 물질적 보상 외에도 교육조교는 교수자로서의 다양한 경험을 간접적으로 할 수 있어, 교수의 직무를 미리 경험하고 교수 감각과 능력을 배양할 수 있다. 이러한 점에서 선진국에서는 장차 교수요원으로서 TF(Teaching Fellow)로 규정하고 수업의 계획부터 운영, 성적 부여까지 협력자로 인식 및 지원하고 있다.

최근 대학교육의 질적 제고 차원에서 교육조교의 역할이 매우 중요해지고 있다. 우수한 교육조교의 확보를 위해서도 합리적인 보상체계와 지원책이 마련되어야 할 것이다.

교육조교의 역할

교육조교는 교수의 강의계획, 수업 준비, 수업 운영 및 관리, 실험 · 실습 · 실기 지도, 과제물, 시험 및 성적 관리, 학습상담 및 면담 등을 보조하는 역할을 한다. 그런데 대학이나 전공, 과목의 성격에 따라 교육조교의 실제적인 역할은 차이가 있을 수 있다.

교수와 교육조교는 상호간의 충분한 소통을 통해 실질적인 역할을 명확하게 할 필요가 있다. 특히 신임교수나 교육조교가 교체되었을 경우는 상호간 사전 협의 등을 통해 교육조교의 역할을 명확히 정할 필요가 있다. 일반적인 교육조교의 역할은 다음과 같다.

강의계획 작성을 지원한다

강의계획은 담당과목에 따라 차이는 있지만 강의계획서 작성, 교재 선택 및 개발, 교수학습자료 개발, 실험실습 계획, 실기지도 계획 등을 포함한다. 교육조교는 담당교수의 강의계획을 다양한 방식으로 지원하게 된다.

교육조교가 연임하는 경우에는 지난 학기 강의에 대한 결과나 학생들의 소감 등을 정리하여 교수에게 피드백한다면 큰 도움이 될 것이다. 신임 교육조교일 경우는 전임자로부터 인수인계를 받거나 수업을 들었던 학생들로부터 피드백을 받아 강의계획에 반영할 수 있다. 교과목이 신설되어 기존 자료가 없는 경우는 교재 선택 및 개발, 사례 수집, 강의자료 제작 등 강의계획 전반에 대해 적극적으로 교수를 지원할 필요가 있다.

수업 준비 및 운영을 보조한다

수업 준비는 강의계획서에 따라 사전에 혹은 주차별로 이루어질 수 있다. 수업형태는 수업 목표나 내용에 따라 이론중심, 실험중심, 실습중심 혹은 실기중심 수업으로 나뉘는데, 준비 과정상에 교육조교의 역할이 차이가 있을 수 있다. 수업목표 성취에 필요한 방법 선택, 학습자료 준비, 수업환경 조성 등이 고려되어야 한다. 특히 팀활동 시

팀편성이나 역할 배분 등에 대한 사전 계획도 중요하다.

계획된 수업이 효과적으로 이루어질 수 있도록 실제 운영 과정에서도 교육조교는 상황에 맞는 역할을 효과적으로 수행해야 할 것이다. 특히 실험 · 실습 · 실기 지도의 경우는 안전을 확보하도록 주의를 기울여야 할 것이다. 안전을 확보하기 위해서는 사전에 정해진 절차나 기준 등을 철저하게 지키도록 학생들을 도와야 할 것이다.

예상치 못한 일이 발생하거나 담당교수가 수시로 도움을 요청할 수 있기 때문에, 수업 중에는 되도록 교육장을 떠나지 말고 예의주시하여 상황에 적극 대처할 필요가 있다.

출결사항을 관리한다

출석 점검은 대체로 교수가 직접 하거나 일부는 개의치 않는 경우도 있다. 하지만 원칙적으로 출석 점검은 이루어져야 하고, 또한 교육의 일환으로 학생들의 시간 엄수 자세 등을 배양하기 위해서라도 출결관리를 철저하게 할 필요가 있다.

대규모 수업의 경우, 시간관계상 교육조교가 대신하는 경우가 일반적이다. 이때 효과적으로 출결관리를 할 수 있는 방안을 강구할 필요가 있다. 예를 들어 좌석지정제 실시, 입실 시 출석부에 서명을 하게 하는 방법, 쉬는 시간을 이용하여 호명하는 방법 등이 있다. 결석자나 지각하는 학생에 대해서는 별도로 시간 엄수를 안내할 필요가 있고, 공결의 경우는 사전에 확인하여 교수에게 보고할 필요가 있다.

실험 · 실습 · 실기 지도를 보조하거나 대신한다

실험 · 실습이 많은 과목은 다른 과목보다 교육조교의 역할이 더욱 중요하다. 교육조교는 수업 전에 실험 · 실습에 필요한 기구와 재료가 무엇인지 확인하고 준비해 두어야 한다. 또한 교육조교가 수업 중 시연을 해야 할 경우에는 사전에 실험 · 실습 기구의 사용법과 절차를 충분히 숙지하고 연습해야 한다.

대규모 강좌의 경우, 2명 이상의 교육조교가 함께 진행하기도 하는데, 이때는 적절하게 역할을 명확하게 나누어 안전하고 효율적인 실험 · 실습 · 실기 지도가 되도록 협력해야 한다.

한편, 실험 · 실습 · 실기 지도 시 의도치 않은 신체적 접촉으로 인해 성희롱으로 오해되지 않도록 주의해야 한다.

과제물 관리 및 첨삭 지도를 보조한다

대학에서는 교과목에 따라 차이가 있지만, 학생들은 보고서 작성, 제작 프로젝트 수행, 실험 분석, 실기연습 등 다양한 과제물을 수행하게 된다. 교육조교는 수업에서 제시된 과제물을 정해진 기한 내에 수합하고 과제물 수행과정을 지원하며, 과제물에 대한 담당 교수의 피드백 전달 혹은 가채점 등을 하게 된다. 또한 팀과제의 경우, 팀활동을 모니터링하여 무임승차하는 학생이 없는지 등을 확인한다. 특히 가채점의 경우, 교수가 사전에 마련해 놓은 평가 기준 및 지침에 따라 객관적이고 정확하게 수행해야 한다.

한편, 과제물 관리 및 첨삭지도에 있어 교육조교는 보안 유지에 주의해야 한다. 예를 들어 교수의 승인 없이 특정 학생에게 인센티브를 부여하는 행위, 담당교수의 공개 이전에 과제 점수를 통보하는 행위 등을 하지 않아야 한다. 과제물 점수나 피드백 공개 시에는 필수적으로 담당 교수의 승인을 받아야 한다.

보충 및 심화 학습을 지원한다

학생들이 수업내용을 이해하지 못하거나, 부분적으로 도움을 요청하는 경우 교수의 지도 안내에 따라 교육조교가 학생들의 학습 이해를 돕는 역할을 할 수 있다. 교수가 수업시간에 미처 다루지 못한 내용을 학생들에게 제시하고자 하는 경우, 수업 커뮤니티나 SNS 등을 이용하여 학생들에게 교수의 의도를 알리고 교수를 대신하여 학생들에게 관련 내용을 제공할 수 있다. 또한 학생들의 추가적인 질문에 답변을 하거나 심화학습의 기회를 제공할 수도 있다.

수강생 상담을 보조한다

최근에는 성장 배경, 학업 능력, 흥미 및 관심사 등 다양한 학생 특성 때문에, 수강생들의 원활한 학습을 촉진하기 위해 상담이 필요하다. 성공적인 강의를 위해서는 수강생들을 대상으로 주기적으로 상담할 필요가 있다. 이러한 과정에서 교육조교가 상담 일정을 잡거나 사전에 상담 내용을 파악하는 등의 활동을 통해 교수를 지원할 수 있다.

나아가 교수의 상담활동을 보조하여 수업시간 내 · 외의 시간에 학생들의 희망진로를 파악하고, 진로 설계에 도움이 될 수 있는 조언을 줄 수 있다. 또한 학생들의 학교생활을 비롯한 여러 가지 고민을 청취하고 상담자이자 조언자의 역할을 수행할 수 있다.

이 밖에 수업 운영과 관련된 학생들의 고충이나 요청사항 등이 상담을 통해 발견되었을 경우, 담당 교수에게 수시로 보고하여 해결 방안을 모색해야 한다.

시험감독 및 성적관리를 보조한다

수업시간에 이루어지는 각종 시험은 담당 교수가 시험을 관리해야 한다. 수강생이 많은 경우에는 시험 부정행위를 예방하기 위해서라도 교육조교 및 기타 보조자를 추가적으로 활용하여 시험을 철저히 감독해야 한다.

한편, 아직도 일부 교수의 경우 객관적인 학점부여 목적으로 시험을 실시하는 경우가 있는데, 바람직한 것은 시험 결과를 바탕으로 다음 학기 수업 개선에 적극 활용할 필요가 있다. 이러한 과정에서 교육조교는 시험 결과 데이터의 분석, 학생들의 부족한 부분 점검 등을 통해 개선 작업을 도울 수 있다. 이때 학생 개인정보를 보호하고 시험 결과가 유출되지 않도록 보안을 유지해야 한다.

또한 교육조교는 시험 감독이나 성적 부여 과정에서 개인적 친분이나 감정 등에 의해 주관적 판단이나 개입이 발생하지 않도록 주의해야 한다.

교육조교 활용 시 고려사항

강의의 목적 달성과 수업의 질 제고를 위해 효과적으로 교육조교를 활용하는 것이 중요하다. 이를 위해서는 교수와 교육조교 모두 서로의 역할에 대한 이해가 뒷받침되어야 한다. 특히 교육조교의 조기 확보, 교육조교의 역할 명료화, 교육조교의 인권 및 인격 존중 등이 고려되어야 한다.

교육조교의 조기 확보

학기가 시작되기 전에 대학에서 지원받을 수 있는 교육조교가 있는지 확인하고, 개강 전에 미리 만나 수업에 대해 협의할 필요가 있다. 학기가 시작된 후에 배정되는 경우가 있는데, 효과적인 활용을 위해서는 대학 차원에서도 사전에 지원할 필요가 있다. 만약 지원이 되지 않는 경우, 대학원생 가운데 지정하여 활용하는 방안도 검토할 수 있다.

교육조교의 역할 명료화

교수가 선호하는 강의 방식이나 강의 규모에 따라 교육조교의 역할은 상이하다. 따라서 교수의 교육방침과 교육계획에 따라 교육조교의 역할을 명확히 이해하고 따를 수 있도록 충분히 소통해야 한다. 대학에서 교육조교를 임명하는 경우 근로계약서와 같은 형태로 역할에 대한 합의 내용이 문서화되기도 한다. 그렇지 않을 경우에는 조교의 역할과 책무에 대해 이해할 수 있는 워크숍을 개별적으로 실시하거나, 상호 합의된 내용을 문서화하여 명료화할 수 있도록 한다.

교육조교의 인권 및 인격 존중

교수는 수강생들뿐만 아니라 교육조교에 대해서도 교육자로서의 올바른 롤모델이 되어야 한다. 그렇기 때문에 교육조교를 인격적으로 대하고 불필요한 오해가 발생하지 않도록 주의해야 한다. 또한 교육조교도 학생들에게는 롤모델이라는 점을 잊지 말고 공개된 장소에서 불필요한 언행을 삼갈 필요가 있다.

교수는 교육조교가 장차 교수로서 필요한 역량을 쌓아가도록 적극적인 롤모델과 후원자가 되도록 노력해야 할 것이다.

3장

핵심적인 수업기술

효과적인 수업이 되기 위해서는 교수가 기본적인 수업기술을 익혀 학생이 학습목표에 도달할 수 있도록 학습자의 내외 환경을 조성해 주어야 한다.

이를 위한 핵심적인 수업기술에는 신뢰감을 형성하는 기술, 학습의욕을 높이는 기술, 적절하게 질문하는 기술, 수업에 대한 반응을 높이는 기술, 설득력 있게 설명하는 기술, 학습자료를 제시하는 기술, SNS를 활용하는 기술, 시범을 보이는 기술, 학습을 강화하는 기술, 지각·결석을 줄이는 기술, 수업 시 문제행동을 다루는 기술 등이 있다.

이러한 수업기술은 학생들이 수업에 몰입하게 하여 학습의 효과를 극대화하는 데 큰 도움이 된다. 특히 최근에는 SNS를 활용하여 수업의 효과를 높이는 다양한 기술이 등장하였으므로 이에 대한 이해 및 활용기술에 대한 숙지가 필요할 것이다.

01
신뢰감을 형성하는 기술

가르치고 배운다는 것은 교수자와 학습자 사이에 이루어지는 상호작용이기 때문에, 가르치고 배우는 것이 제대로 이루어지려면 먼저 교수자가 학생들과 상호 신뢰감을 형성할 필요가 있다. 아무리 잘 가르쳐도 학습자가 배우지 않으려고 하면 소용이 없을 것이다. 그러므로 수업효과를 극대화하기 위해서는 무엇보다도 학습자와 신뢰감을 형성하도록 노력해야 할 것이다.

그러나 유감스럽게도 일부 교수들은 담당과목을 가르치는 데 있어 학생들과의 신뢰감 형성에 개의치 않고 수업시간에 강의내용만을 가르치는 경향이 있다. 그러다 보니 열심히 강의를 준비해서 열성적으로 진행하지만, 강의를 마친 후에 좌절감이나 허탈감을 맛보게 된다. 이에 대한 이유는 많겠으나, 우선 생각해 봐야 할 것은 과연 학생들과 신뢰감이 형성되어 있느냐이다. 왜냐하면, 학생들과 신뢰감이 형성되어 있는 경우에는 학생들이 가르치는 내용을 제대로 이해하고 있는지, 학생들이 배우고 싶어 하는 내용이나 선호하는 수업방법 및 활동이 무엇인지, 강의에 대해 만족스럽지 못한 이유가 무엇인지 등에 대해서 교수가 바로 피드백을 받을 수 있기 때문이다.

학생들은 대체로 전문분야에 대한 학식이 뛰어나고, 유머와 위트가 있으며, 수업을 열심히 진행하는 교수들을 좋아한다. 그러나 이러한 특성을 소유한 교수라고 하더라도 수강생들과 신뢰감이 형성되지 않는다면 수업효과는 크게 기대할 수 없을 것이다.

학생들과의 신뢰감 형성에 무관심한 교수들은 대체로 수업시간에 들어와 가르치는 내용 설명에만 전념한다. 또한, 자신도 모르는 사이에 학생들과의 신뢰감 형성에 방해가 되는 행동을 한다. 학생들과의 신뢰감 형성에 방해가 되는 교수행동으로는 수업시간 중에 학생들을 무시하는 듯한 발언을 하는 경우다. 예를 들면, 다음과 같다. "너희들은 기초실력이 부족하다." "그럼, 그렇지. 내가 뭘 기대하겠어!" "공부하길 싫어하니 빨리 군대나 가라." …… 등 이러한 표현이나 행동은 학생들과의 신뢰감을 사라지게 할 뿐만 아니라, 학생들의 학습의욕마저도 떨어뜨리게 한다. 또한, 학생들에 대한 무관심도 신뢰감 형성을 어렵게 하거나 떨어뜨리는 주된 원인이다. 따라서, 요즈음 학생들은 '교수에 대한 존경심이 없다'는 한탄보다는, 먼저 교수가 학생들에게 다가가 그들의 사고와 문화에 관심을 가지고, 그들에게 동화되고자 노력하는 자세가 필요하다.

한편, 신뢰감은 형성되었다가도 떨어지는 경우가 있다. 따라서, 학생들과의 신뢰감에 이상이 없는지 항상 민감하게 신경을 써야 한다.

학생들과 신뢰감을 형성하고 유지하는 구체적인 전략은 다양하다. 신뢰감 형성을 위해 가지고 있는 자신의 전략을 점검하고 새로운 전략을 적용하는 노력을 기울여야 할 것이다. 학생들과 신뢰감을 형성하기 위하여 다음과 같은 사항을 숙지하고 활용할 수 있어야 한다.

수강생들과 자기소개 기회를 갖는다

일부 교수들은 첫 수업시간에 학생들에게 자기소개를 시키거나 아니면 수강생의 프로파일을 조사한다. 이러한 활동은 학생들과의 신뢰감 형성에 큰 도움이 된다. 특히, 수강생들 가운데 교수가 잘 모르는 학생이 있거나, 또는 수강생들 사이에 서로 잘 모르는 학생이 있을 경우에는 반드시 자기소개 기회를 가질 필요가 있다. 물론, 학생들이 많을 경우에는 수강생에 대한 프로파일 조사로 대체하는 것이 적절할 것이다. 이러한 자기소개를 통해서 수강생들에게 교수의 전문성에 대한 신뢰감을 주게 되고, 나아가 학습의욕을 자극시킬 수 있다. 한편, 학생들의 자기소개를 통해서 교수자는 학생들을 좀 더 잘 이해할 수 있고, 그들의 요구 및 배경 지식을 파악하여 수업을 계획하고 진행하는 과정에 반영할 수 있다.

- 교수가 먼저 담당과목에 대한 자신의 전문성 및 활동사항을 중심으로 자기소개를 한다.
- 수강생 모두에게 자기소개를 할 수 있는 기회를 준다. 수강 동기, 과목 관련 선수학습 경험, 배우고 싶은 내용 및 목표, 수업방법, 과제물 및 평가에 대한 건의사항 등을 중심으로 소개하게 한다.
- 수강생이 많을 경우에는 수강생 프로파일 조사지 작성으로 대체하여 실시한다.

학생들과 어울리려고 노력한다

가능한 한 학생들과 많은 시간을 보내도록 노력한다. 이를 위해서 수업 시작 전에 강의실에 있는 학생들과 여담을 나누거나, 수업이 끝난 뒤에도 바로 퇴실하지 말고 학생들과 수업에 관한 이야기나 일상생활에 관한 이야기를 나누도록 한다. 또한, 수업시간에도 교탁 앞에서만 강의하지 말고 가급적 교실 전체를 돌아다니면서 수업을 진행하도록 한다.

수업에 열의를 보인다

수업에 대한 열의를 보이는 것은 학생들과의 신뢰감 형성에 도움이 된다. 교수자의 수업에 대한 열의는 수업을 위해 사전에 얼마나 많이 준비했는지를 보여 주는 것이다. 특히, 사전에 수업을 위해 준비한 것은 수업 중에 가시적으로 드러나기 때문에 조금만 신경 써도 쉽게 보여 줄 수 있다.

공정한 교수임을 보인다

교수자는 자신이 학생들을 공정하게 대하고 차별대우하지 않으며, 학점을 줄 때에도 사전에 제시된 평가 준거 및 방침에 따라 부여함을 분명하게 제시할 필요가 있다.

학생들을 다정다감하게 대한다

학생들을 대할 때 수업시간은 물론, 강의실 밖에서도 다정다감하게 대한다. 수업시간에 주의집중이 부족한 학생은 다가가 말을 붙임으로써 관심을 표현하고, 수업시간에 집중할 수 있도록 유도한다.

학생들을 인격체로 대한다

수강생들 중에는 나이가 많은 학생도 있기 때문에 수업시간에 적절한 수준의 경어 사용이 절대적으로 필요하다. 지나친 반말 사용은 오히려 학생들로 하여금 무시당한다는 생각을 갖게 할 수도 있다. 학생들의 학습능력에 상관 없이 하나의 인격체로 대해야 한다.

학생의 이름을 자주 부른다

학생들은 대체로 교수가 자신의 이름을 정확하게 기억하고 호명한다는 사실만으로도 자신이 특별한 존재로 인식된 것 같아 기분이 좋아질 수 있고, 교수에 대한 호감과 학습의욕을 가질 수 있다.

결과에 상관 없이 학생들의 노력을 인정한다

비록, 질문에 대한 학생들의 대답이 기대한 것이 아니거나 제출한 과제물이 기대치에 미치지 못했다 하더라도 일단 학생의 의견이나 노력을 인정하고 칭찬과 격려를 해야 한다. 즉, 학생들의 반응을 존중하는 것이 중요하다. 그리고 개선할 점을 추후에 제시하거나 과제물에 대한 피드백을 통해 학생들과 자주 교류한다.

학생들의 학습을 돕는 자세를 보인다

학생들의 학습을 돕는 구체적인 방안들을 제시하는 것이 필요하다. 예를 들어, 담당과목을 수강하면서 교수의 도움이나 상담이 필요한 경우에는 어떻게 도움을 받을 수 있는지를 구체적으로 알려 주도록 한다. 특히, 교수의 일정을 알려 주어 언제 연구실을 방문하면 만날 수 있고 도움을 받을 수 있는지 알려 줄 필요가 있다. 아울러, 도움이 필요하면 언제든지 교수에게 이메일을 보내도록 권장한다.

학생 면담을 실시한다

면담시간이 부족한 경우 조를 구성하여 조별로 면담을 하거나, 시간약속이 어려울 경우에는 온라인 채팅을 이용한 면담을 실시해 보는 것도 학생들과 친밀감을 높일 수 있는 좋은 방법이다.

학생들이 수업에 적극적으로 참여하도록 유도한다

학생들의 수업 참여는 성공적인 수업을 위해 필수적이다. 특히, 수업에 참여하지 않거나 집중하지 않는 학생들을 의도적으로 수업에 참여시키는 것이 필요하다. 예를 들어, 학생들에게 수업에 집중하지 않는 학생들의 개별적인 경험을 이야기하도록 유도한다. 또한, 학생들의 경험담에 관심을 표현함으로써 학생들이 편안함을 느낄 수 있고, 그들의 관심을 끌 수 있도록 한다.

사소한 사항도 건의할 수 있는 창구를 마련한다

학생들 가운데에는 교수 앞에서 자신의 의사를 밝히기 꺼려하는 학생이 있을 수 있다. 또한, 경우에 따라서는 익명으로 제안하고 싶은 사항도 있을 수 있다. 이러한 경우를 대비하여 교수연구실 옆에 학생들이 의견을 제안할 수 있는 '의견함'을 설치하거나, 수업게시판이나 이메일을 통해서 언제든지 의견을 제안할 수 있는 방법이나 창구를 자세하게 안내한다.

이때 교수는 학생들의 의견을 긍정적으로 받아들여야 하며, 학생들의 의견에 대해 감사의 뜻을 밝히거나, 좀 더 우수한 수업이 되도록 노력하겠다는 뜻을 밝히는 것이 좋다. 학생들은 자신들이 제시한 의견을 교수가 주의 깊게 고려해 준다는 것에 대하여 기쁘게 생각할 것이며, 신뢰감도 쌓일 것이다.

02
학습의욕을 높이는 기술

과거에는 대학 교수들이 학생들의 학습의욕을 높이는 데 별로 신경 쓰지 않았다. 매우 제한된 학생들이 특정 학문을 전공하기 위해 대학에 입학하였으므로 이미 동기화되어 있었기 때문이다. 그러나 대학이 많이 늘어나면서 고등학교 졸업자의 진학률이 높아지게 되었고, 심지어 입학지원자에 비해 대학의 모집 정원이 훨씬 더 많아지게 되었다. 게다가 대학마다 정원을 확보하기 위하여 기본적인 수학능력이 떨어지는 학생들도 무조건 합격시키는 경우가 많아지게 되었다.

이처럼 기초학력과 무관하게 무조건 학생들을 선발하다 보니 교수들은 수업을 진행하기에 매우 어려운 상황에 직면하고 있다. 예를 들어, 실력은 불문하고 출석조차 제대로 하지 않거나, 기본적인 과제물도 제출하지 않으며, 수업태도가 극히 불량한 학생에게도 F학점을 줄 수 없는 경우가 있다고 한다.

이제 과거처럼 모든 학생이 높은 수준의 학습의욕을 가지고 수업에 임하리라고 기대하기는 어렵다. 특히, 대다수 학생들의 경우, 학습과 관련하여 높은 의욕을 가지고 있지 않다는 점을 유념할 필요가 있다. 따라서, 수업시간마다 학생들의 학습의욕을 높이는 기술을 발휘하여 이들의 효과적인 학습을 지원할 필요가 있다.

이러한 지원을 위해서 최근 대학마다 '교수학습지원센터'와 같은 기관을 설립하여 다양한 교수학습 지원활동을 하고 있다. 따라서, 이러한 기관으로부터 전문적인 도움을 받을 수 있는 자료를 얻어 활용할 수 있을 것이다.

학생들에게 학습의욕을 갖도록 하기 위해서는 우선 학생들 스스로 학습에 관한 동기가 생기도록 해야 한다. 학습자 스스로 동기유발을 할 수 있도록 하기 위해 여러 가지 전략을 활용할 수 있다.

학습자가 학습에 흥미를 가지고 주의를 기울일 수 있도록 한다

교수매체의 제시기법을 다양하게 하거나, 구체적인 예를 활용하거나, 특이한 상황이나 문제 사태를 제시하거나, 익숙한 경험과 생소한 경험들을 동시에 제공하거나, 경험요소들을 비유적 방법으로 제시한다.

수업내용이나 방법을 학습자의 필요나 가치에 연결시킨다

새로운 학습과제를 친숙하게 만들고, 학습자들의 흥미와 관심사에 기초한 실제 경험자료를 활용하고, 학습내용의 미래지향적인 가치를 알려 주도록 한다.

성공에 대한 자신감과 긍정적 기대를 갖게 한다

학습목표를 분명하게 알려 주고, 학습과제의 난이도를 고려하여 적절하게 계열화하고, 학습자마다 적절한 학습조절 전략을 적용시킨다.

학습자 노력의 결과에 대한 피드백을 제공하고 성취감을 맛보게 한다

학습자의 다양한 수행 결과에 대한 피드백을 즉각적으로 상세하게 제공한다. 또한, 학습자의 노력 결과가 자신의 기대와 일치하고 그

결과에 대해 만족하도록 한다. 그리고 학습한 내용을 실제 상황에 일반화하여 적용해 보도록 지도한다.

특히, 학습의욕을 높이는 기술은 학생들이 무엇을 학습해야 할지를 모르거나 학습내용이 지루하고 재미 없을 때, 학습자의 자신감이 부족하고 포부 수준이 낮을 때, 선수학습 요소가 결핍되어 있을 때 유용하다.

무엇을 학습해야 할지 모를 때

수업을 통해서 무엇을 배우고, 왜 배워야 하는지, 그것은 학생들에게 어떤 도움이 되는지를 안내한다. 이러한 안내는 학생들에게 관심을 유발할 수 있는 적절한 예화, 사례, 상황 등을 통해 이루어지는 것이 효과적이다.

이러한 소개와 함께 오늘 수업을 통해서 성취해야 할 학습목표가 무엇인지를 분명하게 제시하여 인식시키는 것이 중요하다. 아울러, 학습목표를 어떻게 성취할 수 있으며, 그 성공 가능성을 제시해 주어야 한다. 그리고 학습목표 성취에 대해 어떤 보상이 주어지는지를 설명한다.

수업을 지루해 하고 흥미 없어 할 때

학습내용이 흥미롭도록 실제 사례나 사진을 제시하고, 시청각 학습이나 활동학습을 통한 유인체제를 강구한다. 또한, 수업과 관련된 내용 중에 학생들에게 필요한 정보를 제공한다.

자신감이 부족하고 포부 수준이 낮을 때

학생들에게 성공할 수 있는 학습과제를 제시하거나, 다양한 난이도의 학습과제를 제시하여 선택적으로 이수하도록 한다. 또한, 학생들 스스로 실현 가능한 목표를 결정할 수 있도록 도와준다.

선수학습 요소가 부족할 때

최근 일부 교수들은 수강생들의 출발점 행동이나 기초실력을 점검한 뒤, 부족한 선수학습 내용을 정리하여 학생들에게 나누어줌으로써 학습을 돕고 있다. 또는, 선수학습이 부족한 학생들에게 교수가 직접 보충강의를 실시하거나, 조교 또는 선배들을 연결하여 도움을 주도록 안내하는 것도 유용할 것이다.

수업 중에 학생들에게 제공되는 질문이나 문제의 난이도가 너무 어렵거나 쉽지 않게, 학습자 수준에 맞도록 조정하는 것도 기초학력이 부족한 학생들을 동기화시키는 데 유용한 방법이다.

03
적절하게 질문하는 기술

일반적으로 수업시간에 학생들이 교수에게 질문하는 경우는 많지 않다. 또한, 교수들도 수업시간에 질문을 제대로 활용하지 않는다. 학생들은 정확히 무엇을 질문해야 되는지를 모르거나 괜히 면박을 당할까 봐, 또는 의구심이나 호기심 부족 등으로 질문을 하지 않는다. 교수들 역시 학생들에게 질문을 해도 원하는 답을 유도해 낼 수 없기 때문에 질문을 자주 활용하지 않는다.

그러나 학생들의 수업이해 정도를 확인하거나 학생들과 상호작용을 촉진하기 위해서 질문은 반드시 필요하다. 따라서, 교수는 질문을 잘할 수 있는 능력을 갖추어야 한다. 교수의 질문은 학생들에게 비판적인 사고를 유발케 하고, 학습내용에 대한 수준을 파악할 수 있도록 작성되어야 한다.

수업시간에 질문은 다양한 목적으로 사용될 수 있다. 도입 단계에서 실시하는 질문은 학생들의 선행학습 수준을 파악하거나 학습동기를 유발하게 하고, 전개 단계에서 이루어지는 질문은 학생들의 학습성과를 확인하거나 즉각적인 피드백을 제공해 준다. 마무리 단계에서 이루어지는 질문은 수업내용을 요약하고 미진한 부분을 보충 지도할 수 있게 해 준다.

질문기술을 효과적으로 활용하기 위해서는 다음과 같은 절차 및 전략을 따라야 한다.

질문 준비하기

수업을 진행하다가 문득 생각이 나서 학생들에게 질문을 하는 경우가 있는데, 이런 즉흥적인 질문이 수업에 활기를 불어넣어주는 경우도 있으나, 대부분의 경우 질문내용이 체계적이지 못하거나 논리적이지 못해 학생들의 학습에 큰 도움이 되지 못한다. 반면에, 체계적으로 잘 준비된 질문은 논리적이며 비판적인 사고를 촉진하여 추리력을 키우는 데 도움이 된다. 또한, 풍부한 지식을 유도하는 질문은 학생들의 훌륭한 사고를 끌어낼 수 있다.

따라서, 적절한 질문을 효과적으로 활용하기 위해서는 사전에 많은 준비가 필요하다.

학습목표를 고려하여 질문의 유형과 수준을 결정한다

적절한 질문은 학습목표의 성취를 촉진하고, 교수에게는 학생의 성취 정도를 확인할 수 있게 해 준다. 그러므로 질문은 학습목표의 행동영역(인지적 영역, 정의적 영역, 심리운동적 영역)별 수준에 따라 적절하게 제시되어야 한다. 학생들이 성취하기를 바라는 인지적 학습목표가 인지적 영역의 행동분류 가운데 단순히 지식의 습득에 그치는 단계인지, 지식을 습득하고 이해하는 단계인지, 적용 단계인지를 사전에 파악한 뒤 적절한 질문을 한다.

대부분의 경우 질문은 지식이나 이해력을 묻는 단계에서 머무는데, 더 나아가 적용력, 분석력, 종합력, 평가력 단계까지도 파악할 수 있는 질문을 하도록 해야 한다.

각 영역별 학습목표에 관한 적절한 질문 예시는 표 3-1, 표 3-2, 표 3-3과 같다.

표 3-1 인지적 영역의 적절한 질문(예시)

목표	질문
지식	면적을 구하는 적분 공식은 무엇인가?
이해	그래프에서 감소하기 시작하는 전환점은 무엇을 나타내는가?
적용	자기유도 법칙을 적용하여 발전기가 어떻게 작동하는지 설명하여라
분석	고장 점검을 할 자동차가 시동이 걸리지 않는 이유는 무엇인가?
종합	발전하고 있는 농작물회사와 가축회사를 유리하게 통합하기 위해 어떤 형태의 경영계획이 필요한가?
평가	열 가지의 전시물을 어떤 기준으로 어떻게 판단하고 순위를 정할 것인가?

표 3-2 정의적 영역의 적절한 질문(예시)

목표	질문
감수	민주적 상황을 감지하거나 집중해서 수동적으로 받아들이려 하는가?
반응	학과 일에 자발적으로 참여하는가?
가치화	취업과 진학 중 어느 쪽을 원하는가?
조직화	어떤 식으로 민주주의 사회에서 자유와 책임이 균형을 이루도록 할 것인가?
인격화	남녀차별은 해서는 안 되는 필요없는 사회적 풍토라고 생각하는가?

표 3-3 심리운동적 영역의 적절한 질문(예시)

목표	질문
지각	물체의 움직임을 인지하고 있는가?
태세	공을 치기 위한 적절한 신체적 자세를 취할 수 있는가?
인도된 반응	시범대로 붕대를 감을 수 있는가?
기계화	실험장비를 짜맞출 수 있는가?
복합 반응	전기장비를 빠르고 정확하게 수리할 수 있는가?

한편, 좋은 질문은 다음과 같은 특징이 있다.

- 질문은 흥미있고, 사고를 자극하며, 수업내용과 관련된 것이어야 한다.
- 질문은 때와 상황에 맞아야 한다.
- 질문은 임의로 추측해서 답할 수 있는 것보다는 깊이 생각하여 답할 수 있는 것이어야 한다.
- 질문내용에 답을 암시하고 있지 않아야 한다.
- 하나의 질문에는 단 하나의 관념만을 포함해야 한다.
- 질문 시 어려운 용어보다는 학생들에게 친근한 용어를 사용해야 한다.

계열성 있게 질문을 준비한다

질문을 하는 방식에는 그림 3-1과 같이 여러 방식이 있다. 예를 들어, 질문의 수준을 조금씩 높여 가는 계단 · 점층형, 여러 가지 질문을 하다가 결국에는 처음 질문으로 돌아오는 순환형, 질문의 범위를 점점 넓혀가는 확장형, 질문의 범위를 점점 좁혀 나가는 축소형, 핵심 질문을 하는 도중에 그 질문과 관련 있는 다른 질문들을 하는 일탈형, 질문의 계열성이나 목적을 두지 않고 상황에 따라 자유롭게 질문을 진행하는 나그네형 등이 있다. 따라서 교수는 질문 상황에 맞는 질문 방식을 선택할 필요가 있다.

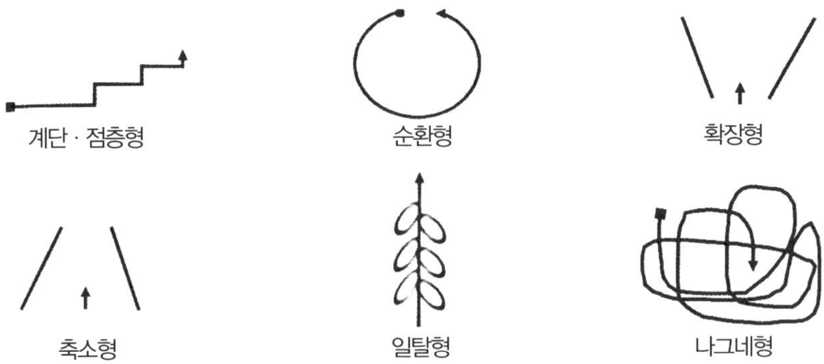

그림 3-1 다양한 질문방식

질의 응답하기

상황과 때에 알맞는 질문을 하기는 쉽지 않다. 예를 들어, 단순히 '예', '아니오'로 답을 요구하는 질문은 하기는 쉽지만 학생들이 깊이 생각하지 않고 답할 수 있으므로 좋은 질문이라고 할 수 없다. 좋은 질문은 학생들이 깊이 생각하고 정확하게 답할 수 있도록 유도할 수 있어야 한다.

답변을 논리적으로 할 수 있도록 충분한 시간을 준다

수업시간에 질문을 할 때에는 가급적 질문을 전체 학생에게 먼저 하여 모든 학생이 생각할 수 있는 시간을 충분히 준다. 그런 다음, 특정 학생을 지명하여 질문에 대한 답변을 하도록 하고, 답변에 귀를 기울인다.

질문 시 학생들의 마음이 상하지 않도록 주의한다

교수는 질문을 할 때 빈정대는 투로 해서는 안 된다. 예를 들어, 학생의 대답에 대해서 "어리석기는" 또는 "내가 뭘 기대하겠어?"라는 식으로 학생을 비방해서는 안 된다. 또한, 학생들의 답변이 끝나기 전에 말을 막아 버린다거나 비판적인 어조를 사용하지 않도록 주의해야 한다.

학생이 대답을 하면, 교수는 그 대답에 대한 피드백을 즉시 해야 한다. 질문에 대하여 학생들의 반응은 다양할 수 있기 때문에 그 상황에 적절한 대응을 할 수 있어야 한다.

정확한 대답이 나왔을 경우

"아주 잘했습니다", "바로 그것입니다" 등의 인정이나 칭찬의 반응을 보이며 확답을 해 준다. 확답을 해 주는 것은 학생들이 계속 참여할 수 있도록 격려하는 것이다.

부분적으로 정확한 대답이 나왔을 경우

정확한 부분에 대해서는 자신감을 주고, 부정확한 부분은 다른 학생을 통해 고치도록 유도한다. 예를 들어, 교수는 "맞았어요, 좀 더 보충할 학생은 없나요" 하면서 다른 학생들에게 기회를 주어 틀린 부분을 바로잡아 준다.

틀린 대답이 나왔을 경우

질문에 대해 완전히 틀린 대답이 나왔을 경우에도 교수는 무비판적인 반응을 보이는 것이 좋다. 예를 들어, "좋은 시도예요. 그러나 주요 부분이 빠졌네요"라고 말하고 정확한 대답을 할 수 있도록 질문을 같은 학생에게 다시 하거나, 다른 학생에게 기회를 주는 것이 좋다.

때로는 학생이 질문을 잘못 해석하여 부적절한 대답을 하기도 하는데, 이때는 "주제에서 빗나갔어요"라고 지적해 준다.

학생들의 질문받기

학생들로부터 질문이 나오는 것은 좋은 학습환경의 표시로서, 학생들의 배우고 싶은 욕구가 높다는 것을 보여 준다. 학생들의 질문에 대답하기 위해서는 학생이 언급한 질문을 주의 깊게 들은 후, "좋은 질문입니다" 또는 "그렇지 않아도 그 부분을 더 설명하려고 했었는데, 예리하군요"라고 질문한 것에 대하여 우선 칭찬을 하는 것이 필요하다. 다소 황당하고 엉뚱한 질문을 하더라도 질문한 학생을 당황하게 만들어서는 안 된다. 또한, 경우에 따라 어떤 질문에 대하여 교수가 적절한 대답을 할 수 없을 때에는 우선 아는 학생이 있는지 확인하고, 아무도 없을 때는 자신도 답을 모르겠다고 솔직하게 시인하고, 그 답을 찾아서 나중에 가르쳐 주겠다고 약속한다.

04
수업에 대한 반응을 높이는 기술

수업할 때 가장 힘든 점이 바로 학생들의 반응이 적거나 없다는 것이다. 아무리 열심히 준비하여 강의를 해도 학생들의 반응이 없을 때 교수는 허탈감을 느끼게 될 것이다. 반대로, 학생들의 수업에 대한 반응이 높다는 것은 그만큼 교수의 강의가 성공적이었다는 것을 의미한다. 그렇다면, 어떻게 수업을 진행해야 학생들의 반응을 높일 수 있을 것인가? 그것은 학습자 중심의 수업을 설계하고 진행하는 것이다. 이러한 학습자 중심의 수업은 곧 학생들의 반응을 높이기 위한 적절한 기술이 적용된 것이다. 이를 위해서는 학생들의 수업에 대한 반응을 높이기 위한 적절한 기술을 익히고 활용해야 한다.

학습내용을 학생들의 학습수준에 맞춘다

학생들의 선행학습 수준을 무시하고 수업을 진행할 경우 질문을 해도 아무도 답변을 못하는 상황이 발생할 수 있다. 이러한 상황을 예방하기 위해 필요한 경우 학습자들의 학습수준을 파악하기 위한 진단평가 등을 실시한 뒤, 학습자들의 학습수준에 맞는 수업을 실시한다.

학생들이 이해하기 쉽게 설명한다

학생들의 관심을 수업에 향하게 하기 위해서는 학생들이 이해하기 쉬운 수업을 한다. 이를 위해서는 학생들의 수준에 맞는 설명방법이나 자료 및 예시가 제시되어야 한다. 또한, 쉬운 내용이라고 해서 학생들이 이미 알고 있다고 가정해서는 안 된다. 즉, 학생들이 무엇에 대해 이미 알고 있다고 가정하지 말고, 쉬운 것부터 어려운 것으로 점차적으로 설명하고 제시하도록 한다. 그렇게 함으로써 수업내용에 대해 전혀 알지 못하는 학생들도 수업에 참여할 수 있을 것이다.

학생들에게 질문을 많이 한다

학생들의 수업에 대한 반응을 높이는 가장 쉬운 방법은 학생들에게 질문하는 것이다. 그러나 질문법은 적절하게 활용해야만 성공적일 수 있다. 적절한 질문제시 기술에 대해서는 3절 '적절하게 질문하는 기술' 내용을 참고하기 바란다.

수업내용과 수업방법을 학생들의 흥미에 맞춘다

수업에 대한 학생들의 반응을 높이기 위해서는 수업 내용과 방법에 대해서 학생들이 흥미를 갖게 하는 것이다. 이를 위해서는 학습의욕을 높이는 방법에서 설명하였듯이, 우선 학생들의 흥미를 끌 만한 관련 사실, 일화, 사례, 장면 등을 다양한 교수매체를 사용해서 제시하거나, 지금 배울 내용이 현장에서 어떻게 활용되고 있는지를 설명하는 것이 효과적이다. 또는, 수업내용과 관련된 취직 시험문제나 자격증 시험문제를 준비하여 제시한다.

틀린 것을 발견한 학생에게 인센티브를 준다

교수의 수업내용이나 교과서 내용 등에서 틀린 것을 발견한 학생에게 인센티브를 준다. 예를 들어, 가산점을 제공하거나 과제를 면제해 주는 인센티브를 활용할 수 있다.

학생들에게 관심을 보인다

학생들의 반응을 기대하기 전에 먼저 학생들에게 관심을 보인다. 교수가 자신들에 대해 관심을 가지고 있다는 것을 알고 있을 때 학생들의 반응은 더욱 높아질 것이다. 학생들에게 관심을 보이는 방법의 하나는 학생들의 이름을 자주 부르는 것이다. 즉, 호명 받은 학생은 개인의 존재를 느끼게 되며, 수업에 대한 반응도 높아질 것이다.

수업에 대한 소감문을 작성하게 한다

수업에 대한 reflection paper나 journal을 작성하게 한다. 이것은 수업내용에 대한 이해나 견해를 나름대로 정리하여 기록하게 함으로써 학생들의 수업에 대한 참여를 높일 수 있다.

학생들이 작성한 reflection paper 중 좋은 아이디어는 다음 수업시간에 소개를 하거나, 작성한 학생에게 직접 발표를 시키는 방법도 학생들의 반응을 높일 수 있다.

05
설득력 있게 설명하는 기술

많은 교수들이 자신의 전공 분야에 관한 지식을 설명하는 것에 별로 어려움을 느끼지 않지만, 그렇다고 그들이 모두 설득력 있는 설명을 하는 것은 아니다. 설득력 있는 설명이란 교수가 단순히 설명을 유창하게 하는 것이 아니라, 설명을 듣는 학생들이 제대로 이해할 수 있도록 설명하는 것을 의미한다. 이를 위해서는 우선 학생들의 주의집중이 지속될 수 있고, 학생들이 학습내용을 쉽게 이해할 수 있으며, 지루하지 않게 설명해야 한다.

실제 대학 수업에서는 교수들이 유창하게 설명을 해도 학생들이 잘 이해하지 못하는, 곧 설득력 없는 수업을 하는 경우가 많다. 그 주된 이유는 교수들이 학생들의 수준에 맞추지 않고 자기 수준에서 논리적으로만 설명하려고 하기 때문이다. 즉, 교수는 자신의 전문 분야에 대해 설명하는 것이기 때문에 쉽고 논리적으로 진행하였다고 생각하겠지만, 설명을 듣는 학생들에게는 여전히 이해하기 어려운 내용이다. 그러므로 교수는 자신의 실력과 상관 없이 학생들의 학습수준을 고려하여 보다 설득력 있게 설명할 수 있는 기술을 익히도록 노력해야 한다. 아무리 학습내용이 좋고 잘 가르치기 위해 많은 준비를 했다 하더라도 학생들이 제대로 받아들이지 못한다면 아무 소용이 없을 것이다.

좀 더 설득력 있는 설명을 위해서는 기본적인 자세와 전략을 활용할 필요가 있다.

교수의 전문성과 자신감을 보인다

학생들이 교수가 전문성을 지닌 사람이라고 인식한다면 그 교수의 수업에 귀를 기울일 것이다. 이를 위해서 교수는 담당과목에 대한 전문성을 보여 주어야 한다. 아울러, 교과내용뿐만 아니라 가르치는 기술에 대한 전문성도 보여 주어야 한다. 판서를 하는 것은 전문성을 보여 주는 사례가 될 수 있다.

항상 전문가로서 자신감과 여유를 갖되, 모르는 것이 있을 경우에는 솔직하게 잘 모른다고 인정하는 자세도 필요하다. 한편, 학생들을 무시하는 내용이나 다른 교수들을 흉보는 발언을 하지 않도록 주의해야 한다. 그리고 약간의 유머는 좋으나, 과도한 유머는 피하는 것이 좋다.

순서를 고려하여 설명한다

같은 내용이라도 좀 더 설득력 있고 쉽게 설명하기 위해서는 일정한 순서 및 절차에 따라 설명하는 것이 필요하다. 일반적으로 설명하는 순서는 다음과 같다.

- 학생들이 아는 것에서 모르는 것으로 설명을 진행한다.
- 구체적인 것에서 추상적인 것으로 설명을 진행한다.
- 전체적인 것에서 세부적인 것으로 설명을 진행한다.

보충자료를 활용한다

설명을 할 때에는 가급적 다양한 보충자료를 활용하는 것이 효과적이다. 예를 들어, 구체적인 설명을 할 경우에는 설명에 앞서 관련 사례나 예시 등을 제시하고, 복잡한 것을 설명할 때는 시청각 자료를 함께 제시한다.

설명하는 속도를 조절한다

학생들에게는 교수가 설명하는 내용을 적을 수 있는 충분한 시간을 주어야 한다. 그러나 교수가 지나치게 천천히 설명하는 경우 학생들은 오히려 지루함을 느끼거나 다른 생각에 빠질 수 있다. 따라서, 말하려는 내용과 듣는 대상을 고려하여 적절하게 말하는 속도를 조절해야 한다.

한편, 때로는 침묵도 필요하다. 침묵도 화술에서 주의를 집중시키려 할 때 중요한 역할을 한다. 침묵은 학생들에게 강조를 하기 위해서, 또는 생각할 시간을 주기 위해 사용될 수 있으며, 때로는 약간의 휴식을 주기 위해서도 사용될 수 있다.

목소리의 크기와 톤에 변화를 준다

목소리 크기는 강의실 크기나 수강생 수에 따라 달라질 수 있으나, 학생들에게 너무 크거나 너무 작은 소리로 전달되지 않도록 유의한다.

한편, 목소리의 톤을 조절할 필요가 있는데, 수업에 생동감을 불어넣기 위해 중요한 포인트나 강조사항이 있을 때 말하는 단어에 악센트를 준다. 이러한 행위는 교수의 열의가 학생들에게 전달되어 학생들을 수업에 적극적으로 참여하도록 유도한다.

06
학습자료를 제시하는 기술

학습자료란 학습목표를 효과적으로 달성하는 데 필요한 학습내용을 제시하는 수단이나 매개물이다. 이는 학생들의 흥미를 유도할 수 있고, 학습의욕을 돋우며, 수업의 효과를 극대화하는 역할을 한다. 이때 교수자의 일방적인 자료 제시가 아닌 학습자와 활발한 상호작용이 이루어질 수 있도록 해야 한다.

학습자료로는 교재나 유인물, 실물 등이 주로 사용되었다. 그러나 최근 컴퓨터 등 다양한 시청각 매체의 발달에 따라 파워포인트, 동영상 등 다양한 전달방법이 활용되고 있다. 이러한 최신 방법은 학습자료를 좀 더 시각적으로 제시하여 학습자의 시선을 이끄는 등 효과는 있지만, 학습의 효과를 좀 더 극대화하기 위해서 사용되는 교수자료나 매체 특성을 고려하여 교수학습자료 개발 원리에 따른 준비나 활용법 등을 사전에 숙지할 필요가 있다.

교재 활용

대학에서 강좌 목적에 맞는 주교재 및 부교재 등을 활용한다. 일부의 경우 교과목의 목적에 맞도록 개발된 교재가 있기도 하지만, 대체로 교과목과 일치하거나 유사한 전문서적을 선택하여 교재로 활용하는 실정이다. 이러한 경우 선택한 교재와 교과목의 목적이나 범위와 괴리가 있을 수 있다. 이때에는 책의 순서대로 가르치는 것보다는 담당 교수가 강의의 목적에 맞도록 교재 내용을 적절하게 취사선택하거나 재구성하여 가르쳐야 하며, 담당 교수가 직접 저술하지 않은 책을 쓸 경우에는 차이 나는 부분을 확인하여 학생들에게 이러한 내용을 주지시킬 필요가 있다.

또한 최근의 수업에서는 교재를 바탕으로 PPT를 제작하여 활용하면서, 교과서를 거의 활용하지 않고 있다. 그러나 PPT나 유인물만으로 공부할 경우 제대로 학습하는 데 어려움을 겪을 수 있으므로, PPT를 활용하더라도 수업 중에 교과서 페이지를 제시하거나 교과서를 참고하도록 안내해야 한다.

한편, 신설강좌나 교재로 활용하기에 적절한 서적이 없는 경우 교수의 강의노트를 제본하거나 최신 자료를 선별하여 코스 패키지로 활용하는 경우가 있다. 이 경우 원저작자의 사전 승인을 받거나 저작권을 위반하지 않도록 주의할 필요가 있다.

파워포인트 활용

많은 교수들이 학습내용을 제시할 때 파워포인트를 활용하고 있다. 일부 교수들은 수업 시 일부 내용을 제시하는 수단으로 파워포인트를 활용하는 경우가 있는 반면, 대다수의 교수들은 수업의 시작부터 끝까지 파워포인트를 활용한다. 이 경우 대체로 내용중심으로만 제작되어 활용되며, 동기유발이나 학습목표 제시 등은 슬라이드로 제작하지 않은 채 설명으로만 제시하여 효과적이지 못하다.

한편, 효과적인 수업은 학습내용 제시(프레젠테이션), 설명, 학습자와의 상호작용, 학습 확인이 포함된다. 그렇기 때문에 단순히 학습내용 위주의 프레젠테이션은 효과적인 강의로 평가되기 어렵다.

따라서 효과적인 학습을 촉진하기 위해서는 파워포인트가 교수학습 원리에 따라 제작 · 활용되어야 한다.

파워포인트 활용 목적을 분명히 한다

- 학습동기 유발, 학습목표 제시, 내용 제시, 실험실습 절차 안내 등 활용 목적을 정한다.
- 수업의 시작부터 끝까지 활용하는 경우 파워포인트 제작 시 하나의 프로그램처럼 효과적인 학습 조건 및 수업 상황을 고려하여 반영한다.
- 동기 유발을 위해서는 재미있는 사진이나 동영상으로 구성하고, 학습목표 제시를 위해서는 간결하게 목표만 제시하는 등 목적에 따라 형태나 제시 내용, 방법에 차이를 둔다.

스토리보드를 작성한다

- 제작할 슬라이드의 전체적인 흐름 및 줄거리를 정한다.
- 각 슬라이드마다 담겨야 할 제목, 핵심내용, 이미지화하는 방법 등을 적어놓는다.
- 스토리보드는 전문적인 업체의 양식을 사용하기도 하지만, 일반적으로는 제작 시 참고할 수 있는 수준에서 적어 놓는다.
- 슬라이드의 분량은 목적이나 내용, 주어진 시간에 따라 좌우되지만, 일반적으로 슬라이드 장당 2분 내외가 적당하다.

슬라이드를 제작한다

- 슬라이드는 명료하고 간결하며 해독이 쉽도록 단순화해야 한다.
- 각 슬라이드마다 제목을 제시한다.
- 한 슬라이드는 하나의 아이디어만을 제시한다.
- 가능하면 여백을 둔다.
- 6×6 원칙(한 슬라이드에 여섯 줄을 넘지 않고, 각 줄에는 여섯 단어를 넘지 않도록)을 지킨다.
- 완전한 문장보다는 구나 절로 제시한다.
- 어휘보다는 이미지로 나타낸다.
- 애니메이션은 전체 슬라이드의 1/3 미만으로 사용한다.
- 색깔은 슬라이드에서 세 가지 이내로 사용한다.
- 글씨와 크기는 사용할 강의장 규모나 학습자를 고려한다.
- 타인의 자료를 활용 시 저작권에 유의한다(출처 제시, 사전동의 등).

파워포인트를 수업에 활용한다

- 파워포인트 내용과 기기 활용법을 숙지한다.
- 충분한 시간을 두고 페이지를 넘긴다.
- 레이저 포인터를 적절하게 사용한다.
- 시선은 스크린만을 향하지 않도록 한다.
- 필요 시 유인물을 나누어 준다(동기유발, 형성평가 등은 제외).

동영상 활용

동영상은 물체의 움직이는 영상과 음향을 동시에 제공해 줌으로써 학생들의 이해를 돕는 데 효과적인 교수자료다. 수업에서 동영상 활용은 동영상만을 활용할 수도 있고, 수업에 따라 파워포인트 슬라이드 등에 삽입하여 부분적으로 활용하기도 한다. 동영상을 교수자료로 효과적으로 활용하기 위하여 다음 사항을 고려한다.

동영상 활용 목적을 분명히 한다

- 동영상의 활용이 동기유발, 수업내용의 설명, 사례 제시인지 목적을 정한다.
- 동기유발을 위해 동영상을 활용할 경우 수업 도입부분에 간략하게 제시한다.
- 수업내용 대신 설명하는 경우 학생들에게 간략하게 내용을 정리해 준다.
- 사례를 제시하는 경우 수업내용의 이해도를 높이는 구체적인 내용을 제시한다.

동영상을 준비한다

- 수업의 내용에 알맞은 동영상을 직접 촬영하여 준비한다.
- 기존의 자료를 활용할 경우 가급적 수업에 필요한 부분만 편집하여 준비한다.
- 기존 자료를 활용할 때에는 저작권에 저촉되지 않도록 주의한다.

동영상을 수업 중에 상영한다

- 상영 전에 어떤 내용에 초점을 두고 봐야 하는지 가이드를 준다.
- 상영 후에 동영상 내용을 바탕으로 논의가 이루어질 수 있도록 한다.
- 동영상 상영으로 수업의 흐름이 끊기지 않도록 주의한다.
- 동영상 시청이 학습자와 교수자 간 상호작용을 활발하게 하는 매개가 될 수 있도록 한다.

전자칠판 활용

칠판은 기존 분필을 사용하던 흑판부터 화이트보드, 전자칠판까지 다양한 종류가 있다. 특히 전자칠판은 입력과 출력이 상호작용하는 스크린으로 기존의 칠판을 대체하여 사용되고 있다. 터치를 입력수단으로 하여 손가락이나 전자펜을 사용하고 PC와 연동되어 자료를 주고받으며, PC의 자료(한글, 인터넷, 교육콘텐츠 등)를 직접 사용하며 필기하고 판서한 내용이 저장되어 재활용 및 원격서비스가 가능한 교육콘텐츠를 생산해 내는 장비이기도 하다.

최근 다양한 시청각 기자재의 활용으로 판서가 줄고 있다. 그러나 학문의 특성에 따라 언어적으로 구체적인 설명이 필요하거나, 문제풀이 과정을 직접 보여 주는 등 여전히 중요하게 사용된다. 따라서 다양한 콘텐츠와 연동하여 활용이 가능한 전자칠판을 효과적으로 활용한다면 수업의 질이 높아질 수 있다.

또한 교수 입장에서는 수업 준비나 강의 업데이트가 좀 더 편리해질 수 있다. 전자칠판을 활용할 때 고려해야 할 사항은 다음과 같다.

판서 계획을 세운다

- 다른 프로그램을 사용하면서 판서할 때, 어떤 프로그램을 어떠한 방식으로 설명하고 어떤 핵심내용을 판서할지 계획을 세운다.
- 일반 판서 시 핵심 내용을 사전에 메모해 두어야 한다.
- 그림이나 그래픽을 활용할 경우 효과적으로 배열하기 위해 미리 계획을 세운다. 문제풀이 시 사전에 풀어 보고 학생들이 혼란스럽지 않도록 설명 계획을 세운다.

전자칠판 활용법을 숙지한다

- 전자칠판을 효율적으로 활용하기 위해 별도 시간을 두고 다양

한 활용법을 익힌다.
- 터치식, 입력식 사용에 따라 소모시간이 달라질 수 있으므로 연습한다.
- 입 · 출력 및 저장법을 숙지하여 다음 강의의 업데이트에 활용한다.

효과적인 판서 요령을 익힌다

- 판서에 사용하는 필기구의 색은 조절 효과가 큰 색상을 사용한다.
- 모든 사람이 쉽게 볼 수 있는 색깔을 사용한다.
- 내용의 설명이나 각 부분의 구별 등 필요에 따라 다양한 색상을 이용한다.
- 판서를 하는 동안에도 시선을 학생에게 주어 주의력을 집중시켜야 한다.
- 학생들의 시야를 가리지 않도록 위치를 조정해야 한다.

실물자료 활용

수업 중에 첨단기기를 활용하여 학생들에게 다양한 학습자료를 제공하고 있지만, 실물자료는 학생들의 심화학습이나 실제적 학습을 극대화하는 데 매우 중요한 학습자료다. 또한 실물자료는 언어적 설명이 없어도 교육내용에 대한 명확한 이해가 가능하도록 하여 학습효과를 극대화할 수 있다는 장점이 있다.

하지만, 자칫 부주의할 경우 이동이나 진열 과정에서 실물자료가 훼손될 수 있다. 또한, 무엇을 보여 줄지, 어떻게 구해야 하는지, 보여 줄 때는 어떻게 해야 하는지 구체적인 계획을 세우고 체계적으로 준비해야 한다. 그렇지 않으면 학생들이 실물자료 수업에 흥미를 덜 느끼거나 학생들로부터 상호작용을 얻어내기 어렵기 때문이다. 그리고 고가의 실물자료의 경우에는 안전과 훼손의 가능성을 고려하여 직접 보여주기보다는 사진이나 동영상으로 대체하는 방법도 고려할 수 있다.

07
SNS를 활용하는 기술

SNS(Social Network Service)란 온라인상에서 사용자들의 인맥을 쌓거나 기존 인맥과의 관계를 강화시켜 주는 연결망이다. 최근 페이스북, 트위터 등 실시간 소통 채널, 유튜브 등 동영상 공유, 블로그, 개인 홈페이지 등 일상 정보 공유 등 다양한 방식의 SNS가 활성화되고 있다. 이러한 SNS는 컴퓨터, 모바일 환경 구축에 따라 이미 대학생들 사이에서 소통의 창구뿐만 아니라 정보교환 등에 널리 활용되고 있다.

대학 교수들도 다양한 SNS를 수업에 활용하는 경우가 점차 늘고 있다. 수업에서 SNS를 활용하면 학습자와의 친밀감이 강화되고 즉각적인 상호작용이 가능하다. 또한 학습활동에 대한 모니터링이 가능하며 학습자료를 쉽게 교환할 수 있다.

최근 많은 대학에서 교수 · 학습환경의 편의를 위하여 SNS 기능을 통합한 온라인교수학습시스템(예: eTL)을 제공하고 있다. 이를 활용하여 많은 수업에서 강의 공지, 과제안내, 학생들의 이해를 높이기 위한 자료의 제시 등이 온라인 기반으로 이루어지고 있다. 이는 시간강사의 경우에도 대학 차원에서 사용권한을 부여하고 사용법을 안내하여 수업에 활용할 필요가 있으며, 권한 부여가 되지 않을 경우 대학에 요청할 필요가 있다.

따라서 교수는 수업의 효과를 극대화하고 학습자와의 소통을 강화하여 양방향 수업이 가능하도록 SNS 활용방법을 숙지하여 활용할 필요가 있다.

SNS 유형에 따른 활용법

최근 많은 교수들이 eTL을 비롯한 SNS를 활용하여 다양한 활동과 학습자료를 제공하고 있다. SNS는 주요 서비스 제공 유형에 따라 인스턴트 메신저 중심, 마이크로 블로그, 사진 · 동영상 커뮤니티 등으로 분류할 수 있다. 유형별 장점을 살린 교수학습방법은 표 3-4와 같다.

표 3-4 SNS 유형에 따른 활용방법

유형	활용방법	예
인스턴트 메신저	• 수업내용 관련 사진, 동영상 공유 • 단체 대화방을 통한 정보 공유 • 실시간 토론 등	• 카카오톡, 라인 등
마이크로 블로그	• 수업내용 관련 사진, 동영상 공유 • 사용자 간 유대감과 친밀감 형성 • 게시글에 대한 의견 교환 • 그룹 지정을 통한 팀과제 활동 등	• 네이버블로그, 다음블로그 등
사진 · 동영상 커뮤니티	• 수업내용 관련 사진, 동영상 공유 • 사전 · 사후 학습을 위한 보조자료 탑재 등	• 유튜브, 테드, 인스타그램 등

교육 상황별 SNS 활용

교수는 교육 상황별로 SNS를 활용하는 경우가 많다. 최근 대학에서는 교육환경 개선 차원에서 eTL을 구축하여 제공하고 있다. 따라서 교수들은 다양한 교육 상황에서 SNS의 특징에 맞게 적절한 서비스를 선택·연계·활용하여 강의의 효과가 극대화되도록 노력하는 것이 중요하다.

SNS는 강의의 보조도구로 강의정보의 교환을 위해 사용하거나, 강의와 관련한 아이디어를 교환할 목적으로 팀과제나 프로젝트 회의 도구로 사용하는 등 강의의 전 과정에서 교수자와 학생 간의 원만한 관계를 형성하고, 부족함을 보완하기 위해서 전략적으로 활용할 필요가 있다.

수업 전 사전 학습을 시키고자 할 때

학생들에게 사전 수업 준비를 시키고자 할 때에는 eTL에 직접 탑재하거나 장문의 글과 사진 첨부가 가능한 블로그 또는 커뮤니티를 활용하여 학생들에게 수업 관련 자료를 제시할 수 있다. 또한 동영상 커뮤니티의 수업 관련 영상을 eTL에 링크하여 수업 전 미리 보도록 지도하는 데 활용할 수 있다.

수업 관련 공지사항을 전달하고자 할 때

eTL이나 SNS의 알림 서비스를 활용하여 학생들에게 실시간으로 공지사항을 전달할 수 있다. SNS를 활용할 경우에는 사전에 특정 SNS를 통해 공지한다는 사항을 전달하여 학습자가 대화창에서 나가거나, 알림을 끄지 않도록 해야 한다.

학생들의 흥미 유발 및 참여를 촉진하고자 할 때

정보는 시각적으로 전달되면 더 쉽게 이해할 수 있다는 특성을 이용하여 수업 전 학생들의 흥미를 유발하고자 할 때에도 블로그나 메신저에 간단한 퀴즈나 자료를 탑재하여 학생들이 자연스럽게 참여하도록 한다. 또한 사진 · 동영상 커뮤니티에서 수업 관련 동영상을 찾아보도록 할 수 있다.

학생들의 질의응답을 촉진하고 피드백하고자 할 때

메신저나 블로그 등의 질의응답 게시판을 통해 제한된 글자수 안에서 자신의 의견을 개진하도록 독려하여 학생들의 학습효과를 높일 수 있는 질의응답을 촉진하고 피드백할 수 있다. 또한 단체대화방을 이용해 활발한 의견 교환과 상호작용이 이루어질 수 있도록 할 수 있다.

실험 · 실습에 대한 시범을 보이고자 할 때

학생들에게 직접 시범을 보이기 어렵거나, 다양하고 자세한 과정을 시연하고자 하는 실험 · 실습 강의의 경우 eTL에 실험 · 실습에 관한 영상을 탑재하거나, 관련 동영상을 링크하면 안전하고 편리하게 이용할 수 있다.

과제물을 부여하고, 피드백하고자 할 때

학생들에게 과제물을 부여하는 경우, SNS 게시판을 통해 과제물에 대한 안내 및 보충자료 제공, 추가 설명으로 활용이 가능하다. 또한 간단한 의견 교환부터 학생들의 탐구결과를 공유, 피드백할 때 메신저 SNS를 이용하면 학생들의 참여 환경 조성이 용이하다.

추가적인 자료제공 및 토론을 유도하고자 할 때

수업시간 이후에도 게시판을 통해 학습주제와 관련된 자료를 제공하면 정보의 전달과 공유를 수월하게 하고, 학생들의 관심과 자유로운 토론을 이끌어 낼 수 있어 학생들의 학습동기를 유발하고 수업 이후에도 흥미를 지속할 수 있다.

사이버 강의를 통해 수업을 할 때

일반적으로 수업은 강의실에서 학생들과 면대면으로 이루어지지만, 웹 서비스를 기반으로 온라인 공개수업(Massive Open Online Course, MOOC)이나 무료강좌 등으로 확대되는 트렌드가 형성되고 점점 늘어나고 있다.

사이버 강의는 대학에서 제공하는 스케줄에 따라 사전에 강의자료를 동영상으로 촬영하거나 제작하면 준비가 수월하다. 사이버 강의는 기존의 수업들과는 다르게 인터넷 토론 게시판을 중심으로 이루어지는 학생과 교수, 그리고 교육조교 사이의 상호작용이 사이버 강의의 성패를 결정하므로, 상호참여가 적극적으로 이루어질 수 있도록 지속적으로 관심을 유도할 수 있도록 해야 한다.

SNS 활용 시 주의사항

SNS 활용 시 저작권 위반, 온라인 비매너, 사생활 침해 등과 같은 문제가 발생할 수 있다. 따라서 SNS 활용 시 주의사항을 숙지하도록 안내하여 올바른 활용에 도움을 줄 수 있도록 한다.

자료 공유 시 저작권에 주의한다

SNS를 통해 수집된 자료나 관련 영상은 타인의 지식재산으로 무단 도용 시 사회적 · 법적 문제가 발생할 수 있다. 그러므로 수업에서 SNS를 통해 수집된 자료나 영상을 활용할 경우 반드시 출처를 밝히고 인용해야 한다. 무료공개 자료가 아닌 경우에는 교수가 해당 저작권자와 협의하여 사용하는 등 지식재산의 무단 사용에 대한 주의가 필요하다.

공개범위를 적절하게 설정한다

대학에서 제공하는 eTL의 경우 교수와 수강신청 학생들로 공개범위가 제한되지만, 유튜브나 페이스북 등 SNS의 경우 특별히 공개범위를 설정하지 않으면 누구나 제약 없이 사용이 가능하다. 따라서 교수가 수업내용과 관련된 자료나 영상을 업로드하는 경우 사용자 제한이 없어 수업과 관련 없는 사람들도 무단으로 활용할 수 있고, 학생들이 제대로 확인하지 못하는 경우가 있다. 그러므로 SNS를 활용할 경우 공개범위를 설정하여 수강생과 교수만 확인 가능하도록 하고, 유튜브를 활용할 경우 eTL에 유튜브 영상을 링크하여 학생들이 바로 확인 가능하도록 하는 등 활용에 주의할 필요가 있다.

온라인 예절을 준수한다

SNS 활용 시 개인적인 사용습관에 따라 축약어 또는 은어 등을 사용하는 경우가 있다. 학생들에게 수업을 위한 SNS의 활용은 개인적인 사용이 아님을 안내해야 한다. 또한 예의에 어긋나는 언어표현을 사용하지 않고, 원하는 정보 또는 말을 간결하되 바른 표현을 사용하도록 주의를 주어야 한다. 이러한 점은 교수에게도 적용되는 것으로 학생들에게 자칫 친근하게 표현하는 것으로 오해하여 부적절한 표현을 사용하지 않도록 주의해야 한다.

08

시범을 보이는 기술

시범은 어떤 기능이나 작업과정을 학습시키기 위해서 필요로 하는 분명한 동작을 교수가 직접 보여 주는 수업진행 기술이다. 시범은 새로운 기능을 학습자에게 직접 지도할 필요가 있을 때나 작업과정 등을 보여줄 필요가 있을 때 사용된다.

어떤 내용은 말로 열 번을 설명하는 것보다 단 한 번의 시범이 더 효과가 있는 경우가 있으며, 특히 학생들에게 생소한 내용일수록 시범을 보이는 것이 효과적이다.

시범은 학생들의 흥미를 유발시키기에 적합한 수업기술이며, 기능이나 기술에 관한 학습을 강화시키는 데 유익하다. 그러나 시범은 준비하는 데 많은 시간과 학습자료가 필요하며, 대규모 집단을 대상으로 하는 수업에는 적용하기가 어렵다.

시범기술을 효과적으로 활용하기 위해서는 다음과 같은 절차 및 전략을 따라야 한다.

시범 준비

대학 수업 중에 교수들이 실제로 시범을 보이는 경우가 많은데, 시범을 보이기 위해서는 사전에 준비를 철저히 해 두어야 한다. 그렇지 않으면 시범이 제대로 이루어지지 않아 학생들로 하여금 오히려 혼란만 줄 수 있다.

학습목표를 확인한다

어떤 시범을 하기 전에 교수는 정확한 학습목표를 확인한다. 시범의 목적이 무엇인지, 학생들이 무엇을 학습해야 하는지, 무엇을 시범 보일 것인지를 확인한다. 그리고 시범을 어디서 시작해서 어디서 끝낼 것인지를 알고 있어야 한다.

시범에 필요한 물품을 준비한다

기계, 도구, 도면, 차트, 인쇄물, 작업 재료 등 시범이 유연하고 중단되지 않게 하는 데 필요한 모든 물품은 가까이에 있어야 하고, 시범 전에 적절하게 배치되어 있어야 한다. 시범에 필요한 물품을 찾기 위해 중요한 시점에서 시범이 중단되는 것은 학생들의 주의 집중을 잃게 한다.

또한, 때로는 시범에 앞서 미리 어떤 항목을 부분적으로 완성해야 하는 경우가 있다. 예를 들어, 시범에 앞서 많은 시간이 소요되는 단계는 미리 완성해 놓는 것이 좋다.

모의시범을 사전에 연습한다

교수는 시범을 실시하기 전에 계획에 따라 단계별로 시범을 해 보는 것이 좋다. 교수는 이러한 과정을 통해서 능숙하게 시범을 보일 수 있다는 확신을 가지게 되며, 중요한 단계의 누락 여부나 모든 장비와 자료의 충분한 준비 여부를 점검해 볼 수 있다.

시범 단계

시범은 학생들의 이해를 돕고 학습을 증진시키기 위해 실시하는 것으로, 학생들이 시범의 전 과정을 이해할 수 있도록 한 단계씩 충분한 여유를 가지고 천천히 시범을 보인다. 시범 중에 시선은 장비만을 향하지 않고 학생들을 향하도록 한다.

시범에 관한 설명을 한다

일반적으로 시범을 보이는 경우 시범에 관한 정확한 설명 없이, 그리고 학습자가 이미 알고 있는 지식과 연결 없이 실시하는 경우가 많다. 그러나 이런 경우 학생들은 학습내용과 시범을 연결짓지 못해 시범의 필요성조차 모르게 된다. 따라서, 시범을 왜 보이는지, 시범이 어떻게 이루어지는지 자세히 설명할 필요가 있다.

시범을 보인다

학생들이 중요한 사항을 놓치지 않도록 한 번에 한 단계씩 충분한 여유를 갖고 천천히 시범을 보이며, 작업을 능숙하게 할 때 요구되는 기술을 강조한다. 새로운 용어에 대해서는 충분한 설명이 이루어져야 하며, 시선은 장비만을 향하지 말고 학생들을 향하도록 한다.

시범을 진행하면서 안전 실습에 대하여 강조를 하며, 그 분야에서 가장 일반적으로 사용되는 절차를 분명하게 시범해 보인다. 이때 학생들에게 여러 가지 절차를 제시하여 혼돈을 주지 않도록 한다.

시범 중 적절한 질문을 한다

학생들에게 몇 가지 질문을 잘 선택하여 실시함으로써 학생들의 시범에 관한 흥미나 학습의욕을 이끌어 낼 수 있다. 시범 중간에 멈추어 학습자들이 이해하고 있는지, 시범을 따라오고 있는지를 확인하기 위한 질문은 시범의 효과를 높이기 위해 반드시 필요하다.

학생들의 시야를 고려한다

모든 학습자는 시범을 보이는 사람의 모든 동작을 볼 수 있고, 모든 지도나 설명을 명확하게 들을 수 있어야 한다. 또한, 동작 방향이 작업의 중요한 요소인 경우, 시범의 배열을 학습자의 관찰방향과 같도록 한다.

시범에 관한 질의응답을 한다

시범이 마무리되면 시범에 관한 간단한 요약과 질의응답 시간을 갖도록 한다. 이때 학생들이 제대로 시범을 이해하고 있는지 확인할 필요가 있으며, 만약 학생들이 제대로 이해하지 못했거나 놓친 부분이 있으면 다시 한 번 자세히 시범을 보인다.

시범 후 학생들에게 직접 연습할 수 있는 기회를 준다

교수가 시범을 보인 후에는 학생들이 직접 연습하거나 시연하도록 한다. 시범 수업은 학생의 기능이나 기술의 습득을 학습목표로 하고 있다. 따라서, 교수의 시범을 보는 것만으로는 시범이 이루어졌다고 할 수 없으며, 학습자가 시범 내용을 직접 연습하고 시연하는 것이 뒤따라야 한다. 그러므로 시범 실시 후에는 반드시 학생들에게 그 내용을 직접 연습할 수 있는 기회를 주어야 한다.

09
학습을 강화하는 기술

학습강화란 학생들에게 바람직한 행위가 일어났을 때 그것이 몸에 고착되도록 촉진하는 것을 의미한다. 이러한 학습강화에는 수업 중 학생들의 바람직한 행동을 더욱 강화시켜 주는 긍정적 강화와, 바람직하지 못한 행동을 감소시키거나 제거하기 위한 부정적 강화가 있다.

교수는 수업시간에 학습내용을 제시하는 것만으로 역할을 제대로 수행하고 있다고 볼 수는 없다. 특히, 교수는 수업 중 학생들의 바람직한 행동을 강화시키고, 반면에 바람직하지 못한 행동을 제거할 수 있는 학습강화 기술을 적절하게 활용해야 한다.

학습에서 강화는 학생의 행위가 일어난 후 가능한 빨리 일어나도록 하는 것이 좋다. 학생이 정확한 답변을 했다면 교수는 "맞았어요" 또는 "매우 좋은 생각이에요" 등과 같은 말을 즉시 해 주어야 한다. 강화가 지체되면 학습의 효과가 줄어들게 되고, 때늦은 강화는 효과적이지 못하다.

강화방법에는 "잘했어요", "훌륭한 답변이에요", "좀 더 나은 방법이 있는데……", "다시 한 번 생각해 보세요"와 같은 언어적 행위도 있으나, 학생의 등을 두드려 주거나 얼굴을 찡그리거나 고개를 젓는 등의 비언어적 행위도 있다.

긍정적 강화

긍정적 강화란 학생이 바람직한 행동을 보였을 때 더욱 격려해 주기 위하여 교수가 취하는 일련의 행위를 말한다.

긍정적 강화에 사용되는 기술이나 사물을 긍정적 강화물이라고 하며, 상황별 긍정적 강화물 및 전략에는 다음과 같은 것이 있다.

설명 중

- 학생들을 바라본다.
- 학생들에게 미소를 지어준다.
- 학생들의 긍정적인 면은 언급하되, 부정적인 면은 언급을 자제한다.

질문 응답 시

- 학생이 말하는 동안 고개를 끄덕여 주거나 만족스럽게 웃어 준다.
- 답변을 망설이는 학생들에게 틀려도 괜찮다는 것을 알려 준다.
- 좋은 답변이 나왔을 경우, 엄지손가락을 세워 보여 주거나 등을 두드려 준다.

학생의 학습결과가 우수한 경우

- 해당 학생을 바람직한 성과의 표본으로서 급우들에게 소개한다.
- 해당 학생의 작품을 게시판에 전시해 준다.
- 수업내용이 위험하지 않은 컴퓨터 실습과 같은 경우, 해당 학생을 교수의 도우미로 임명하고 학습이 느린 학생을 돕도록 한다.

- 학생으로 하여금 급우들에게 설명하도록 한다.

부정적 강화

부정적 강화는 학생이 더는 바람직하지 못한 행동을 하지 않도록 유도하는 행위다. 그러나 부정적 강화가 함부로 사용될 경우 오히려 역효과를 초래할 수도 있으므로 교수는 이 기술을 자주 사용해서는 안 된다. 또한, 부정적 강화는 아주 조심스럽게 활용해야 한다. 예를 들어, 다른 학생들 앞에서 한 학생을 혼내는 부정적 강화는 그 학생에게 상처만 줄 뿐 아무런 효과를 거두지 못한다.

부정적 강화에 사용되는 기술이나 사물을 부정적 강화물이라고 하며, 상황별 부정적 강화물 및 전략에는 다음과 같은 것이 있다.

수업 중에 학생이 떠드는 경우

- 고개를 좌우로 젓는다.
- 얼굴을 찡그린다.
- 수업 후 학생을 남도록 한다.
- 수업을 중단한 채 해당 학생을 가만히 응시한다.
- 성적에 반영한다.
- 나쁜 행동을 계속하지 못하게 해당 학생 주변을 자주 돌아다닌다.

수업 중에 학생이 조는 경우

- 졸지 못하게 학생들에게 자주 질문을 한다.
- 조는 학생을 수업 후 연구실에서 면담한다.
- 해당 학생 주변을 자주 돌아다닌다.
- 수업 중에 연습문제나 개인 과제 등을 하도록 한다.

상황별 강화전략

교수들은 학생들에게 벌(부정적 강화)을 가하기보다는 보상(긍정적 강화)을 하는 것이 더 교육적이며 교육효과가 있다는 것을 알고 있으면서도 칭찬이나 격려보다는 질책이나 원망을 하는 경우가 많다. 물론, 그렇다고 무조건 긍정적 강화만을 해야 한다는 것은 아니며, 상황이나 대상에 따라 적절하게 해야 하며, 긍정적 강화와 부정적 강화의 균형을 맞출 필요가 있다.

대학 수업시간에 유효하게 사용할 수 있는 강화기술로는 요약과 복습, 연습, 피드백 등을 들 수 있다.

요약과 복습을 활용한다

요약과 복습은 학생들의 학습을 강화하는 데 유용하다. 요약을 통해 중요한 점이나 주의점을 강조하고, 학생들과 함께 학습내용을 복습하고, 요약하는 도중에 학생들에게 질문이나 의사표현 기회를 제공할 수 있다.

연습을 시킨다

연습이란 한 가지 주제가 완전히 이해될 때까지 개념적 이해를 실제 적용하거나 어떤 기능의 숙련을 위해 반복적으로 행동하는 것을 의미한다. 특히, 학습내용이 단순 기억이나 단순 기능활동인 경우에 학생들이 반복연습을 하도록 한다. 예를 들어, 용어의 정의나 각종 부호 등을 암기하는 경우에는 단순 반복연습이 효과적인 방법이라고 할 수 있다.

학습강화를 위한 피드백을 받는다

학생들에게 수업에 관한 짧은 코멘트를 쓰게 하여 피드백을 받는 것도 학습강화를 위해 필요하다. "오늘 수업한 내용 중에 가장 중요한 것은?" "오늘 수업내용 중 가장 이해하기 어려운 것은?", "오늘 배운 ○○의 원리를 간략하게 요약해 보세요"라는 식으로 학습자들이 학습한 내용을 어떻게 받아들이고 있는지를 확인한 뒤, 교수가 기대했던 방향이나 수준이 아닌 경우 다음 시간에 다시 설명해 줌으로써 학생들의 학습을 강화한다.

또한, 학생들의 노트를 제출하게 한 뒤 노트내용을 검토해 보고, 제대로 필기가 안 되어 있는 부분에 대해서는 다시 설명해 준다.

10
지각 · 결석을 줄이는 기술

대학생활에서 뚜렷한 목표를 찾지 못하고 수업에도 흥미가 없는 학생들은 수업에 자주 지각하거나 결석하게 된다. 최근의 학생들 중에는 수업에 지각 · 결석하는 것을 마치 대학생의 특권인 것처럼 생각하는 학생들도 있다. 또한, 교수들 중에도 학생들이 지각 · 결석하는 것에 개의치 않고 출석 체크를 하지 않는 교수도 있다. 그러나 교수는 장차 직장생활을 해야 되는 학생들에게 시간을 엄수하는 자세를 가르칠 의무가 있다.

수업시간에 지각 · 결석을 없애기는 현실적으로 불가능하며, 학생들의 자유가 더 중시되는 오늘날의 대학 풍토에서는 오히려 지각 · 결석이 늘어나고 있는 형편이다. 지각 · 결석은 교수에게는 열심히 가르치려는 의욕을 감소시키고, 학생 개인에게도 수업을 듣지 못한 것에 대한 불이익이 따르며, 다른 학생들에게도 좋지 않은 분위기를 제공하게 된다.

이러한 지각이나 결석을 줄이기 위해서 교수는 출석에 관한 정확한 지침을 제시하고, 일관성 있게 지도해야 한다.

출석의 중요성을 강조한다

특히 첫 수업시간에 출석의 중요성을 학생들에게 알린다. 지각 · 결석을 했을 때 학생들에게 어떠한 불이익이 돌아갈 것인지를 분명하게 알려 준다.

출석을 점검한다

학생들의 지각 · 결석을 줄이기 위한 가장 일반적인 방법은 출석을 부르는 것이다. 출석 점검은 매일 할 수도 있으며, 수강생이 많은 경우 예고 없이 갑자기 할 수도 있다. 또는, 학생들에게 출석부를 돌리면서 사인을 하도록 하는 방법도 있다. 이 밖에도 고정석을 지정한 뒤 출석을 점검하는 방법, 수업에 관한 의견이나 질문을 쓸 수 있는 공란이 있는 출석카드를 학생들에게 나누어 주고 작성하게 하는 방법 등 다양한 방법이 있다.

대리 출석을 방지하기 위한 방법으로는 출석을 부른 후 강의실에 있는 학생 수와 출석생 수가 일치하는지 확인하거나, 출석으로 되어 있는 학생들을 대상으로 질문하는 방법 등이 있다.

출석을 하면 이익이 되는 여건을 마련한다

지각 · 결석을 줄이는 또 다른 방법은 출석을 하면 수업을 듣는 것 외에 다른 이익을 얻도록 하는 것이다. 수업 도입 단계에서 지난 시간에 학습한 내용을 중심으로 10분 정도 쪽지시험을 보거나, 수업의 마무리 단계에서 그날 학습한 내용에 대한 쪽지시험을 본다. 그리고 그 결과를 다음 시간에 바로 알려 줌으로써 출석의 중요성을 간접적으로 알린다. 또한, 기말고사 출제 시에 수업을 들은 학생이 더 높은 점수를 받을 수 있도록 교재에는 없지만 수업시간에 설명한 내용을 출제한다.

이 밖에도 수업시간에 학생들에게 필요한 정보가 들어 있는 유인물을 배포하는 방법이 있다. 물론, 지각 · 결석한 학생들에게는 나중에라도 유인물을 주지 않으며, 알아서 구하도록 한다.

학생들을 수업에 참여시킨다

지각 · 결석을 줄이는 가장 좋은 방법은 학생이 수업에 흥미를 갖도록 하는 것이다. 또한, 학생들이 수동적으로 듣고만 있지 않고 수업에 적극 참여할 수 있도록 토의식 수업이나 문제해결식 수업 등 다양한 수업방법을 적용한다.

그리고 좋은 수업을 진행하는 경우 출석 체크를 하지 않아도 학생들은 지각 · 결석을 하지 않는다는 것을 명심하고, 지각 · 결석이 늘어나는 경우 수업내용이나 방법에 문제는 없는지 교수 스스로 반성해 볼 필요가 있다.

교수 자신도 지각을 하지 않도록 노력하는 모습을 보인다

특별히 유의해야 할 것은 교수는 수업시간에 절대로 늦지 않도록 해야 한다는 것이다. 즉, 교수가 모범을 보여야 한다. 교수가 지각을 하게 되는 경우, 학생들도 출석에 대한 중요성을 잊게 된다.

11
수업 시 문제행동을 다루는 기술

아무리 수업태도가 좋은 학생이라 할지라도 50분, 또는 100분의 수업시간 내내 수업에 집중하기란 결코 쉽지 않다. 게다가 인내심이 부족한 학생들은 조용히 있지 못하고 주변 친구들과 수업시간 중에도 잡담을 하거나 엎드려 자는 경우가 있다. 유능한 교수는 이러한 문제행동을 적절하게 다룰 수 있어야 한다.

수업 시 문제행동이란 수업시간에 학습을 하지 않고 오히려 전체 수업진행에 방해가 되는 행동을 말한다. 이러한 문제행동은 열심히 가르치려는 교수의 의욕을 꺾으며 다른 학생들의 주의를 산만하게 하여 결국 전체 수업을 방해하는 결과를 가져온다.

따라서, 교수는 수업 도중에 일어나는 학생들의 문제행동을 예방하기 위해서 사전에 분명한 수업규칙을 제시하고, 적절하게 대처할 수 있어야 한다.

수업 시 문제행동을 다룰 때는 다음과 같은 전략을 활용할 수 있다.

첫 수업시간에 수업규칙을 분명하게 밝힌다

학생의 사소한 잡담이나 엎드려 자는 행위가 전체 수업에 나쁜 영향을 미칠 수 있으며 남에게 피해를 줄 수 있다는 것을 첫 수업시간에 알리고, 지켜야 할 '수업규칙'을 분명하게 제시해야 한다. 또한, 수업규칙을 어겼을 때는 그에 따른 불이익이 따른다는 것을 주지시킨다.

수업 매너에 대한 강연을 첫 수업시간에 따로 하는 것도 문제행동을 예방할 수 있는 하나의 방법이다.

수업내용의 중요성을 강조한다

지금 배우고 있는 것들이 앞으로 사회에 나가서 유용하게 쓰일 수 있으며, 취직 시험이나 자격증 시험 등에도 관련이 있다는 등 학생들에게 수업내용에 대한 중요성을 강조한다.

학습내용을 쉬우면서 지루하지 않게 한다

학습내용이 어려우면 학습의욕이 낮아지게 되고 잡담이나 엎드려 자는 행위가 늘어나는 악순환이 계속된다. 따라서, 문제행동이 심하게 나타나는 경우, 학습내용이 너무 어려운 것은 아닌지 고려해 볼 필요가 있다.

또한, 학생들이 수업을 지루해 하지 않도록 설명을 재미있게 하여 학생들을 수업으로 끌어들일 수 있도록 한다.

질문을 활용한다

학생들이 잡담하거나 엎드려 잘 여유가 없도록 질문을 다양하게 그리고 자주 한다. 또한, 간단한 계산 등은 학생을 지명하여 시킨다. 틀렸을 경우에도 어디서 틀렸는가를 다른 학생들이 대답할 수 있도록 다른 학생들에게 질문한다.

잡담을 하고 있는 학생에게 질문하는 것도 잡담을 막는 하나의 방법이다.

수업 중 학생들 주변을 자주 돌아다닌다

학생들이 문제행동을 할 수 없도록 수업 중 학생들 주변을 자주 돌아다닌다.

잡담내용을 조용히 듣는다

사소한 잡담내용에도 대답을 하면서, 수업 중에 잡담하는 것은 학생 모두와 교수에게 이야기하는 것이라는 인식을 갖게 한다.

수업 중에 속삭이는 소리만 들려도 "무슨 질문 있나요?"라고 묻는다.

잡담하는 학생을 똑바로 쳐다본다

학생들이 잡담을 하고 있는 경우, 잡담이 끝날 때까지 계속 응시한 뒤, 잡담이 끝나면 "무슨 질문 있나요?" 또는 "이제 수업해도 되나요?" 등의 질문을 한다.

직접 주의를 준다

잡담을 하거나 수업시간에 엎드려 자는 장면이 발견될 때마다 주의를 준다.

감정적으로 대처하지 않는다

주의해야 할 점은 학생들이 문제행동을 한다고 하여 감정적으로 대처해서는 안 된다는 것이다. 아무리 학생들의 문제행동이 불만스러워도 감정이 앞설 때 학생들과의 신뢰감은 깨지기 마련이다.

문제행동을 하는 학생을 퇴실시킨다

문제행동이 지나친 경우, 원활한 수업과 다른 학생들의 수업을 보호하기 위해 부득이하게 퇴실을 요구할 수도 있다.

4장

효과적인 수업방법

수업은 하나의 방법으로 진행되는 것이 아니라 다양한 방법이 있으며, 학생에게 가장 효과적인 수업방법은 수업목표에 따라 각기 다르므로 여러 수업방법에 대한 이해가 필요하다.

현재 대학에서 많이 활용되고 있는 수업방법에는 강의식, 토의식, 거꾸로 수업, 능력중심수업, 문제해결식 수업, 문제중심학습 수업, 협동식 수업, 프로젝트식 수업, 팀티칭 수업, 실험·실습 수업, 시뮬레이션 수업 등이 있다.

따라서 교수는 이러한 수업방법들의 정의, 장단점, 준비방법, 수업진행과정, 문제점과 해결방안 등을 명확히 이해하여 자신의 수업에서 가장 적절한 방법을 선택할 수 있어야 한다. 또한, 하나의 수업방법이 아닌 다양한 수업방법을 활용해 보고 연습해야 효과적인 수업을 진행할 수 있을 것이다.

01
강의식 수업

강의식 수업이란 구두로 정보, 아이디어, 사실, 개념 등을 제공하는 수업방법을 말한다. 이 방법은 대학 수업에서 가장 많이 사용되고 있으며, 교수들도 강의식 수업방법에 대해서는 큰 부담을 느끼지 않고 있다.

많은 교수들이 강의식 수업은 가르치고자 하는 내용에 대하여 정통하면 누구나 쉽게 할 수 있는 수업방법으로 잘못 인식하고 있다. 심지어는 강의식 수업방법에 대한 선호도가 높아 기능 숙달을 위한 실습수업에서조차 강의식 수업방법으로만 진행하는 경우도 있다. 그러나 어떤 교수의 강의는 지루한 나머지 학생들이 엎드려 자거나 결석이 잦은 반면, 어떤 교수의 강의는 명강의로 유명해져 특강 요청이 쇄도하는 경우도 있다.

강의식 수업은 학습내용이 비교적 단순한 경우, 전체적인 전망을 제시하거나 단원을 요약하는 경우, 시간에 비해 가르쳐야 할 내용이 많은 경우, 수강생이 많은 경우에 적절한 수업방법이다.

그러나 학습목표 달성을 위해서 학습자의 능동적 참여가 요구되는 경우나, 정보가 매우 복잡하고 추상적이고 세부적인 경우에는 적절하지 않을 수 있다. 그리고 집단을 대상으로 강의가 진행되므로 학습자들에게 개별적인 지도, 조언 등을 제공할 수 없다. 이러한 점들을 감안하여 적절한 경우에 강의식 수업방법을 선택하도록 한다(표 4-1 참조).

표 4-1 강의식 수업의 장단점

장점	단점
• 한 사람의 교수가 많은 학생을 동시에 가르칠 수 있다 • 학습자들이 학습하게 될 지식의 범주를 교수가 완전히 통제할 수 있다 • 전문적인 식견을 갖춘 교수를 통하여 광범위한 분야의 지식을 폭넓고, 조리있게 제공할 수 있다 • 내용 전달에 있어 융통성을 기할 수 있다 • 교수가 주도적으로 수업을 진행할 수 있다	• 교수의 경험과 강의속도에 맞추어 학습해야 한다 • 개별적 지도, 조언 등을 받기 힘들다 • 학습자들이 능동적이고 창의적인 사고를 하기 어렵다 • 지적 활동을 촉진시켜 주는 자극이나 참여의 과정에 제한을 받는다 • 언어적인 의사소통 능력을 충분히 길러 주지 못한다 • 수업에 대한 학습자들의 이해수준을 판단하기가 쉽지 않다

강의식 수업 준비

강의식 수업은 학생들의 활동이 수동적인 수업방법이므로 학습자들의 동기유발이나 학습의욕 고취를 위하여 특별히 신경을 쓰고 준비를 해야 한다. 강의식 수업을 위해 교수는 다음 사항을 유의하여 준비해야 한다.

학습자에 대한 정보를 수집한다

학습자들의 흥미나 욕구는 무엇인가부터 시작하여, 학습자들의 선행학습 수준에 이르기까지 강의에 필요한 학습자 정보를 수집한다. 수집된 정보는 학습자들의 흥미를 유발하기 위한 자료의 개발이나 학습목표 설정, 학습평가 제작 등에 반영될 수 있도록 한다.

교수목적과 학습자 수준에 맞는 학습목표를 설정한다

교수목적을 고려한 학습목표인지, 학습자 수준이 반영된 것인지 검토한다.

수업시간을 고려하여 강의자료를 준비한다

주어진 시간 안에 정해진 학습내용을 가르칠 수 있도록 강의자료를 준비한다.

교수매체(컴퓨터, 빔 프로젝트 등)를 준비한다

학습효과를 극대화하고 학습자의 흥미 유발이나 주의집중을 위하여 수업시간에 사용될 교수매체를 준비하고 사전에 점검한다. 교수매체가 유인물인 경우, 학습자 수만큼 나누어 줄 수 있도록 충분히 준비한다.

강의식 수업 실제

대체로 강의식 수업의 경우, 교수들은 수업의 처음부터 끝까지 수업내용의 전달만을 의식한 채 진행하는 경우가 많다. 그러나 교수 중심의 강의식 수업방법을 사용하더라도 학생들에게 좀 더 효과적인 수업을 위해서는 수업에 앞서 학생들의 주의를 집중시키고, 학생들이 수업에서 무엇을 배워야 하는지를 알려 주어야 한다. 이런 과정을 거쳐 학생들의 학습에 대한 동기 유발이 이루어졌다면, 학생들이 이해하기 쉬운 설명방법이나 교수매체를 활용하여 조직적이고 논리적으로 수업내용을 전개해야 한다. 또한, 정해진 수업시간의 마무리 단계에서 수업내용의 정리 및 평가가 이루어져야 한다.

도입 단계

우선 학습자들이 수업에 몰입할 수 있도록 학습자들의 주의를 집중시킨다. 이를 위해 개인적인 경험이나 외국의 사례를 언급하여 호기심을 불러일으키거나, 학생들에게 짤막하면서도 참신한 질문을 하는 것도 좋다. 또는, 학습내용과 관련된 일화를 활용하는 것도 학습자들의 동기 유발에 좋다.

그리고 학습자들이 무엇을 학습할 것이며, 무엇을 할 수 있어야 하는지를 알려 준다. 즉, 학생들이 학습목표를 숙지할 수 있도록 한다.

전개 단계

일반적으로 강의식 수업에서 전개 단계는 전체 수업시간의 70~80% 정도 진행되므로 단계적이고 논리적인 순서로 정보를 제공하도록 한다. 이때 일반적인 것에서부터 특수한 것의 순으로 수업을 전개하도록 한다. 그리고 강의의 대상이 학습자 개개인임을 명심하고, 강의하는 도중에는 모든 학습자의 시선을 골고루 주시한다. 또한, 학습자들의 수준에 적절한 언어를 사용하고, 학생들이 이해하기 어려운 용어는 부연해서 설명해 준다.

이 밖에 강의식 수업진행 요령에는 다음과 같은 것이 있다.

- 새로운 정보를 학습자의 사전 지식과 관련시킨다.
- 학습자를 압도하지 않도록 한다.
- 중요한 부분들을 강조한다.
- 개념을 분명하게 하기 위해 사례와 삽화를 사용한다. 그러나 너무 많은

사례는 오히려 핵심 개념을 이해하는 데 방해가 될 수 있다.

- 주의집중을 유지하기 위해 다양한 보조자료를 사용한다.
- 학생들을 고무시키는 질문으로 이해 정도를 확인한다.
- 잠시 동안의 쉴 틈을 자주 주고 질문할 기회도 준다.
- 적절할 때에 유머를 활용한다.

마무리 단계

많은 교수들이 강의식 수업에서 마무리 단계를 빠뜨리고 수업을 끝내는 실수를 범하는 경우가 있다. 그러나 마무리 단계는 학습내용을 정리하고, 강화하고, 일반화하기 위해 반드시 필요한 단계다.

학생들의 학습을 강화시키기 위해 중요한 부분을 검토하고 강의의 요점을 칠판에 정리한다. 이때 학습한 내용에 대한 학생들의 질문을 받도록 한다. 그리고 새로 학습한 것을 이전의 것과 연결시킬 수 있도록 다양한 사례나 예를 제시한다. 필요하다면, 학습자들의 학업성취 수준을 파악하기 위하여 학습결과를 평가할 수도 있다.

강의식 수업 시 문제점과 해결방안

모든 준비를 철저히 했다 하더라도 수업을 진행하는 동안에 상황에 따라 여러 가지 문제가 나타날 수 있다. 예를 들어, 교수가 열성적으로 수업을 진행하는 도중에도 옆의 학생과 잡담을 하거나 조는 학생이 나올 수도 있다. 강의식 수업에서 나타날 수 있는 문제점과 개선방안은 다음과 같다.

학생들이 수업내용을 제대로 이해하지 못하는 경우

교수는 수업 중간중간에 학생들의 이해 정도를 확인할 필요가 있다. 만약, 학생들이 수업내용을 이해하지 못하는 원인이 자신의 발음이나 화술의 문제라면, 정확한 발음과 표현을 하도록 하고, 적당한 진행속도가 되도록 수업진행을 조정한다.

학생들의 학습에 대한 의욕이 낮은 경우

학생들에게 명확한 학습목표를 다시 한 번 제시해 줄 필요가 있다. 그리고 학습내용에 흥미를 느낄 수 있도록 실제적인 예나 유인물, 파워포인트와 같은 시청각 매체를 적절히 강의 중간중간에 사용하는 것이 효과적이다.

학생들이 잡담하는 등 주의가 산만한 경우

학생들에게 지금 배우고 있는 학습내용에 대한 중요성을 강조한다. 예를 들어, 지금 배우고 있는 내용은 직업현장에서 어떻게 쓰이고 있으며, 알아두면 어떤 점에서 유익하다는 등의 이야기를 해 준다. 그리고 잡담하는 학생에게 질문을 던져 더는 잡담을 하지 못하도록 할 수도 있다.

학생들과 신뢰감 형성이 잘 안 되어 있는 경우

수업시간에 의식적으로 자주 학생들의 이름을 불러 준다. 질문을 전체 학생들에게 한 뒤, 특정 학생을 호명하여 답변하도록 지적하는 것도 학생들의 이름을 자주 부르기 위한 한 방법일 수 있다. 그리고 학생들의 학습결과에 상관 없이 학생들의 노력을 인정하고, 강단 앞에서 일방적으로 수업을 진행하지 말고, 가능한 한 학생들 주변을 자주 돌아다니면서 학생들과 자연스럽게 교류할 수 있도록 한다.

학생들이 수업에 대한 반응이 없는 경우

학습자 수준에 맞는 수업내용인지 확인해 볼 필요가 있다. 만약, 학습자 수준에 맞지 않다면, 수업내용을 재구성할 필요가 있다. 또한, 수업내용과 관련된 응용사례를 많이 든다. 응용사례로서 교재에 없는 재미있는 사실이나, 현장의 사용 사례 등을 이야기해 준다.

02
토의식 수업

토의식 수업이란 어떤 주제에 대하여 교수와 학습자 또는 학습자들 간에 언어를 매체로 의견을 상호 교환하는 수업방법이다. 토의식 수업은 수업에 참여하는 학습자들이 어떤 결론이나 결정을 내려야 하는 경우에 많이 사용되며, 문제해결과 의사결정 능력의 함양을 목적으로 하는 수업에 적합하다.

실제 토의식 수업을 진행하기 위해서는 여러 가지 철저한 준비와 진행 요령이 필요하다. 예를 들어, TV 토론 프로그램의 경우, 진행자, 패널, 방청객, 작가, PD 등이 토론에 참여하며, 진행자는 임의로 토론을 진행하는 것이 아니라 헤드폰을 착용하고 작가나 PD의 지시에 따라 토론을 진행한다. 따라서, 교수가 토의내용에 대한 해박한 지식을 가지고 있다 하더라도 토의식 수업을 쉽게 생각하지 말고 철저하게 준비하고 원만한 진행이 될 수 있도록 노력해야 한다.

토의식 수업은 학생들을 수업에 능동적으로 참여하도록 하여 학생들의 문제해결능력, 비판적 사고능력을 향상시켜 준다. 그러므로 강의식 수업에만 익숙해져 있는 학생들에게 적절히 적용한다면 수업에 활력을 불러올 수 있으며, 학생들의 동기 유발을 유도할 수 있다.

또한, 학생들 모두가 자신의 의견을 제시하도록 함으로써 다양한 아이디어를 발견할 수 있고, 학생들이 자신의 의견을 조리 있게 말할 수 있는 논리적인 의사소통능력을 향상시켜 줄 수도 있다. 지식기반 사회는 문제해결능력, 비판적 사고능력, 창의적 사고능력, 의사소통능력 등이 요구되는데, 토의식 수업은 이러한 능력을 향상시킬 수 있는 바람직한 수업방법이다.

그러나 토의식 수업은 여러 학생의 의견을 들어야 하기 때문에 강의식 수업에 비해 많은 시간을 요구하며, 학생들이 토의식 수업에 익숙하지 못한 경우 학습내용과는 상관 없는 주제로 토의를 하거나, 토의가 일부 학생만을 중심으로 진행되는 경우도 있다. 이와 같은 어려움 때문에 토의를 위한 교수의 사전준비가 매우 중요하다. 교수는 수업 중간중간에 학생들이 논점을 잃지 않도록, 그리고 최대한 여러 학생들이 자신의 의견을 발표할 수 있도록 안내자의 역할을 해야 한다(표 4-2 참조).

표 4-2 토의식 수업의 장단점

장점	단점
• 학생들에 의한 문제해결이 가능하다 • 전체 학습자가 적극적으로 수업에 참여할 수 있다 • 비판적 사고력을 배양할 수 있다 • 전체 학습자가 제기된 아이디어를 평가할 수 있다 • 자신의 생각을 논리적으로 사고할 수 있으며, 의사소통하는 능력을 신장시킬 수 있다 • 다른 사람의 의견을 존중하는 민주시민의 자세를 길러준다	• 수업진행 속도가 느리며, 토의의 주제를 잃기 쉽다 • 몇몇 학습자가 토의의 주도권을 차지할 수 있다 • 토론의 조정과 신속한 의사진행을 위한 적절한 안내가 필요하다 • 때로는 시간만 소비하고 한쪽으로 치우친 논의를 할 수도 있다 • 토의를 잘 진행시키기 위해서는 많은 계획이 필요하다

다양한 토의기법

토의기법에는 집단토의, 패널토의, 심포지엄, 워크숍, 세미나, 브레인스토밍, 버즈그룹 등 다양한 기법이 있다. 현재 대학 수업에서는 주로 집단토의, 브레인스토밍, 버즈그룹 등이 활용되고 있으며, 여기에서는 소집단 토의기법인 브레인스토밍과 버즈그룹에 대해 자세히 다루기로 한다.

브레인스토밍

브레인스토밍은 특정한 주제나 문제점에 대하여 학생들이 자신의 의견이나 아이디어를 자유롭게 제시하도록 하는 수업방법이다. 이것은 학생의 창의력을 촉진시키고 학습참여도를 높여 주는 수업방법이며, 사전에 어떤 것을 계획하고자 할 때 활용된다.

브레인스토밍의 목표는 학생들로부터 다양한 의견을 끌어내는 것이지만, 그보다 더 중요한 것은 학생들에게 적극적인 수업태도를 갖게 하는 것이다.

브레인스토밍을 활용할 때에는 다음과 같은 사항을 고려해야 한다.

- 브레인스토밍에는 진행자가 있어야 하며, 진행자는 교수 자신, 또는 학생들이나 교수가 선정한 학생이 될 수도 있다. 또한, 학생들이 제안한 의견을 기록할 사람도 선정한다.
- 기록은 모든 학생들이 볼 수 있고, 나중에 있을 평가과정에서도 볼 수 있도록 칠판에 적는 것이 좋다.
- 브레인스토밍의 주제나 문제점은 구체적인 것으로 선정한다. 따라서, 학생들에게 광범위한 주제에 대해서 의견 제시를 요구하는 것은 바람직하지 못하다.

- 주제는 학생들이 이해하기 쉽고 흥미를 가질 수 있는 수준의 것으로 선정한다. 브레인스토밍을 시작하기 전에 교수는 학생들에게 선정된 주제에 대하여 자세하게 설명해 주어야 한다.
- 교수는 브레인스토밍 진행 도중에 학생의 의견을 평가하거나 비판하지 말고 모든 의견이 다 발표된 후에 평가하도록 한다. 여러 가지 다양한 제안들은 효과적인 학습활동의 계획 수립에 도움을 주므로 주제와 관련된 의견을 모두 받아들이는 것이 좋다.
- 학생들이 자기가 생각한 제안이나 의견을 거리낌 없이 생각나는 대로 발표하도록 한다.
- 교수는 브레인스토밍을 예정시간 내에 끝낸 후에 서기에게 제안된 의견을 보고하도록 한다. 보고하는 방식에는 기록용지에 기록하여 제출하게 할 수도 있으며, 진행자나 서기에게 발표하도록 할 수도 있다.

버즈그룹

버즈그룹은 학생들을 소집단으로 편성하여 특정한 주제나 문제점에 대하여 토론하도록 하는 수업방법이며, 모든 학생을 수업과정에 참여시키고, 독창적인 사고를 개발하게 하며, 학생들 간의 협동심을 향상시켜 주는 효과적인 수업방법이다.

버즈(Buzz)란 벌의 윙윙거리는 날개 소리를 표현한 의성어로, 이 토의기법은 필립스라는 사람에 의해 개발되었으며, '필립스 66'이라고 불리기도 한다. 이는 이 기법을 개발한 필립스에 의해 붙여졌는데, 여기서의 66은 토론이 6분 동안 6명에 의해 실시된다는 것에서 유래되었다.

버즈그룹을 활용할 때에는 다음과 같은 사항을 고려해야 한다.

- 모든 학생을 토론에 열심히 참여시키기 위해 학생들을 6명(또는 그보

다 적은 수의 그룹)으로 편성한다.

- 먼저, 교수는 각 그룹의 학생들에게 토론할 특정 주제에 관해 설명해 주고, 그 주제에 대해 충분히 이해했는가를 확인한다.
- 각 그룹의 대표와 서기는 교수나 학생들이 선정한다. 학생들 스스로 능력 있는 대표나 서기를 선정하는 과정은 좋은 학습 경험이 될 수 있다. 그러나 교수가 특별히 선정하고 싶은 학생이 있을 경우에는 교수가 정하도록 한다.
- 토론이 실시되기 전에 학생들은 대표와 서기의 역할에 대해서 잘 알고 있어야 한다. 그래야만 선정된 대표가 효율적으로 학생들을 지도할 수 있기 때문이다.
- 토론은 미리 예정된 짧은 시간 내에 실시되어야 한다. 대표는 언어표현이 공격적이거나 유창한 학생들만이 토론을 주도하지 않도록 토론을 이끌어 가야 한다.
- 필요한 경우, 교수는 각 버즈그룹의 대표에게 토론이 주제를 벗어나지 않도록 이야기해 주거나, 모든 학생을 토론에 참가시켜야 한다는 점을 지적해 준다.
- 토론이 끝나면, 교수는 각 그룹의 서기에게 토론을 요약시키고 학급의 전 학생들에게 발표하게 한다.

표 4-3 브레인스토밍과 버즈그룹 비교

비교	브레인스토밍	버즈그룹
참가인원	• 12~15명 정도	• 6명 이하
토의시간	• 10~15분 정도	• 6분 정도
어떤 경우에 사용되는가	• 특정한 주제나 문제점에 대하여 학생들이 아이디어를 자유롭게 제시하도록 할 때 • 사전에 어떤 것을 계획하고자 할 때	• 모든 학생을 수업에 참여시키고 독창적인 사고를 개발하고자 할 때
장점	• 학생들의 다양한 의견 도출	• 학생들의 협동심 향상

토의식 수업 준비

토의식 수업은 교수의 사전계획과 준비가 매우 중요하다. 교수가 아무런 준비 없이 토의식 수업을 진행하는 경우, 오히려 학생들 간의 토의는 방향을 잃고 산만한 수업이 될 수 있다. 즉, 학생들이 주제를 제대로 이해하지 못하거나 학생들 간의 의사소통이 이루어지지 않아 주제와는 상관 없는 결과를 도출할 수 있다. 예를 들어, 추상적이거나 너무 포괄적인 주제, 또는 학생들에게 전혀 배경지식이 없는 주제를 제시해 주고 토의를 하도록 한다거나, 토의 도중에 교수가 자신이 의도한 방향으로 나아가지 않는다고 해서 너무 많은 간섭을 하게 된다면, 교수가 일방적으로 수업내용을 전달하는 것보다도 못할 수 있다.

따라서, 토의식 수업방법을 활용하고자 하는 교수는 다음 사항을 숙지하고 수업 준비를 해야 한다.

학습목표를 달성하기 위한 토의 주제를 선정한다

토의를 하는 것이 학생들에게 도움이 되는가, 선정한 토의 주제는 중요한 것인가, 학생들은 그러한 주제를 취급할 만한 능력이 있는가 등을 고려하여 알맞은 토의 주제를 선정한다. 토의식 수업은 토의과정에서 많은 시간이 소요된다. 따라서, 학습자 수준에 맞고, 학습목표를 달성하는 데 중요하고 도움이 되는 주제 또는 문제를 선정하는 것이 가장 중요하다.

학급의 집단화, 물리적 배열 등을 고려한다

반원 형식이나 무리를 지어서 좌석을 배치한다든지, 커다란 탁자의 주위에 좌석을 배치하여 긴밀한 의사소통이 이루어질 수 있도록 하되, 형식적이 아닌 자유로운 분위기에서 토의할 수 있도록 좌석을 배치한다.

교수가 토의를 주도적으로 진행할 것인지, 중재자 역할을 할 것인지 결정한다

학생들이 토의식 수업에 대해 익숙하지 않거나 주제를 생소하게 느껴 의견제시가 불분명할 경우, 교수는 주제에 대한 보충설명이나 의견의 예를 제시하는 등 주도적으로 토의를 진행해야 한다. 그리고 너무 상반된 의견으로 논쟁이 심화되는 경우, 교수는 이를 중재하고 의견을 종합하는 역할을 수행해야 한다. 그러나 교수가 토의의 주도자 역할을 하든 중재자 역할을 하든, 토의 진행에 지나치게 간섭하고 자신의 의견을 의도적으로 제시하는 것은 삼가야 한다.

필요한 경우 토의에서 다루는 주제의 전부나 일부를 예습해 오도록 한다

사전 지식이나 경험이 전혀 없는 내용을 토의한다는 것은 학습목표를 달성하지도 못할 뿐만 아니라, 오히려 학생들에게 혼란만을 주게 되어 귀중한 시간을 허비하는 결과를 낳게 된다. 따라서, 필요한 경우 토의식 수업을 하기 전에 토의에서 다룰 주제에 대해 예습을 해오도록 한다.

학생들이 편안함을 느끼도록 한다

학생들이 수업에 대하여 어색함을 느끼지 않고 편안함을 느낄 때 토의는 더 활발하게 이루어질 수 있다. 서로에 대해 잘 알지 못하는 상태에서 토의식 수업을 진행한다는 것은 쉽지 않다. 따라서, 최소한 토의식 수업을 진행하기 2~3주 전부터 교수와 학생, 학생들 간의 신뢰감이 쌓이도록 분위기를 조성한다.

토의식 수업 실제

토의식 수업 준비를 철저히 했다고 해서 무조건 좋은 수업결과를 기대할 수는 없다. 특히, 대부분의 대학생들은 토의식 수업 경험이 많지 않기 때문에 예상한 대로 토의식 수업이 진행되기가 쉽지 않다. 교수는 어떻게 토의를 진행시켜 나가야 할지에 대한 사전 준비뿐만 아니라 그때그때의 상황에 따라 적절하게 토의를 진행시켜 나갈 수 있는 능력이 필요하다.

도입 단계

토의가 본격적으로 시작되기 전에 학습자들이 토의목적이나 목표를 이해하도록 지도한다. 예를 들어, 대조적인 상황이나 장면을 담은 슬라이드를 보여준 뒤 특정 문제를 제시한다면 학생들은 토의목적을 명확하게 알 수 있을 것이다. 그리고 학생들 자신이 토의과정에 참여하고 있으며, 주제는 자신들의 요구 · 흥미와 관련된 문제라는 것을 인지시킨다. 학생의 참여도가 낮다는 것은 교수에 의해 제기된 주제가 토의를 위한 학생의 흥미를 끄는 데 실패했다는 것을 의미한다.

원활한 토의진행을 위하여 토의가 시작되기 전에 학생들에게 토의기법이나 규칙을 가르칠 필요가 있다. 이를 위해 교수는 토의할 주제, 일반적인 제한점, 토의시간, 토의 매너 등을 소개한다.

전개 단계

교수는 토의를 진행하는 동안 모든 학생이 똑같이 참여 기회를 가질 수 있고, 두려움 없이 의견을 발표할 수 있는 자유롭고 친밀한 분위기를 조성하도록 한다. 그리고 학생들이 균형 있게 참가하도록 하기 위하여 특별히 수줍어하거나 여러 사람 앞에서 의사를 표시하는 것을 어려워하는 학생들이 자신의 의견을 발표할 수 있도록 한다. 또한, 교수는 학생들의 토의참여도를 높이기 위해서 관심을 나타내는 학생을 지적하기도 하고, 토론이 다른 방향으로 빗나갔을 때에는 논의되고 있는 문제로 다시 돌아오도록 지도한다. 이 밖에 토의식 수업을 진행할 때에는 다음과 같은 사항을 고려해야 한다.

- 교수는 가능한 한 안내자의 역할만을 한다. 간혹, 토의식 수업에서 교수가 너무 많은 말을 하거나 참여를 하여 학생들의 적극적인 참여를 막는 오류를 범하는 경우가 있다.
- 발표내용에 대해 간섭하거나 강조 또는 보조설명 등의 일은 삼간다.
- 학습자의 행위, 태도 등을 모니터하고, 이해도를 파악한다.
- 학생들의 의견에 고개를 끄덕이거나 미소를 짓는 등 학생들의 활동에 관심을 보여 학생들의 적극적인 참여를 이끌어 낸다.

마무리 단계

토의가 종결에 이르렀을 때, 교수는 학생들이 결론을 내릴 수 있도록 도와준다. 이를 위해 교수는 학생들이 토론한 과정들을 요약·정리해 주고, 주요 사항들을 언급한다. 교수는 토의결과로서 얻은 해결책들을 모아서 학생들이 어떤 합의를 이루거나 다수의 의견으로 집약될 수 있도록 한다. 그리고 새롭게 학습한 것을 선행 지식에 연결시킬 수 있도록 도와준다. 필요에 따라 교수는 토의에 대한 학급의 성취도를 평가하고, 다음에 토의를 할 경우 개선되어야 할 점들을 지적해 준다.

토의식 수업 시 문제점과 해결방안

교수가 철저하게 준비하여 토의식 수업을 진행하고자 하더라도 수업 상황에 따라 원활한 수업진행이 어려운 경우가 있다. 특히, 토의식 수업의 경우, 교수나 학생들에게 익숙한 수업방법이 아니기 때문에 많은 문제점들이 나타날 수 있다. 따라서, 다음과 같은 문제점들에 대한 해결방안을 사전에 숙지해 둘 필요가 있다.

아무도 먼저 자신의 의견을 발표하지 않으려는 경우

이런 문제는 학생들이 강의식 수업에 너무 익숙해져 있거나, 주제를 잘 이해하지 못하였거나, 또는 자기 의견에 대해 자신이 없는 경우에 나타난다. 이런 경우, 교수는 좀 더 쉽고 구체적인 질문을 통해 학생들에게 자신감을 주어 의견을 발표하도록 하는 것이 좋다. 질문을 할 경우, 학생들이 충분히 생각할 시간을 주고 난 후 자발적으로 답변을 할 때까지 기다리거나, 너무 시간이 지체되는 경우에는 한 학생을 호명하여 자신의 의견을 밝히도록 하는 것이 좋다. 여기서 주의할 점은, 학생들에게 정답은 없다는 것을 인지시켜 주어야 한다. 학생들이 자신의 의견에 자신감을 가질 수 있도록 최대한 학생 개개인의 의견을 존중해 주는 것이 중요하다.

소수의 학생만이 토의에 참여하는 경우

경우에 따라 사전 지식이 풍부하거나 발표를 잘하는 학생 중심으로만 토의가 이루어지는 경우가 발생할 수 있다. 이때 교수는 이들 학생에게 다른 사람의 의견을 기다릴 수 있도록 해 주어야 하며, 다른 학생들에게 자연스럽게 의견을 말할 수 있도록 기회를 주어야 한다.

상반된 의견이 제시되어 논쟁이 심화되는 경우

학생들은 상대방의 의견을 무시하고 자신의 의견을 상대방이 인정해 주기만을 바라는 경우가 많기 때문에 다소 불쾌한 언쟁이 오고 가거나, 상대방의 의견을 묵살함으로써 혼란이 생기는 경우가 있다. 이때 교수는 중립적인 자세를 취하고 다양한 학생이 자신의 의견을 발표할 수 있도록 시간과 순서를 적절히 통제하거나, 분위기를 전환시킬 수 있는 재치가 필요하다. 또한, 토의 시작 전 또는 이러한 문제가 심화되는 시점을 포착하여 학생들이 상대방에 대해 존중하고 예의를 갖출 수 있도록 상기시켜 줄 필요가 있다.

03
거꾸로 수업

거꾸로 수업이란, 기존의 일반적인 수업 절차와 반대로 진행하는 방식이다. 이러한 이유로 영어로 플립드 러닝(flipped learning)이라고 한다. 즉, 학생들은 사전에 제공한 동영상 등의 학습자료를 스스로 학습하고, 수업시간에는 사전학습을 바탕으로 토론이나 과제풀이 등의 심화학습을 하게 된다.

효과적인 거꾸로 수업에서는 모든 학생이 수업 전에 준비된 내용이나 관련된 이론 등을 학습한다. 수업시간에는 사전에 학습한 내용을 바탕으로 토의나 토론, 실험 · 실습, 질의응답 등을 통해 학습한 내용을 적용해 본다. 수업시간 이후에는 수업내용을 복습하거나 추가적인 적용을 시도한다.

이러한 거꾸로 수업 방식은 학생들이 능동적으로 수업에 참여하여 학습의 주체가 될 수 있다는 점에서 각광을 받고 있다. 또한, 학생들이 사전 학습을 통해 선행지식이 완비된 상태에서 수업에 참여할 수 있기 때문에 수업시간을 통해 단순한 내용 전달이 아닌 심화된 학습이 가능하다는 점에서 활발하게 이용되고 있다(표 4-4 참조).

표 4-4 거꾸로 수업의 장단점

장점	단점
• 수업 전 충분한 학습이 가능하다 • 수업시간에 불필요한 내용 전달 시간이 줄어든다 • 다양한 관련 자료의 사전 공유가 가능하다 • 수업시간에 논의, 활동 등이 가능하다	• 학생이 수업 준비에 많은 시간이 소요된다 • 학습속도가 느린 학생의 참여가 어렵다 • 교수자의 자료 준비 및 제작 시간이 길어진다 • 사전 학습이 되지 않은 학생의 참여가 어렵다

거꾸로 수업의 모형과 효과

거꾸로 수업은 학습시간에 따라 수업 전, 중, 후로 구분하고, 학습 장소에 따라 강의실 안과 밖으로 구분된다. 수업 전에는 강의실 밖에서 학습자가 사전에 배포된 자료를 바탕으로 수업내용을 학습하며 수업을 준비한다. 수업 중에는 다양한 활동과 함께 사전에 학습한 내용에 대한 적용과 피드백이 이루어진다. 마지막으로 학습 후에는 적용 결과를 바탕으로 자신의 이해 정도를 확인하고, 학습결과를 확장시키게 된다. 이와 같은 거꾸로 수업의 효과는 다음과 같다.

좀 더 깊이 있는 학습이 가능하다

학생들은 사전에 스스로 학습한 내용을 바탕으로 수업에 참여하기 때문에, 수업시간에 교수자 또는 동료 학습자들과의 의사소통 과정에서 좀 더 깊이 있는 학습이 가능하다. 또한, 사전 학습 내용을 통해 의문점을 해결하거나 토론 등 참여중심의 수업이 이루어지기 때문에, 실제 적용에 대한 깊이 있는 학습을 할 수 있다.

좀 더 능동적인 참여가 가능하다

학생들은 예습을 통해 수업에 적극적인 참여가 가능하다. 수업내용을 해당 시간에 들으면서 이해하는 방식이 아닌, 수업에서 다룰 내용을 사전에 알고 준비할 수 있기 때문에, 자연스럽게 능동적인 참여가 가능하고, 학습자 스스로에 의해 수업이 진행될 수 있다.

소통을 통해 추가 학습이 가능하다

학생들은 각자가 스스로 학습하고 수업시간에 임하기 때문에 개별 학생의 학습수준은 교수가 사전에 설정한 수업목표에 비하여 미흡한 부분이 발생할 수 있다. 이러한 부분은 수업시간을 통해서 추가 학습이 가능하게 된다. 이러한 추가학습은 수업에서 진행되는 문제풀이, 토론 등을 통해 이루어진다.

학습 피드백을 강화할 수 있다

학생들은 자신의 지식을 수업시간을 통해 즉각적으로 적용할 수 있는 기회가 많아지며, 스스로 시연해 볼 수 있는 시간을 갖게 된다. 이러한 과정에서 학생들의 학습에 대한 교수의 즉각적인 피드백이 가능하고 이를 통해 학습을 더 강화할 수 있다.

거꾸로 수업 준비

효과적인 거꾸로 수업을 위해서는 철저한 사전 준비를 해야 한다. 강의계획서를 준비하는 단계에서 수업을 수강할 학생들의 준비 정도, 수업 참여 가능 정도 등을 파악하고, 수업과 관련한 학습 환경 조성 여부, 매 수업마다 배포할 수 있는 자료의 유무 등을 파악해야 한다. 또한 매 수업 전에는 사전에 학생들이 학습할 수 있는 적합한 자료를 배포하고 숙지해야 하는 내용을 명확하게 전달해야 한다.

수업 설계를 철저히 한다

거꾸로 수업은 학생의 참여 가능성, 수업환경, 수업내용 등을 사전에 파악하여 설계해야 한다. 거꾸로 수업에서 학생들은 스스로 학습한 후 이에 관한 내용을 수업시간에 공유해야 하기 때문에 학생들이 학습 내용을 습득하기에 충분한 사전 지식을 가지고 있는지, 적극적인 수업 참여가 가능한지 등을 미리 판단해야 한다.

학습환경은 사전 학습을 위한 자료를 쉽게 접근할 수 있는 시스템이 갖추어져 있는지를 파악해야 한다. 특히, 최근 동영상, 프레젠테이션 자료 등을 통한 사전 학습이 가능해짐에 따라 활용 가능한 대학별 온라인 강의지원 사이트 등을 미리 파악해야 한다.

수업내용은 해당 학기의 강의내용을 바탕으로 거꾸로 수업이 가능한 차시를 파악해야 하며, 내용에 따라 매 차시마다 적용할지, 특정 차시에만 적용할지를 결정한다.

학습자료를 제작한다

교수자는 학습에 사용될 자료를 꼼꼼히 탐색하고 준비해야 하며, 특히 다양한 콘텐츠를 발굴하고 이를 재구성해야 한다. 또한, 필요 시 직접 동영상 강의를 제작할 수도 있으며, 매 학기마다 수업내용을 녹화하여 다음 학기에 필요한 부분을 편집하여 제시하는 등의 방법도 고려할 수 있다. 기존 자료를 활용할 경우에는 내용이 수업에 적합한지, 난이도가 높거나 낮지 않은지 등을 확인해야 한다. 또한 자료의 양이 많거나 불필요한 자료가 포함되어 있을 경우, 학생들이 내용 숙지에 혼란을 겪을 수 있기 때문에 가공하여 활용해야 한다.

학생들에게 수업방식을 안내한다

학기 시작 시 학생들에게 거꾸로 수업 방식을 적용하는 차시를 안내하고, 해당 차시를 준비할 수 있도록 안내한다. 특히 개강 시점에서 활용할 경우에는 개강 전에 수강생에게 수업 방식을 안내하여 차질 없이 수업이 이루어지도록 해야 한다. 이때, 학생들이 해당 차시를 위해 준비해야 하는 사항, 사전에 자료를 배포하는 시점이나 배포할 사이트 등을 안내한다. 특히, 사전 학습이 이루어지지 않을 경우 해당 차시 수업에 참여가 어렵다는 점을 명확히 설명하여 철저히 준비할 수 있도록 안내한다.

학습자료를 공유 및 사전 학습을 지원한다

학습자료는 학생들이 사전에 충분히 학습할 수 있도록 충분한 시간을 두고 제공해야 한다. 이때, 동영상 URL, 참고자료 등을 탑재하며 사전에 숙지해야 하는 내용을 명확히 전달한다. 특히, 온라인 동영상을 통해 학습할 경우, 해당 사이트 접근방법, 결제 여부 등을 명확히 제공한다. 또한, 학생들이 사전에 숙지해야 하는 이론이나 현상 등을 키워드 중심으로 제공하여 실제 사전 학습에서 습득해야 하는 내용을 정확히 제시한다.

교수자는 온라인 게시판 등을 통해 학습자의 학습 정도나 질문사항 등을 꼼꼼히 체크할 필요가 있다. 이때, 온라인 커뮤니티, SNS 등을 통해 사전에 질의를 받아 선행되는 학습이 원활하게 이루어질 수 있도록 하며, 본 수업에 앞서 교수자의 의도대로 학습자의 수준이 도달될 수 있도록 지원해야 한다.

거꾸로 수업진행

거꾸로 수업은 학생이 사전에 학습한 내용을 바탕으로 수업시간에 다양한 활동을 진행하고, 이를 통해 내용을 확인하고 확장할 수 있게 된다. 따라서 수업진행 시에는 사전 학습 내용을 확인하고 학생 스스로 내용을 익힐 수 있도록 도와주어야 한다. 이때 교수자는 활동이 의도대로 진행되는지 주의 깊게 관찰하며 즉각적인 피드백을 제공한다.

도입 단계

수업의 도입 시에는 학생들이 사전 학습을 통해 내용을 명확히 판단했는지를 확인해야 하며, 이를 간과할 경우 학생이 수업진행에 참여가 어려워 거꾸로 수업의 효과가 반감될 수 있다. 이를 위해 시작과 동시에 질문을 받거나 간단한 시험, 질의응답을 하는 등의 방법을 사용할 수 있다. 필요 시 수업 전 게시판을 통해 학습자가 질문한 내용을 다시 한 번 상호 교환하여 본격적인 수업에 대비할 수 있다. 또한 이러한 과정을 통해 사전 학습 준비 정도가 낮은 학생을 파악하여 수업시간에 집중적으로 관리할 수 있도록 한다.

전개 단계

수업 중 활동은 학습 내용에 직접적으로 연관이 있도록 진행한다. 교수자는 학생들의 수업 활동에 관찰자 역할로 참여하여 학습 내용을 활동에 반영하고 있는지, 학습 내용에 맞게 진행하고 있는지 등을 판단한다. 이때 학습 내용과 다르게 진행되거나 학생들이 잘못된 이해를 바탕으로 진행될 경우, 개입하여 올바른 방향으로 진행되도록 지원한다.

대표적인 전개 단계 활동으로는 토론 및 토의, 문제풀이, 시연 등이 있을 수 있다. 학습 내용 이외의 지식이나 기술이 필요한 경우, 이러한 내용이 이전 수업시간에 이미 배운 내용인지 아닌지를 명확히 제시하고, 새로운 내용일 경우, 이를 간단하게 설명하는 과정이 필요하다.

마무리 단계

수업을 마무리할 때는 학생들이 수업을 준비하는 과정에서 습득한 지식, 수업을 통해 얻게 된 지식의 확장을 종합적으로 정리한다. 교수자는 과제를 통해 사전의 학습 내용 중 잘못 이해한 내용은 없었는지, 수업을 통해 불분명한 개념이 바로 잡힌 부분은 있는지, 다른 적용 방안은 없는지 등을 파악할 수 있는 기회를 제공한다. 또한 필요시 관련된 과제부여를 통해 수업내용을 명확히 이해했는지 확인한다.

해당 차시의 수업이 끝난 이후에는 학생들이 내용을 명확히 이해했는지 확인을 위해 추가 과제를 제공하거나 추가적으로 학습할 수 있는 자료를 제공한다. 또한 온라인 게시판 등을 통해 수업내용과 관련한 질문이나 의견을 청취하도록 한다.

거꾸로 수업 시 문제점과 해결방안

학생들이 사전 내용 숙지 없이 수업시간에 내용을 이해하는 관행적인 수업방식과 달리 거꾸로 수업은 교수자가 없는 상황에서 학생들이 스스로 학습을 하고 이해해야 하며, 수업시간에 일방적 전달이 아닌 학생의 이해를 확인하고 적용을 끄집어내야 한다는 면에서 차이가 있다. 이로 인해 교수자나 학생들이 거꾸로 수업방식이 생소할 수 있고 실제 적용 시 시행착오를 겪을 수 있다. 거꾸로 수업을 시행할 때 겪는 대표적인 문제와 해결방안은 다음과 같다.

학생이 사전 자료를 점검하지 않고 오는 경우

사전에 배포한 학습자료를 점검하지 않고 수업에 참여하는 경우가 있다. 따라서 항상 교수자는 수업에 앞서 학습 여부를 점검하여 그렇지 않은 학생을 위해 학습 내용을 간단하게 리뷰해 주어야 한다. 그러나 이러한 학생이 자주 발생할 경우 전체 수업의 흐름을 방해할 수 있기 때문에, 학점에 반영하는 등 페널티를 제공하여 사전 준비를 철저히 하도록 안내해야 한다.

학생이 사전 학습 내용을 이해하지 못하는 경우

사전 학습 내용을 잘못 받아들여, 수업 시 적용이 어려운 학생이 나타날 수 있다. 또는 사전 학습 시 무심히 넘어간 내용이 수업시간에 중요한 개념으로 활용되는 경우도 발생할 수 있다. 따라서 수업 전 자료 배포 시 해당 차시에 대한 성취 수준과 학생들이 핵심적으로 파악해야 하는 내용을 명확하게 제시하여 준비하도록 한다. 또한 수업 시작 시 쪽지시험이나 간단한 질문 등을 통해 학습자들이 수업내용을 다시 한번 확인하고 의문사항을 확인할 수 있는 기회를 제공해야 한다.

활동에 소극적으로 참여하는 경우

학습자에 따라 배움의 속도가 다르고, 사전 학습 정도가 다르기 때문에, 참여에서 제외되는 학생이 발생할 수 있다. 특히 이러한 학생들은 이론적인 내용에 대한 설명이 상대적으로 적은 수업 방식이기 때문에, 한번 도태되면 따라잡기 어려운 상황에 이르기도 한다. 따라서 교수자는 사전에 의도된 질문, 구조화된 질문 등을 준비하여 학생들이 참여할 수 있도록 유도하거나 계획된 활동이 진행될 수 있도록 안내해야 한다.

계획된 학습을 달성하지 못하는 경우

해당 차시의 내용이 상대적으로 어렵거나 학생들의 이해 정도가 낮을 경우, 준비된 내용을 모두 학습하지 못하고 수업이 마무리될 수 있다. 이러한 경우 교수자는 온라인 게시판 등을 활용하여 추가적인 학습자료를 제공하고, 질의응답을 통해 사후 학습이 이루어지도록 안내한다. 또한 준비했던 활동을 과제 형태로 대체하여 학습이 이루어지도록 해야 한다.

04
능력중심수업

능력(competency)이란 어떠한 일을 성공적으로 해낼 수 있는 것으로, 우수한 성과를 나타낸 사람이 지닌 관련 지식, 기술 및 정의적 특성으로 구성되며, 역량이라고도 불린다. 이와 같이 능력을 학습목표로 설정하여 학생으로 하여금 체득할 수 있게 가르치는 것이 능력중심수업이다. 따라서 능력중심수업은 '무엇을 할 수 있느냐'에 초점을 둔 수업이라고 할 수 있다.

하지만 일반적으로 대학 수업은 해당 분야의 지식과 이론을 중심으로 진행되어 왔기 때문에 상급학교 진학이나 학문후속 세대로 진출하는 경우에는 유용했지만, 관련 분야 취업 준비에는 직접적으로 도움이 되지 않는 경우가 많았다.

최근에는 학생들도 전공 분야로 취업하려는 관심이 많아졌고, 이에 따라 대학이나 교수 역시 해당 분야 지식체계뿐만 아니라 관련 종사자들에게 요구되는 능력에 관심을 갖게 되었다. 따라서 능력을 어떻게 확인하고 담당교과에 반영해야 하는가는 중요한 숙제다(표 4-5 참조).

표 4-5 능력중심수업의 장단점

장점	단점
• 실제적인 능력을 기를 수 있다 • 관련 자격취득 및 취업 준비에 도움이 된다 • 학생의 흥미 및 사회 요구에 부합할 수 있다	• 교육해야 할 능력을 도출해야 한다 • 수업 준비에 시간과 노력이 요구된다 • 성취도를 확인하기 위한 시간과 노력이 요구된다

능력중심수업 준비

능력중심수업은 가르칠 목표 및 내용, 학습방법, 평가 내용 및 방법, 성취도 관리에 있어서 일반적인 수업과는 차이가 있다. 특히 능력중심수업은 다음과 같은 특성을 지니고 있으므로, 수업 준비 시 최대한 반영할 필요가 있다.

- 성취해야 할 능력지도에 적합한 교수자료(학습 모듈)가 준비되어야 한다.
- 실제 직업세계와 유사한 교육환경을 제공해야 한다.
- 관련 능력 습득에 필요한 기본 지식이나 배경이론을 지도해야 한다.
- 해당 분야 종사자에게 중요한 특성 및 태도 등을 알려 주고 주기적으로 평가한다.
- 개별학생에게 능력개발에 대한 지속적이고 세부적인 피드백을 제공해야 한다.
- 다양한 학습양식 및 교수전략 등이 제공되어야 한다.
- 선행 지식이나 기술을 갖춘 학생에게는 해당 내용을 생략할 수 있다.

가르칠 목표 및 내용을 선정한다

일반적으로 교재에 포함된 주제, 교육과정에 포함된 스킬, 담당교수의 직무 경험을 토대로 수업내용이 결정된다. 그러나 이러한 경우,

실제 현장에서 필요로 하는 내용이 적절하게 반영되지 못한다. 이를 반영하기 위해서는 해당 분야의 전문가를 활용하거나 직무분석을 통해서 직무를 성공적으로 수행하는 데 요구되는 직무능력을 도출할 수 있다.

한편, 우리나라의 경우 국가직무능력표준(National Competency Standards, NCS)을 활용하거나, 국제적으로 활용되고 있는 글로벌 표준(global standards) 등을 활용할 수 있다.

NCS에는 직무를 성공적으로 수행하는 데 요구되는 직무능력(competency)에 대한 정의, 수행준거, 구성요소(지식, 기술, 태도 등) 등으로 구성된다. 여기서 직무능력을 학습목표로 설정하여 활용할 수 있으며, 학습목표 달성을 위한 교육내용은 구성요소 부분을 활용할 수 있다.

한편, 담당교과를 통해 성취할 역량이 강의계획서상에 목표로 나타나야 하며, 주차별 목표와도 상호 연계가 분명해야 한다.

학습방법을 결정한다

능력중심수업은 학생마다 학습속도가 다르고, 선호하는 학습방식이 다양함을 전제하고 있다. 그렇기 때문에 목표로 설정한 역량 혹은 직무능력을 모든 학생이 제대로 습득할 수 있도록 학생의 학습양식 및 속도 등을 고려하고 충분한 학습시간과 기회를 제공하도록 계획해야 한다.

예를 들어, 모든 학생을 대상으로 정해진 시간에 따라 강의 및 실습을 하는 방식이 아닌 좀 더 개별화 및 유연화하는 수업 방식이 필요하다.

평가 내용 및 방법을 결정한다

학생의 학습을 확인하기 위한 평가 내용과 방법을 결정해야 한다.

즉, 학습목표로 제시된 직무능력에 대한 개별 학생의 숙련도 및 수행 수준을 확인하는 것이다. 따라서 시험을 통해 단순한 지식이나 태도를 평가하는 것으로는 충분하지 않고 실제적인 수행에 초점을 두어야 한다.

구체적인 평가방법은 수행준거를 바탕으로 한 수행조건 및 만족할 수 있는 수준을 사전에 명확하게 설정하는 것이 중요하다. 예를 들어 루브릭 평가방법을 통해 학습성취도를 평가한다.

한편, 평가 자체에 그치지 말고, 미흡한 학생을 목표수준에 도달하게끔 추가적인 지도계획을 마련하여 학생 전원이 목표를 달성할 수 있도록 지원한다.

직무능력 성취도를 관리한다

학습목표로 설정한 직무능력에 대한 학생성취도를 지속적으로 관리할 필요가 있다. 즉, 직무능력별 일정 수준 이상을 반드시 성취하도록 지도 · 관리하는 점이 기존 수업과 다른 점이다.

따라서 NCS에 기반한 교육과정 및 학습 모듈을 활용하여 교육하는 경우 해당 직무능력에 대한 개별 학생의 성취도를 확인하여 일정 수준 이상으로 끌어올리고 이를 관리하는 것이 중요하다.

능력중심수업 실제

능력중심수업은 사전에 계획한 대로 실행을 하다 보면 고려하지 못했거나 준비가 미흡하여 문제에 직면할 수 있다. 반드시 사전에 시뮬레이션을 해보고, 여러 반을 수업할 겨우, 매회 즉각적으로 보완하는 노력이 중요하다.

또한 이론과 실제가 연결되기 위해서는 교수가 학생의 롤모델이

될 수 있도록 철저히 준비할 필요가 있다.

도입 단계

학습목표를 명확히 알려 준다

능력중심수업의 학습목표는 실제 할 수 있는 능력이므로 학생이 본 수업에서 습득해야 하는 내용이 무엇인지 명확히 인지할 수 있도록 안내한다.

평가방법 및 내용을 사전에 제시한다

앞서 학습목표를 제시하면서 학습할 직무능력과 그 성취수준을 명확히 알려 준다. 또한 이에 대한 평가방법 및 기준을 학생들에게 충분히 알려 준다. 이를 통해 학생들은 한층 더 학습에 몰입하고 목표의식을 갖게 된다. 한편, 평가 결과 미달 시 보완방법을 알려 주는 것이 필요하다.

전개 단계

사전에 계획한 학습활동을 안내하고 학생들의 움직임이나 시간관리, 안전 등에 주의하면서 수업을 전개한다. 한편 능력중심수업에서는 대부분 역량을 한 차시에 습득하기에는 한계가 있다. 따라서 직무능력별로 습득에 필요한 시간을 계산하여 시간 배분을 적절하게 할 필요가 있다.

학생이 학습활동에 참여하게 한다

사전에 준비한 대로 학습활동을 안내하고 학생들로 하여금 학습활동에 참여할 수 있도록 안내하고 독려한다.

특히, 시범을 보일 때는 학생의 이해를 용이하게 하기 위해 하나의 기술을 여러 단계의 작은 단계로 나누어 하나의 과정으로 보여 주어야 하며, 학습에 도움을 줄 수 있도록 각 단계별 가장 최적의 방법을 고안하여 보여 주어야 한다.

학생이 스스로 연습하게 한다

스킬에 대한 숙련성을 높이기 위해서 일정 시간 스스로 연습하게 한다. 이때는 정해진 절차에 따라 안전에 유의하여 수행할 수 있도록 지도 · 감독한다.

학생에게 즉각적으로 피드백한다

학습활동이 진행되는 동안 학생들의 잘못된 행동, 방법, 자세, 도구, 내용 등에 문제가 없는지 확인하고 즉각적으로 피드백한다. 만약 잘못된 부분이 있거나 어려움을 겪는 학생이 있을 경우, 즉각 해당 학생에게 개별 피드백을 제공한다. 또한, 학습속도가 빠른 학생을 활용하여 속도가 느린 학생의 학습을 지원하는 역할로 활용할 수 있다.

마무리 단계

개별 학생의 학습목표 도달 여부를 확인한다

수업이 진행되는 동안 기록해 둔 학생의 모든 활동에 대해 검토한다. 과제, 프레젠테이션 등의 결과물, 관찰, 증거 등을 모아 두고 이를 바탕으로 학습목표에서 제시한 직무능력 성취수준에 도달했는지 평가한다.

개별 학생에게 피드백해 준다

평가 및 포트폴리오의 초안이 마련되었다면 해당 내용에 대해 피드백을 주고받는 시간을 갖는다. 리플렉션 시간은 이전에 습득한 지식과 연계하는 과정을 거쳐야 하기 때문에 이전 지식과 이번 수업의 활동을 통해 학생의 능력이 증진될 수 있는 기회가 된다. 특히, 직무능력 성취수준에 도달하지 못한 학생의 경우, 보완계획을 함께 수립한다.

향후 학생 보완사항을 적어 둔다

일반적으로 능력중심수업의 학습결과가 자격 또는 이수증과 연계되어 있기 때문에 수업결과가 향후 검증기관에 제출되는 경우가 많다. 또한, 능력중심수업은 하나의 지식 습득에 그치지 않기 때문에 수업이 완료된 이후 보완해야 할 내용이나 추가로 진행해야 할 수업 등과의 연계가 중요하다. 따라서 수업이 끝난 후에는 학생의 포트폴리오, 교수의 포트폴리오의 샘플을 활용하여 학생의 미흡한 부분을 보완할 필요가 있다.

능력중심수업 진행 시 문제점과 해결방안

학생마다 학습목표 도달시점이 다른 경우

능력중심수업은 수업 참여 학생 모두가 일정 수준 이상의 직무수준에 도달하는 것을 목표로 하기 때문에 학생들의 수준차를 충분히 감안하여 진행해야 한다. 학생별로 학습목표 도달시점이 다른 경우, 먼저 목표에 도달한 학생을 적극 활용하여 동료를 도와 협력하게 하거나, 개별적으로 추가 연습을 하여 모두 목표에 도달할 수 있도록 지도해야 한다.

하나의 학습목표로 여러 차시 수업하는 경우

일부 작은 단위의 직무능력을 제외하고, 한 차시에 직무능력을 성취하기에는 어려움이 있다. 따라서 같은 학습목표를 가지고 연속적으로 수업이 연계되기 때문에 이에 대한 사전안내가 필요하다. 또한, 학생이 전체 학습범위를 알고 스스로 연습하거나 시간을 설계할 수 있도록 매 수업에 앞서 학습목표를 다시 언급한 후, 지도해야 한다.

수업에 필요한 교재가 없는 경우

능력중심수업의 경우, 지식이 아닌 직무능력을 가르치는 수업이기 때문에 시중에 출판된 교재는 수업에 직접적으로 도움이 되지 않는 경우가 많다. 이러한 경우, 담당교수가 국가 차원에서 제시하고 있는 학습 모듈 등을 활용해서 직접 개발할 필요가 있다. 이처럼 해당 교과의 교육목표에 맞춰 담당교수가 교재를 직접 재구성한 경우 학습 효과가 극대화되므로 적극 활용해야 한다.

개별 직무능력 성취수준을 기록 · 관리하지 않는 경우

대체로 직무능력의 유무를 알기 위해서는 관련 자격증 취득으로 평가되었다. 하지만, 하나의 자격증에는 다양한 직무능력이 포함되어 있어 특정 직무능력을 가지고 있는 사람을 채용하기에 어려움이 있었다. 능력중심수업은 능력 단위를 학습목표와 연계하기 때문에 능력중심수업의 수업결과는 해당 직무능력의 성취수준으로 인정받을 수 있다. 따라서 학생별 직무능력 성취수준을 별도로 기록 · 관리하여 각 학생의 특장점을 파악하고, 부족한 부분을 보완할 수 있도록 담당교수, 학과, 대학 차원에서 노력해야 할 것이다.

05
문제해결식 수업

문제해결식 수업이란 학습자에게 문제를 던져 주고 그것을 해결해나가는 과정을 통해 학습이 이루어지게 하는 수업방법이다. 이 수업은 학습자의 사고과정을 중시하고, 지식이나 기능의 습득에만 그치지 않고 학습자들로 하여금 문제를 발견하는 능력, 문제를 분석하고 자료를 수집하는 능력, 자료를 비판하고 조직하는 능력 등을 종합적으로 배양하는 수업방법이다.

대학 교수나 학생들의 경우, 문제해결식 수업을 경험해 본 적이 거의 없기 때문에 문제해결식 수업을 어렵고 복잡한 수업방법으로 알고 거부감을 느끼는 경우가 있다. 그러나 문제해결이란 결코 우리 일상생활과 동떨어진 것이 아니며, 오히려 우리의 삶 자체가 문제해결의 연속이라는 것을 알면, 문제해결식 수업에 대한 거부감이 생기지 않을 것이다. 예를 들어, 수업을 마치고 점심식사 때 어떤 메뉴를 선택할 것인가를 결정하는 것도 문제해결의 한 과정으로 볼 수 있다. 허기진 배를 채운다는 문제해결에 대해 그저 '아무거나 먹지'라고 생각한다면 문제가 안 될 수도 있지만, 주머니 사정, 내가 좋아하는 음식, 주어진 점심시간, 건강상태(비만이나 당뇨는 아닌지 등), 함께 식사할 동료, 최근 정보(예를 들어, 세계적으로 광우병이 유행한다니 당분간 수입 쇠고기 음식은 먹지 말아야겠다는 등), 음식의 종류(한식, 중식, 일식 등), 식당 분위기, 유익한 정보(어느 식당은 점심 때 가면 할인이 된다) 등 많은 것을 고려해야 한다. 그리고 이 모든 것을 고려한 뒤 적절한 해결방안을 제시할 수 있다(1순위 순두부 백반(한식), 2순위 스파게티(양식), 3순위 초밥(일식)). 그런 다음, 직접 가서 식사를 하고(실행), 맛에 대하여 이야기하는 것(결과에 대한 평가)이 하나의 문제해결 과정이다. 따라서, 이런 문제해결 과정을 수업에 도입하면 적절한 문제해결식 수업이 될 수 있다. 물론, 문제해결식 수업에는 여러 가지 준비가 필요하고 또 수업진행 기법도 알아야 하나, 문제해결식 수업이 일반 교수들이 생각하는 것처럼 어려운 수업방법은 결코 아니다. 문제해결식 수업은 보편화되지는 않았으나 학생들의 주도적 학습을 유도하기 위한 가장 적절한 수업방식이다.

또한, 문제해결식 수업은 학습에 대한 의욕이 부족한 학생들에게 성취욕을 느끼게 하여 수업에 대한 열의와 관심을 갖게 할 수 있다. 특히, 대학 수업에서 15주 내내 강의식 수업만 계획되어 있다면, 1~2주 정도는 문제해결식 수업을 진행하는 것도 학습에 효과가 있을 것이다.

문제해결식 수업에서는 주로 학생들이 실생활에서 접할 수 있는 문제를 제시하는 경우가 많다. 따라서, 다른 수업에 비해 학생들의 흥미 유발이 쉽기 때문에 학생들의 자발적인 참여도를 높일 수 있다. 또한, 문제해결을 위한 과정은 학생들의 실제적인 경험으로 이루어지기 때문에 오랫동안 학생들의 기억에 남으며, 이러한 연습을 통해 다른 문제 상황에 대해서도 도전적으로 해결하려는 태도를 기를 수 있는 수업방법이다.

그러나 수업 상황에서 문제해결식 수업을 활용하는 데 있어 모든 학생의 수준에 맞는 문제를 찾기가 어렵고, 문제해결 과정상의 시간적인 제약이 있을 뿐만 아니라 학생들에 대한 통제도 어렵다. 이러한 특징 때문에 문제해결식 수업방법은 다른 방법에 비해 철저한 사전 준비가 요구된다(표 4-6 참조).

표 4-6 문제해결식 수업의 장단점

장점	단점
• 학습자의 자율성을 기를 수 있다 • 실생활과 연계가 긴밀하다 • 학습자의 흥미에 부합한다 • 문제해결을 위해 적용되었던 사실이나 지식은 실제적인 경험을 하였기 때문에 오랫동안 파지되지 않는다 • 장차 직면하게 될 문제에 관하여 해결하는 태도를 기를 수 있다 • 도전적인 태도를 키워준다 • 학생으로 하여금 문제를 자립적으로 해결하려는 기본 태도를 길러준다	• 학습자 수준에 맞는 문제를 찾기가 쉽지 않다 • 비교적 많은 시간이 필요하다 • 자유로운 활동이 보장되어야 하므로 학습자들의 활동을 관리하기가 어렵다 • 교수의 철저한 사전 계획이 필요하다 • 문제를 해결하는 과정에서 필요한 학습자료를 갖추기가 어렵다

문제해결식 수업 준비

문제해결식 수업은 많은 준비가 필요하므로 자주 사용되는 방법은 아니다. 그러나 수업 준비가 철저하게 이루어진다면 매우 효과적인 학습자 중심의 수업이 이루어질 수 있다. 먼저, 문제해결식 수업은 학습자의 수준을 고려한 문제를 준비하는 것이 매우 중요하다. 이를 위해 교수는 학생의 문제해결 능력이 어느 정도의 수준인지, 그리고 학생들이 문제해결식 수업에 대한 경험이 있는지를 파악하는 것이 중요하다. 이러한 과정을 통해 도출된 문제는 학생들이 친밀감을 가질 수 있도록 학생들의 경험 또는 실생활을 고려하여 친숙한 용어로 진술해야 하며, 학생들이 문제를 해결해 가는 과정에서 필요한 지침 또는 안내자료를 준비해 두어야 한다. 이러한 문제해결식 수업을 준비하기 위한 원리는 다음과 같다.

학습자 수준에 알맞은 문제를 준비한다

문제해결 능력이 우수하고 문제해결식 수업을 자주 접해 본 학생들이라면 교수가 굳이 수업시간에 다루게 될 문제를 구체적으로 제시할 필요가 없다. 이러한 경우, 수업 주제만 제시해도 학생들은 스스로 문제를 발견하고 문제해결식 수업을 진행해 나갈 것이다. 그러나 문제해결 능력이 부족하거나 문제해결식 수업 경험이 거의 없는 학생들에게는 해결해야 할 문제를 구체적으로 제시해 주는 것이 좋다.

학습자의 학습동기나 흥미를 유발할 수 있도록 문제를 각색한다

수업시간에 주어진 문제가 남의 일이 아니라 바로 나의 문제라는 생각을 가질 수 있도록 문제를 각색한다. 예를 들어, 문제를 진술할 때 지명이나 인명을 모두에게 친숙한 것으로 바꾸어 진술한다든지, 날짜를 현재로 바꾸어 진술한다.

문제해결에 필요한 자료를 준비한다

학생들에게 문제를 던져 주고 알아서 하라고 한다면, 거의 대부분의 학생들이 실패할 것이다. 문제해결을 안내하는 지침서, 문제해결에 필요한 최소한의 안내자료 등을 준비한다.

문제해결식 수업 실제

문제해결식 수업에 대한 경험이 거의 없는 교수는 수업을 문제해결 단계에 따라 절차적으로 진행하는 것이 좋다. 앞에서 언급한 점심식사 메뉴 선정처럼 학생들에게 이해하기 쉬운 문제해결의 예를 들어 주고 단계에 따라 진행하는 것이 좋다(그림 4-1 참조).

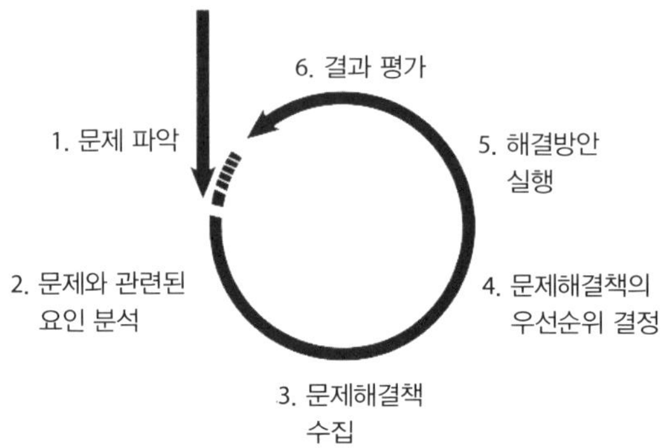

그림 4-1 문제해결식 수업의 일반적인 순서

문제를 파악하여 정의한다

문제해결식 수업 진행에 있어서 첫 단계는 무엇이 문제인가를 파악하여 명료하게 정의하는 것이다. 문제를 정확하게 파악하여 정의하지 않으면 해결의 방향이 엉뚱하게 흐를 수 있기 때문에 문제의 명료한 정의가 기초되어야 한다.

문제 진술 시 고려해야 할 사항

- 문제해결의 목적은 무엇인가?
- 어떠한 상황이 그 문제를 일으키는가?
- 누가 또는 무엇이 그 문제에 영향을 받는가?

문제와 관련된 요인을 분석한다

문제를 명확하게 규정하고 정의한 다음에는 문제에 수반되거나 관계되는 요인들을 파악해야 한다. 다시 말하면, 문제해결의 전제조건, 해결방안을 찾기 위해 알아야 할 정보나 해결해야 할 조건 등을 찾아야 한다. 이러한 요인들이 분명하게 파악되어야 정보의 수집이나 문제해결이 용이하다.

교수는 사전에 문제해결에 필요한 정보를 이끌어낼 수 있는 질문들을 준비해야 한다. 예를 들어, 점심식사 메뉴 선정의 경우 "오늘 학교 식당의 메뉴에는 어떤 것들이 있는지 아는 학생?" 식의 질문이 필요하다.

문제를 해결할 수 있는 해결책(정보)을 수집한다

문제를 해결할 수 있는 해결책을 수집하기 위해서 교수는 학생들이 알고 있지만 문제해결에 관련된다고 생각하지 못하는 정보까지도 이끌어낼 수 있도록 심화된 질문과 토론을 활용해야 한다.

이미 알고 있는 정보 외에 더 알아야 할 정보가 있으면, 그와 관련된 '질문 목록'을 작성한다. 질문 목록이 완성되면, 그 질문들에 답을 얻을 수 있는 정보 수집원과 수집방법을 결정한다. 학생들은 필요한 정보를 찾아내기 위하여 많은 학습자원을 사용할 뿐만 아니라, 전문가 또는 도움이 될 만한 다른 사람들과 상의할 수도 있다.

이런 과정을 거쳐 수집한 방대한 양의 정보를 조직적으로 정리한다. 이렇게 정보를 수집 · 정리해 두면 학생들이 그 문제에 관한 해결 가능 방안을 쉽게 찾을 수 있다.

수집한 해결책의 우선순위를 정하고 선택한다

학생들이 정보를 수집 · 정리하고 나면 교수는 학생들에게 문제해결을 위해 수집한 정보를 사용하는 방법을 지도한다. 어떤 문제에 대한 해결 가능 방안을 토론하는 것을 조장하기 위해서는 여러 가지 기법이 사용될 수 있다. 학생들이 정보를 획득하여 조직화한 다음에 각 학생별로 임시 해결방안을 기록하여 목록을 작성하거나, 학급 구성원이 제안한 각 방안을 칠판에 기록하여 토론을 위한 기초자료로 활용할 수 있다. 이를 통해서 도출된 해결책에 대하여 그 우선순위를 부여하고, 적용 가능성을 고려해서 최적의 해결책을 선택한다.

선택한 해결방안을 실행한다

최선의 해결방안이 선택되면, 그것을 실제 상황에서 직접 실행해 볼 수도 있고, 해당 분야의 전문가와 상의를 하거나 집단토론을 통하여 간접적으로 실행해 볼 수도 있다.

실행한 결과를 평가한다

교수는 문제해결 학습의 효과를 가장 효율적으로 평가할 수 있도록 사전에 평가계획을 세워야 한다. 그리고 교수가 세운 평가계획을 학생들에게 알려 주어 어떤 기준으로 평가가 이루어지는지 학생들이 알 수 있도록 해 주어야 한다. 또한, 평가계획에 따라 실행 결과를 평가하고, 추후 피드백을 통해서 해결책을 수정 · 보완한다.

문제해결식 수업 시 문제점과 해결방안

문제해결식 수업은 일반적으로 사용되고 있는 수업방법이 아니기 때문에 실제 대학 수업에서 사용할 경우 나타날 수 있는 문제점과 해결방안을 제시하면 다음과 같다.

교수가 문제해결식 수업 경험이 없어 수업진행 방법을 잘 모르는 경우

문제해결식 수업을 실시하기 이전에 다양한 교수법 관련 서적을 통해 문제해결식 수업에 대한 지식과 방법을 습득하고 동료 교수의 조언을 구하거나 사전 연습 기회를 가져야 한다. 이를 통해 문제해결의 각 단계를 명확히 파악하여 수업을 단계별로 순차적으로 이끌어 가는 방법을 터득해야 한다. 또한, 계속적인 연습과 실행을 통해 수정 · 보완함으로써 자신만의 문제해결 수업방법을 만들어 가는 것이 중요하다.

학생들이 문제해결식 수업을 어떻게 시작해야 하고, 어떻게 진행해야 하는지 잘 모르는 경우

이전까지 학생들은 강의식 수업에 많이 익숙해져 있기 때문에 새로운 수업방법을 활용하는 경우 참여도가 떨어지게 되고, 스스로 문제를 해결해야 한다는 것에 대한 조급함과 두려움을 갖게 마련이다. 이를 극복하기 위한 최선의 방법은, 학생들에게 문제해결식 수업이 결코 어려운 수업방법이 아니라는 것을 이해시킬 필요가 있다. 이를 위해 우리 삶이 문제해결의 연속임을 알려 주고, 교수 스스로가 터득한 문제해결식 수업방법을 학생들에게 자세히 설명해 준다.

학생들이 문제해결식 수업을 어려워해서 동기 유발이 어려운 경우

문제해결을 어렵게 하는 심리적 문제를 해결해 준다. 예를 들어, 학생들이 흥미를 느낄 수 있는 문제를 선정하거나, 문제해결이 재미있는 과정이라는 것을 언급한다. 인내심이 부족하여 절차에 따라 문제를 해결하는 것보다 빠른 결과를 얻고자 하는 학생의 경우, 문제해결 단계의 일부를 교수가 함께 진행한다.

06
문제중심학습 수업

문제중심학습 수업이란 특정 분야의 예비종사자들을 위해 직무수행 과정에서 부딪힐 수 있는 문제들을 활용하여 해결과정을 통해 학습이 이루어지는 수업이다. 현재 시행되고 있는 일반적인 수업이 현장성을 반영하지 못한 채, 이론적 수업 위주로 시행되기 때문에 학습자는 실제 현장에서 대처능력이 떨어지게 된다. 문제중심학습은 이러한 현장의 문제해결력을 함양하기 위해 도입되었으며, 의과대학 과정, 법과대학 과정, 경영대학원의 경영인 양성 과정 등 다양한 현장 문제가 나타날 수 있는 분야 위주로 발전되어 왔다. 특히 의대의 경우 배운 바를 총체적으로 활용할 수 있는 과정으로서 하나의 교과목으로 시행되기도 한다.

많은 사람들이 문제해결학습과 문제중심학습을 구분 없이 사용하고 있으나 배경과 수업과정, 문제의 종류, 교수의 역할 등에서 많은 차이점을 보인다. 특히 문제중심학습의 '문제'는 현실적이며 실제적인 문제를 다루기 때문에 해결과정에서 다양한 방법이 존재할 수 있으며, 단순히 문제의 답이 중요한 것이 아니라, 해결방안을 도출하는 과정 전체를 학습으로 규정한다. 교수의 역할 역시 지식전달자가 아닌 튜터이자 촉진자로서 직접적으로 해결과정에 참여하는 것이 아닌 학습자의 토론과 비판적 사고를 촉진하는 역할을 해야 하며, 학습자 위주의 평가를 시행하고, 그룹수행을 원활히 유도할 수 있는 역량이 필요하다.

문제중심학습은 자율적 학습을 통하여 학습에 대한 주도성을 형성하고, 실제 문제해결을 통하여 현장적용능력을 습득할 수 있으며, 문제에 대한 다각도의 분석을 통한 문제해결방안을 강구함으로써 비판적 사고력을 신장시킬 수 있다. 이를 통해 현재, 현업에서 요구하는 실제 상황에서의 문제해결능력, 대처능력을 형성할 수 있는 방법으로서 주목을 받고 있다(표 4-7 참조).

표 4-7 문제중심학습 수업의 장단점

장점	단점
• 현장성 있는 학습능력을 습득할 수 있다 • 업무 문제를 통해 직접 체험할 수 있다 • 문제에 대한 총체적인 과정 이해가 가능하다 • 학습자의 자율성과 능동적 능력 형성이 가능하다 • 협동학습을 통한 민주적 태도를 배양할 수 있다	• 계통적 기초학력 형성이 어렵다 • 학습방향의 일관성 유지가 어렵다 • 노력에 비해 지적 성장이 비능률적이다 • 진보 · 발전하는 학문에 대한 빠른 학습이 어렵다 • 교과의 체계적 학습이 어렵다

문제중심학습 수업 준비

문제중심학습은 교수자의 학습계획에 따라 전체 일정을 문제중심학습으로 진행할 수도 있고, 일반수업과 문제중심학습을 혼용하여 1~2주 정도만 진행할 수도 있다. 전체 일정을 문제중심으로 하는 경우는 의대나 간호대와 같은 특정 전문 분야 학습과정에서 시행되며, 졸업학기나 그 전 학기에 그동안의 전체 학습과정에 대한 내용을 바탕으로 다양한 사례를 간접 경험할 수 있도록 구성된다. 예를 들어,

다양한 환자의 증상이 주어지고 해당 증상에 대한 해결책을 도출하는 방식이다. 기존의 학습내용을 바탕으로 소그룹 내에서 증상에 대해 토의한 후, 적합한 진단이나 대처방안에 대한 해답을 도출하는 것으로 과정이 구성되며, 매시간 다른 증상으로 문제중심학습을 진행할 수도 있으며, 기존 문제에 추가적인 증상이나 환경에 변화를 제시하는 방법으로 과정을 진행할 수도 있다. 해당 과정에서 무엇보다 중요한 것은 학습자의 현장능력을 최대한 향상시킬 수 있는 문제가 주어지는 것이다.

그렇기 때문에 문제중심학습 수업 준비의 핵심은 문제개발이라고 할 수 있다. 교수자는 실제 현장성이 포함된 깊은 사고와 다양한 해결책을 제시할 수 있는 문제를 설계해야 하며, 다양한 해결과정을 미리 생각해 보아야 한다. 더불어 원활한 수업진행이 이루어지지 않을 경우를 대비하여 학생들이 올바른 해결과정에 도움이 될 수 있도록 적절한 문답이 자연스럽게 시행될 수 있도록 연습해야 한다.

더불어 학습목표설정과 자료선정 역시 준비가 필요하다. 학습목표에는 문제를 풀어 가는 과정에서 발생되는 관련 지식 및 내용에 대한 학습까지도 포함되기 때문에 교수는 이러한 넓은 개념의 학습목표를 설정해야 하며, 목표 설정 시 해당과정을 통해 얻을 수 있는 기술과 태도, 지식을 구분하여 기술해야 한다. 또한 문제중심학습이 익숙하지 않은 학습자를 위해 학습수행에 필요한 자료/매체/도서 등을 수집해야 한다. 문제중심학습의 수업을 준비하기 위해서 주의할 사항은 다음과 같다.

학습자가 문제중심학습을 실행할 수 있는 학습환경을 제공한다

원활한 문제중심학습을 수행하기 위해서는 학습자의 이해와 참여가 필수적이다. 하지만 현실에서 학생들은 토의나 합의에 대한 경험이 부족하고 자기주도적 학습이 익숙하지 않기 때문에 교수자는 학생들이 원활하게 지식을 공유하고 다양한 문제해결 방안에 접근하여 새로운 정보를 수집하고 자연스럽게 토론할 수 있는 학습환경을 제공해야 한다. 학습환경 구성 시 강의실은 조별 논의가 원활히 이루어질 수 있는 형태로 배치되어야 하며, 자료수집과 보고서 작성을 위한 멀티미디어실과의 연계가 필요하다. 더불어 소그룹 논의가 다른 그룹에 방해되거나 정보의 유출이 발생할 수 있으므로 교수자는 해당사항을 유의하여 수업장소를 선정하고 준비해야 한다.

문제중심학습의 교수는 지식전달자가 아닌 튜터이자 촉진자다

문제중심학습의 교수 역할은 단순한 지식전달자가 아닌 튜터이자 촉진자다. 하지만 대부분의 교수자는 촉진자로서의 역할을 망각하고 과정에 개입하려고 한다. 교수는 지속적으로 자신이 촉진자이자 튜터임을 인지하고, 학습자가 적극적으로 참여할 수 있도록 학습동기를 유발하고 정성적 공감대를 형성해야 한다. 문제해결의 방향성이 잘못된 방향으로 가거나 원활하게 토의가 이루어지지 않을 경우 교수자는 문답법을 통해 해결과정에 개입을 할 수 있다. 하지만 직접적 해결방안을 도출하는 것이 아닌 방향성에 재고를 유도할 수 있는 간접 질문만이 허용되며, 긍정적 혹은 부정적 피드백은 자제해야 한다.

다양한 해결과정이 도출될 수 있는 업무능력과 연관된 문제를 제시한다

문제중심학습을 위한 '문제'는 해당과목과 관련된 실제 업무에 대한 문제여야 한다. 문제는 학생들의 사전 지식과 조사내용을 토대로 소그룹 논의를 통해 해결방안을 마련할 수 있는 문제여야 하며, 결론을 도출하는 과정에서 토론을 불러일으킬 수 있어야 한다. 해당 문제는 관련 분야에 존재하는 비구조화된 문제, 즉 해결방안이나 결과가 접근방법에 따라 다양하게 나타날 수 있는 문제여야 하며, 현실성, 현장성을 바탕으로 학습자들에게 꼭 필요하고 실질적인 도움을 주는 문제여야 한다.

전체 커리큘럼에 대한 문제중심학습의 회차에 따라 과정을 준비한다

문제중심학습은 실제 현장에 대한 문제를 다루기 때문에 졸업학기 직전이나 현장적용성 향상을 목적으로 하는 학습자가 현장에 투입되기 전에 주로 시행한다. 전체 커리큘럼이 문제중심학습으로 구성되는 경우, 그동안의 학습자의 이수 커리큘럼을 파악하여 모든 과정을 통합하고 현실에 적용되는 문제를 제기한다. 교수자는 문제의 난이도와 상황 변화에 따라 회차를 나누어 진행할 수 있으며, 중간발표과정을 포함하고, 발표에 대한 교수의 평가 및 피드백을 시행함으로써 후속 학습활동에 대한 동기를 부여해야 한다. 그 외에 일반적으로 진행되는 강의식 수업의 일부를 문제중심학습으로 구성할 수 있다. 해당 문제중심학습 수업은 보통 1~2회차로 진행되며, 학기 내 다루었던 학습내용을 바탕으로 구성되기 때문에 과정 후반부에 시행된다. 강의식 수업에 익숙한 학습자들을 대상으로 전혀 다른 수업방식이 진행되는 것이기 때문에 교수자는 학습자의 적극성을 향상시키기 위해 과정 진행에 대한 지속적인 피드백을 주어야 한다.

학습자 중심의 자기주도적 학습이며, 협력적 학습임을 강조한다

문제중심학습은 기존의 주입식 교육과 달리 주제를 제시할 뿐 지식을 전달하지 않는다. 따라서 학습자는 자기주도적으로 주어진 주제에 관한 지식을 습득하기 위하여 여러 다양한 과정을 거치게 되며, 이 과정 중 그룹 간 다양한 의견 교환 및 토론을 통한 협동학습 과정을 거쳐 올바른 지식에 도달하게 된다.

학습자 중심의 다양한 방식으로 평가가 이루어진다

문제중심학습의 학습 과제는 비구조화된 문제이므로 객관적인 평가기준을 적용하기 어렵다. 따라서 문제해결 전 과정에 대한 수행평가가 이루어져야 하고, 특히 학습자가 평가에 직접 참여하게 된다는 점이 특징이다.

문제중심학습 수업진행

문제중심학습 과정의 수업진행 시 학습자들은 문제가 제시된 이후 소그룹 논의를 통해 학습 이슈를 결정하고, 이를 바탕으로 개인의 역할과 과정을 분담하여 개인학습의 시간을 가지게 된다. 일정 시간 이후 그룹은 다시 모여 토론과 논의를 통하여 해결방안을 마련하고, 해결방안의 완성도에 따라 학습자 중심의 자기주도학습과 그룹 내 상호작용과 토론을 위주로 한 협동적 학습 과정이 반복적으로 이루어지게 된다. 교수는 수업진행과정에서 문제를 해결해 나가는 데 가장 중요한 비판적 사고를 질문의 형식을 통해서 시행해야 한다.

도입 단계

교수는 문제중심학습 수업을 진행하기에 앞서 문제중심학습 과정에 대하여 자세히 설명한 후, 전체 과정진행과 수업진행방식을 학생들이 이해하도록 지도해야 한다. 문제중심학습은 학습자 주도적 학습 방식이기에 학습자의 완전한 과정이해가 전제되어야 하며, 문제제기 시 학습자가 스스로의 입장과 관련된 '나의 문제'라는 인식이 들 수 있도록 도와야 한다. 특히 명확한 설명을 통해 학습자들이 문제에 대한 '학습 이슈'를 구체적으로 도출할 수 있도록 도와야 하며, 더불어 그룹별 역할을 분장하고 문제해결을 위한 계획서를 작성하도록 도와야 한다. 교수자는 촉진자로서 초기 학습계획 수립의 중요성과 학습목표와 역할의 명확성이 성공적인 문제해결과 연결된다는 점을 강조하고, 학습계획서의 작성과 제출 시 지속적인 피드백을 주어야 한다.

문제해결을 통한 학습 단계

교수자는 학습자들이 과정에 대한 설명과 문제를 접한 이후, 그룹 구성을 통해 구성원들이 자유롭게 소통할 수 있도록 분위기를 형성해야 한다. 교수는 인원에 따라 그룹을 분배하고, 그룹 내 구성원 소개 및 역할을 분담하도록 유도해야 한다. 교수자는 문제중심학습 중 개별적 학습의 팀별 공유를 강조해야 하며, 과제와 학습내용, 학습목표와의 관련성을 지속적으로 검토해야 한다. 더불어 교수자는 토의 및 개별학습에 대한 내용공유시간에 산만한 분위기가 형성되지 않도록 관리하며, 역할 분담과 과정기록의 중요성, 활동시간 관리의 중요성을 전달해 주어야 한다.

개인의 자기주도적 학습 이후 학습자료에 대한 공유와 문제해결에 대한 토의, 적절성에 대한 재분석이 이루어지고, 최적의 해결안이 도출되지 않은 경우, 가설 설정부터 다시 반복하게 된다. 이러한 반복이 진행되는 동안 교수는 각 세션 사이에 충분한 학습과 토론이 이루어지도록 학습환경을 만들어 주며, 세션별로 오버랩을 피할 수 있도록 간접적으로 도와주어야 한다. 특히 그룹별 토론과정이 진행되는 동안, 소수의 의견 독점이 이루어지는 것을 방지하기 위해 역할 분장에 대한 순환이 이루어지도록 해야 한다. 더불어 교수는 그룹이 잘못된 방향성을 가지고 문제해결과정을 적절히 진행하지 못할 경우 문제해결에 대한 간접적 질문을 제시함으로써 직접적 지식전달보다 학습자의 비판적 · 성찰적 사고를 촉진해야 하며, 중간발표나 질문 시에 학습자들로 하여금 정답에 대한 확신이 들지 않도록 긍정적 혹은 부정적 피드백을 주는 것을 주의해야 한다.

마무리 단계

문제중심학습의 마무리 단계에서는 평가와 종합정리가 이루어진다. 평가는 다른 학습과 달리 마지막 단계에서 이루어지는 것이 아니라, 학습의 처음부터 끝까지 지속적으로 학습과정 전반에 대한 수행평가가 과정별로 이루어진다. 해당 평가는 단순한 객관적 방법을 통한 지식습득 여부로 평가해서는 안 되며, 포트폴리오, 관찰법, 반추노트, 실제적 문제해결을 요구하는 주관식 지필검사 등을 통해 평가할 수 있다. 교수는 또한 과정의 마무리 단계에서 종합정리를 통하여 그룹별로 해당문제의 해결방법을 비교해 보고, 특정 문제 해결의 경험이 다른 유사한 경우에 어떤 식으로 일반화하여 적용시킬 수 있는가에 대해 논의해 보아야 한다. 표 4-8은 단계별 교수자 · 학습자 역할을 나타낸 것이다.

문제중심학습 수업진행 시 문제점과 해결방안

문제중심학습은 일반적으로 진행되는 수업형식이 아니며, 비구조적인 문제개발 및 토론과정에서 학생들의 적극적인 참여를 유도해야 하기 때문에 수업진행 시 다양한 문제점이 발생할 수 있다. 해당 문제점에 대한 해결방안은 다음과 같다.

교수자가 튜터의 역할이 익숙하지 않은 경우

문제중심학습의 교수자는 단순한 지식전달자가 아닌 튜터이자 촉진자의 역할을 수행해야 한다. 하지만 국내의 교수자는 강의식 교육방법에 익숙해 있기 때문에 이러한 튜터의 역할이 익숙하지 않을 수 있다. 질문 역시 구체적인 해답을 묻는 방식에 익숙해 있기 때문에,

표 4-8 단계별 교수자 · 학습자 역할

과정	세부 단계	교수자	학습자
도입	문제상황	• 문제중심학습 과정 소개 • 현장성과 직무연관성이 있는 문제 상황 제시	• 문제학습과정 인지 및 문제 상황 파악
학습	학습 이슈	• 튜터이자 촉진자로서 간접적 문답을 통해 문제해결과정에 대한 피드백 제공 • 세션 사이에 충분한 학습과 토론이 이루어지도록 학습환경 조성 • 세션별로 오버랩을 피할 수 있도록 간접 지원 • 토론이 진행되는 동안, 소수의 의견 독점 방지를 위해 역할 분장에 대한 순환 유도	• 문제 상황에 대한 학습 이슈 도출 • 그룹별 역할 분장 및 문제해결을 위한 계획서 작성
	개인학습		• 개인적 · 자기주도적으로 분장된 문제에 대한 학습시행 및 정보수집
	그룹 공유		• 개별적 학습내용 그룹 공유 • 그룹 리더는 분장된 업무를 순차적으로 공유하게 한 후 정리
	토의검토	• 원활한 토의가 이루어질 수 있도록 그룹 관리 및 제어	• 그룹 토의를 통하여 문제해결 의견 도출
	문제해결	• 문제해결에 대한 간접적 질문 제시 • 직접적 지식전달보다 학습자의 비판적 · 성찰적 사고 촉진 • 학습자에게 정답에 대한 확신이 들지 않도록 긍정적 혹은 부정적 피드백을 주는 것을 주의	• 도출된 내용이 학습 이슈와 문제해결에 부합하는지 확인하고, 부족할 경우 좀 더 완벽한 해결을 위해 학습자 주도의 문제중심학습을 반복
마무리	발표평가	• 종합정리를 통해 그룹별로 해당 문제의 해결방법을 비교 • 특정 문제의 해결 경험이 다른 유사한 경우에 어떤 식으로 일반화하여 적용시킬 수 있는가에 관해 논의	• 과정 및 결과에 대한 내용을 정리하여 발표

문제중심학습에서 요구되는 간접적 질문을 시행하기 어려울 수 있다. 이는 지속적인 학습과 연습시행을 통해 극복할 수 있다. 교수는 튜터로서 역할을 하기 위해서 학습자와 정서적 공감대를 형성하고, 체계적으로 문답법을 활용할 수 있어야 한다. 사전에 문제해결에 대한 다양한 해결방안을 미리 구성하고 도움이 될 만한 질문사항을 사전 체크하는 것도 도움이 될 수 있다.

문제해결을 위한 토의 및 소통이 원활히 이루어지지 않는 경우

문제중심학습은 학습자의 주도적 학습, 협력학습을 전제하기 때문에 토론이나 의견개진이 익숙하지 않은 학생은 수업을 따라가기 어려울 수 있다. 이를 해결하기 위해서 교수자는 초기그룹구성 및 역할분담 과정에서 학생들의 성향을 파악하여 배치하고, 진행 시 세션별로 리더, 과정기록자, 발표자 등의 역할이 순환될 수 있도록 해야 한다. 더불어 문제해결과정에 대해 구체적으로 학습시키고, 피드백과 간접적 질문을 통해 학습자의 비판적 사고를 촉진하며, 세션별로 주어진 문제와 학습내용, 학습목표와의 관련성을 지속적으로 검토할 수 있도록 유도해야 한다.

수강생이 많아 보조교수를 이용해야 할 경우

문제중심학습은 소규모 그룹토론 수업으로 이루어지기 때문에 수강생이 많을 경우 원활한 학습에 지장을 줄 수 있다. 이때 교수자는 동료 교수나 교육조교를 활용하여 학습을 진행할 수 있다. 해당과정에 동료 교수나 교육조교와 함께할 경우 사전에 문제중심학습에 대한 구체적인 교육이 시행되어야 하며, 과정에서의 튜터 역할을 적절히 실행할 수 있도록 사전에 이를 검증해야 할 필요가 있다.

07
협동식 수업

협동식 수업이란 학급을 소집단으로 구성하고, 소집단의 집단목표 또는 학습과제를 구성원 간의 상호작용을 통해 모든 구성원이 달성하도록 하는 수업방법이다. 협동식 수업은 팀워크 기술을 형성하게 하고, 학생들이 학습에 적극적으로 참여할 기회를 제공한다. 또한, 학생의 전반적인 성취와 비판적 사고기술, 의사소통능력, 협동정신에 긍정적인 효과가 있다.

대학생들은 혼자 학습하는 것보다 동료들과 함께 학습하는 것을 좋아하는 경향이 있다. 따라서, 교수들이 협동식 수업을 잘 활용한다면, 교수와 학생 모두에게 만족스러운 수업을 진행할 수 있을 것이다.

일반적으로 협동식 수업은 학생들 간의 정보교환을 통해 조원 전체가 학습해 나감으로써 협동심을 기를 수 있으며, 이를 통해 학생들의 성취욕구와 토론능력을 증가시킬 수 있다. 그뿐만 아니라, 학습능력이 우수한 학생이 부족한 학생을 돕는 방식으로 이루어지기 때문에 교수중심적인 수업보다 효율성이 높다.

그러나 협동식 수업은 조별 학생들 간의 의사소통에 의해 이루어지기 때문에, 교수의 관리가 없을 경우, 수업이 산만해지거나 일부 학생에 의해서만 학습이 이루어질 수 있다. 이로 인해 학습에 소극적으로 참여하는 학생이 좋은 성적을 거두는 문제가 생길 수 있고, 학습능력이 우수한 학생의 경우 자신의 학습노력이 다른 사람과 공동으로 분배되기 때문에 수업에 불만을 가질 수 있다(표 4-9 참조).

표 4-9 협동식 수업의 장단점

장점	단점
• 우수한 학습자가 부족한 학습자를 돕는다 • 학습자들 간에 정보를 주고받을 수 있다 • 조원 전체가 협력하여 학습하므로 협동심과 희생정신을 기를 수 있다 • 학습자들의 자부심을 기를 수 있다 • 학습자들의 성취욕구가 증가될 수 있다 • 토론과 논쟁을 통하여 높은 수준의 사고력이 발달될 수 있다	• 교수의 감독이 없을 경우 수업이 산만해질 수 있다 • 일부 우수한 학습자에 의해서만 학습이 이루어질 수 있다 • 많은 시간과 노력이 요구된다 • 학습자들끼리 잘못 이해한 것을 정답으로 오해할 수 있다 • 적극적으로 학습에 참여하지 않아도 좋은 성과를 얻을 수 있다 • 학습능력이 우수한 학습자는 자신의 노력이 다른 학습자와 공동으로 분배되기 때문에 학습에 회의를 느낄 수 있다

협동식 수업에는 능력별 팀학습, 토너먼트식 학습, Jigsaw II, 팀보조 개별학습 등 다양한 방법이 있으나, 여기서는 가장 자주 사용되는 Jigsaw II를 예로 설명하겠다.

협동식 수업 준비

협동식 수업 준비에서는 팀 구성이 가장 중요하다. 팀 구성은 보통 학습능력뿐만 아니라 학생들의 개인적 특성이 상호 이질적인 4~6명의 학생으로 구성하는 것이 가장 바람직하다. 이를 위해 학생들을 객관적으로 파악하고 있는 교수가 팀을 구성하는 것이 일반적이다. 그리고 협동식 수업을 통해 도달하고자 하는 명확한 학습목표와 이에 기초한 평가기준을 사전에 정해둔다. 또한, 학습자들이 협동식 수업을 처음 접하는 경우, 협동식 수업이 어떤 식으로 진행될 것이라는 지침서를 준비하여 학생들이 사전에 협동식 수업을 준비할 수 있도록 하는 것이 바람직하다.

협동식 수업 실제

협동식 수업은 대학에서 많이 사용되는 방법은 아니다. 시간과 노력이 많이 필요하기 때문에, 짧은 시간에 많은 양의 내용을 전달해야 하는 대학 수업의 특성상 그 활용에 대한 부담이 있을 수 있다. 그러나 협동식 수업방법에 대해 모두 익숙하다면, 짧은 시간 안에 많은 내용을 효과적으로 학습할 수 있다. 왜냐하면, 협동식 수업은 각자가 맡은 주제에 관해 학습한 내용을 팀 구성원들과 공유하도록 하기 때문에, 구성원 각자가 전체 수업내용을 분배하여 담당한다는 이점이 있다.

일반적인 Jigsaw II 협동식 수업은 그림 4-2와 같은 순서로 진행된다.

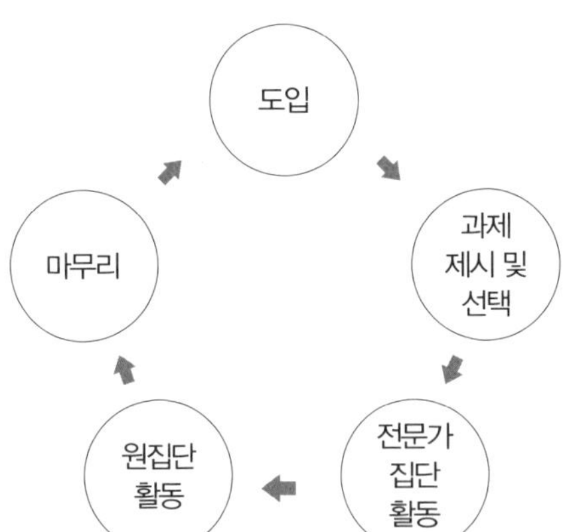

그림 4-2 Jigsaw II 협동식 수업의 일반적인 순서

도입 단계

학습목표와 관련된 주요 학습내용을 학생들에게 자세히 설명한다. 학생들이 협동식 수업 경험이 적을수록 구체적인 주제를 제시하는 것이 좋다. 그리고 학습방법에 대한 자세한 설명과 협동식 수업을 위한 지침을 제시한다. 또한, 평가기준을 명확하게 제시한 뒤, 구성원들끼리 발표자, 사회자, 기록자, 점검자 등의 역할분담을 하도록 지도한다.

과제 제시 및 선택 단계

개인별 전문 과제를 부과한다. 한 학습자가 학습과제의 하위 주제 중 하나를 책임지도록 한다. 따라서, 교수는 사전에 팀 구성원 수만큼의 하위 주제를 준비해야 한다. 이 단계에서 학생들이 하위 주제에 대한 충분한 조사가 이루어질 수 있도록 시간을 주는 것이 다음 단계(전문가집단 활동)를 심도 있게 진행하는 데 도움이 된다.

전문가집단 활동 단계

각 팀마다 동일한 하위 주제를 선택한 학습자들끼리 소위 전문가집단을 형성하도록 지도한다. 이렇게 모인 학생들이 과제해결을 위해 협동식 수업을 하도록 지도한다.

원집단 활동 단계

전문가집단 활동이 끝나면 원래의 소속집단으로 돌아와서 자기가 학습해 온 하위 주제에 대하여 집단 구성원끼리 서로 돌아가며 가르치도록 한다. 이때 교수는 학습자들 간의 협력이 원활히 이루어지도록 조장 · 격려한다. 원집단 활동이 끝난 팀에게 하나의 결과물이나 보고서를 제출하도록 지도한다.

마무리 단계

교수는 학생들로 하여금 학습한 내용에 대하여 요약하도록 지도하며, 학생들에 대한 개인별 평가와 팀 평가를 실시한 뒤 이를 종합한다. 또한, 구성원들이 서로를 평가하는 동료평가방법과 스스로를 평가하는 자기평가방법 등도 활용할 수 있다. 학습이 끝난 다음 되도록 빨리 조별 점수를 게시하여 학생들에게 피드백을 주는 것이 효과적이다. 단순히 점수를 게시하는 것뿐 아니라, 각 조별 활동내용에서 반성할 점 등을 일러준다.

협동식 수업 시 문제점과 해결방안

대학에서 협동식 수업을 활용하는 경우, 교수나 학생들의 경험 부족 등으로 수업진행에 다음과 같은 몇 가지 문제가 나타날 수 있다.

학생들이 협동식 수업을 할 수 있는 소양이 부족한 경우

학생들 중에는 제대로 된 협동식 수업을 경험해 본 학생이 많지 않다. 학생들의 협동식 수업 경험이 적은 경우, 짧은 시간에 완수할 수 있는 간단한 협동식 수업을 실시한 뒤, 점차 시간이 많이 걸리는 과제를 실시하도록 한다. 그리고 교수는 협동 작업을 방해하는 요소가 무엇인지를 관찰한 뒤, 방해요소를 제거한다.

일부 학습능력이 우수한 학생이 학습을 독점하는 경우

협동식 수업은 팀을 구성해서 과제를 해결하기 때문에 구성원들 간에 상호 의사소통이 이루어지지 못하고 일부 우수한 학생들을 중심으로 학습이 진행되는 경우가 발생할 수 있다. 교수는 사전에 이러한 문제가 나타나지 않도록 하기 위해 지속적으로 각 팀의 활동을 관찰하여 모든 학생이 자신의 의견을 말할 수 있도록 하며, 동료 학생의 의견을 존중할 수 있도록 지도한다.

정해진 시간 안에 협동식 수업을 끝내지 못하는 경우

협동식 수업에서 많이 나타나는 문제 중 하나는, 정해진 시간에 수업을 마치지 못하는 경우다. 이를 해결하기 위해서 교수는 정해진 시간 내에 논의가 이루어질 수 있도록 각 단계별 시간을 정해 놓고 수업을 진행한다. 또한, 협동식 수업에 어려움을 느끼는 팀에 대해서는 중요 절차나 방법을 점검해 주고 안내해 준다.

협동식 수업을 제대로 진행하지 못하는 팀의 경우

교수는 과제를 완수하기 위한 중요한 절차나 전략을 함께 검토해 주고, 학생들의 질문에 대답해 주며, 필요한 기능을 안내해 준다.

평가를 공정하게 하기 어려운 경우

협동식 수업이 가지는 수업진행상의 문제점은 평가의 어려움이다. 협동식 수업은 평가방법상 열심히 하는 학생이나 그렇지 않은 학생이나 평가결과가 동일하게 나타나는 경우가 많다. 이는 곧 학생들의 의욕을 떨어뜨릴 수 있는 요인이 될 수 있다. 이를 막기 위해서 교수는 참여 정도, 학습내용 전달능력 등 다양한 평가준거를 마련하여 팀 구성원들 간의 보상이 동일하게 나타나는 현상을 방지해야 한다.

08
프로젝트식 수업

프로젝트식 수업이란 학습자 스스로 생각하고 해결하고자 하는 것을 정하여 구체적인 실천 과정을 통해 결과물을 산출하도록 하는 수업이다. 프로그램이나 모델 설계, 페이퍼, 보고서 등과 같은 최종 산출물 제작을 목적으로 하며, 학습자가 질문을 만들고 해당 질문을 중심으로 학습활동이 구성된다. 실생활 및 현장과 직접적으로 연결되며, 학습자들의 적극적인 학습참여를 유도하는 도전적인 질문이나 문제 중심으로 전개된다.

프로젝트식 수업은 기간에 따라 다양하게 진행되나, 대학에서 과목으로서 한 학기 내내 프로젝트 수행 형식으로 이루어지는 경우가 있고, 수업의 일부 차시만을 활용하여 이루어지는 단기간의 프로젝트도 있다. 일반적으로 공과대학의 경우 〈캡스톤 디자인〉(체계적 공학설계)이라는 과목명의 수업이 개설되고, 이 수업은 4학년 때 학부과정에서 배웠던 모든 지식을 종합하여, 결과물을 제시함으로써 학부과정을 마무리하는 최종 교육으로 이루어지고 있다. 우리나라 기존 교육의 경우 이론중심 교육에 치우쳐 학생들의 실무설계 및 도구활용능력 부족, 문제해결능력 부족, 새로운 문제의 적응력 취약, 의사소통능력 부족과 팀을 이루어 공동작업을 할 수 있는 능력이 부족하다는 지적이 많다. 따라서 이러한 한계를 극복하고자 많은 대학에서 프로젝트식 수업을 개설하고 있으며, 학생들의 실질적 능력 향상의 효과가 높아 주목을 받고 있다(표 4-10 참조).

표 4-10 프로젝트식 수업의 장단점

장점	단점
• 학습자가 다양한 지식과 경험을 획득하는 데 도움을 준다 • 하나의 주제에 대해 여러 가지 방법으로 탐구가 가능하다 • 수업내용이 산업 현장과 밀접하게 연관된다 • 프로젝트 수행과정을 통해 문제해결능력 및 대인관계능력을 키울 수 있다	• 많은 시간이 소요된다 • 자료 선정 및 획득이 어렵다 • 팀 활동을 수행하는 학습자들의 개별 관리가 어렵다 • 프로젝트 수행 결과물에 대한 객관적인 평가가 어렵다

프로젝트식 수업 준비

프로젝트식 수업이 제대로 이루어지기 위해서 교수는 사전에 프로젝트 관련 사항을 꼼꼼히 분석하고 철저하게 준비를 해야 한다. 프로젝트식 수업 시작 전 교수가 준비해야 할 사항은 다음과 같다.

프로젝트의 핵심 이슈 및 팀 구성 방안 마련

강의가 시작되기 전에 학습자에게 주어질 프로젝트의 이슈를 미리 설정한다. 강좌내용 중 핵심적인 주제에서 이슈를 추출하는데, 최근 논란이 되고 있는 쟁점이나 현안 문제를 중심으로 이슈를 선정한다. 일단 이슈가 선정되면 교수는 구체적인 연구문제, 연구방법, 예상 연구결과 등을 구체적으로 가정해 본다.

이와 같은 가상적 연구설계를 통해 교수는 연구진행의 흐름에 대한 대략적인 줄기를 미리 파악함으로써 학습자들이 방향을 잃어버렸을 때 적절한 조언을 줄 수 있다. 그리고 프로젝트 팀의 구성방식을 생각한다. 팀의 규모는 연구주제 및 수강인원에 따라 달라질 수 있는데, 한 수업에서 일반적으로 4~5명이 한 팀이 되도록 팀을 구성하는 방안을 구안해 본다.

프로젝트 진행과정 모니터링 전략 구상

각 팀의 진행과정을 모니터링할 수 있는 전략을 마련한다. 수업 후 공식적인 미팅시간을 정하여 교수의 도움이나 자문이 필요한 경우 교수와 논의할 수 있도록 한다. 그리고 학교 웹사이트에 각 프로젝트 팀의 폴더를 만들어서 팀별로 연구주제와 관련된 자료뿐만 아니라 각 팀원들의 역할 및 구체적인 연구 진행과정을 탑재하도록 하는 방법, 중간발표를 통해 중간 연구결과에 대해 피드백을 주거나 전반적인 연구방향을 검토해 주는 방안 등을 고려해 본다.

교수자 역할 및 학습활동 지원방식 규정

프로젝트식 수업에서 교수자의 역할은 프로젝트가 성공적으로 진행되는 데 필요한 물적 · 인적 자원을 제공하는 것이다. 따라서 프로젝트 주제와 관련하여 본인이 수집한 모든 자료를 웹에 탑재해서 학습자들과 공유할 뿐만 아니라 연구과정에서 학습자들이 부딪히는 문제점을 함께 해결하려고 노력한다. 그리고 교수가 모든 프로젝트 진행과정을 체크하고 연구과정에 직접적으로 개입하기보다 적절한 주요 시점(critical point)을 선정하여 그 시점에 집중적으로 개입하는 전략을 채택하는 것이 좋다. 주요 시점은 연구문제를 구체화시키는 초기 단계, 중간 연구결과 완성 단계, 최종 페이퍼 완성 단계 등이 될 수 있다.

프로젝트 평가방법 계획

프로젝트 수행 결과물을 객관적으로 평가할 수 있는 방안을 사전에 마련해 놓는 것이 좋다. 따라서 평가계획 시 루브릭을 사용하거나 다른 교수들과의 합동 평가를 구상하는 것도 좋은 방법이라 할 수 있다.

프로젝트식 수업진행

프로젝트식 수업은 학습활동뿐만 아니라 교수자와 학습자 및 학습자 간의 상호작용을 중심으로 이루어진다. 프로젝트 과제를 해결하기 위해서는 학습자들의 선행지식과 경험이 요구되며, 학습자 스스로 학습 내용, 순서 및 진도 등을 조절할 수 있다. 그리고 다양한 지식이 통합되거나 이론과 실습이 통합될 수 있으며, 학습자들은 프로젝트의 수행과정에서 그것들의 관련성을 인지하게 된다. 학습자의 관심과 흥미를 유발할 수 있는 주제를 선정함으로써 학습자의 능동적인 참여를 이끌어내고 학습자 스스로 학습의 주체라는 인식을 갖도록 지도한다. 프로젝트식 수업 수행 후에 학습자의 전문지식의 폭이 확대되며, 산출물 생산에 따른 학습 태도의 변화, 작업 기능의 향상 등을 도모할 수 있다. 수업 절차는 다음과 같다.

도입 단계

프로젝트식 수업진행을 위해서 팀을 조직해야 하는데. 이 단계에서의 팀 조직은 단지 학습자만이 아니라 현장 전문가, 교수 등이 촉진자가 되어 함께 팀을 이룰 수도 있다. 팀을 조직하기 위해 각종 도구를 사용하여 진단검사를 거치고 팀원의 성격, 과제의 성격 등에 따라 팀을 적절하게 조직, 구성할 수 있다. 이 단계에서 교수는 촉진자로서 학습자 특성, 과제 특성, 현장의 특성을 파악하고 각 팀원의 정보를 공유하고 팀 조직을 조력하는 것이 핵심 활동이라고 할 수 있다.

과제 분석하기 단계에서는 산학협동 모임을 통해 파악된 산업체의 요구들 중 학습 팀이 달성해야 할 과제들을 다양한 형태로 도출한다. 이때 교수는 학습 팀이 이미 알고 있는 것, 더 알아야 할 것 등을 다양한 형태로 도출해 낼 수 있도록 촉진하는 것이 필요하다.

전개 단계

과제 분석 및 명료화

문제 상황 속 목표 과제를 분석하고 과제 수행을 위해 이미 알고 있는 내용과 더 알아야 할 내용을 파악한다. 과제분석지나 KWL (Know, Want, Learn) 차트를 사용한다. 또한 브레인스토밍 등의 방법을 사용하여 과제 해결을 위해 학습한 내용 중에서 아이디어를 다양하게 도출해 낸다. 이때 학습자는 과제 해결 아이디어를 최대한 다양하게 도출하게 되는데, 교수는 학습자들이 창의적으로 문제를 해결할 수 있도록 다양한 사고 기법이나 자료를 제공하고, 생산적 대화를 유도해야 한다.

과제 해결방안 도출

다양한 해결방안 도출을 위해 팀원 간 생산적 토론을 진행하고, 실현 가능한 해결방안을 도출해 낸다. 중요성, 수행 일정 및 절차, 실현 가능성 등을 고려하여 우선순위를 결정한다. 수렴된 해결방안을 바탕으로 과제 수행을 위한 설계안을 작성한다. 교수는 팀이 도출한 해결방안의 현실 가능성, 적용 가능성을 검토하고 친화도법, 다중투표 등을 사용하여 팀이 실현 가능한 우선순위를 도출할 수 있도록 도와준다.

과제 수행 및 결과물 도출

작성된 설계안에 따라 과제를 수행하고 실제 결과물을 제작한다. 이때 교수는 현장에서 필요하거나 자신이 지원해 줄 수 있는 각종 지원요소를 알려 주고 학습자의 과제물 제작에 관해 조언한다. 또한 설계안, 제작물 등에 관한 지식을 학습할 수 있도록 설명해 주고 같이 참여하는 것이 필요하다.

마무리 단계

프로젝트식 수업을 통해 제작된 결과물을 전시하거나 최종 결과물과 프로젝트 수행의 전 과정을 발표하는 단계다. 아울러, 교수는 프로젝트 수행의 전 과정을 종합적으로 평가하고 의견을 공유하는 활동도 이루어지도록 해야 한다.

이때의 평가는 결과물에 대한 평가, 과정에 대한 평가, 프로젝트 수행 과정을 통해 길러진 자신의 역량이 어느 정도 신장되었는지를 평가하는 단계로 나누어 생각해 볼 수 있다. 이 단계에서 교수는 성찰일지 등을 제공하여 팀원과 개인 모두 프로젝트 수행을 통한 변화된 모습, 좋았던 점과 개선해야 할 점을 반성하고 함께 이야기를 나누어 볼 수 있도록 한다.

프로젝트식 수업진행의 문제점과 해결방안

프로젝트식 수업 시 나타날 수 있는 문제점과 해결방안은 다음과 같다.

교수자가 튜터의 역할에 익숙하지 않은 경우

프로젝트식 수업에 대한 전문적인 지식을 바탕으로 학습자가 스스로 수행할 수 있도록 교수는 튜터로서의 역할을 해야 하며, 그때 비로소 프로젝트 활동이 효과적으로 이루어질 수 있다. 그런데 프로젝트식 수업법에 대한 일반적인 지식과 적용방법을 교육받았다 하더라도 실제 프로젝트를 진행하다 보면 활동을 어떻게 유도해야 할지, 프로젝트 활동을 어디까지 확장시켜야 할지, 어느 정도의 학습이 이루어져야 할지 등 매우 실질적인 문제에 직면하게 된다. 따라서 사전에 학습자와 수업내용에 대해 정확하게 파악하고 그에 맞는 철저한 준비를 해야 할 것이다. 프로젝트식 수업에 대한 연수나 워크숍 등의 교육에 지속적으로 참여하거나, 기관 내에서 자체적으로 실시하는 교수들의 교수법 교육을 듣는 것도 유용할 것이다.

학습자의 개별적 특성에 대한 배려가 부족한 경우

학습자 개개인마다 활동에 대한 흥미와 관심 정도, 집중시간 등이 다르기 때문에 프로젝트 활동을 진행하다 보면 그 주제가 아닌 다른 활동을 하고 싶어 하는 학습자들이 있게 마련이다. 이들 학습자에 대해서도 교수는 민감하게 관찰하며 요구에 맞추어 도움을 제공하는 것도 한 방법이지만 개인 각각의 요구를 맞추어 프로젝트 활동을 진행하기란 여간 어려운 일이 아니다. 이에 대한 근본적이 해결방안은 교수와 학습자와 상호작용을 늘리며 학습에 흥미를 가질 수 있도록 배려하는 것이다. 개별 학습자의 욕구를 존중하여 프로젝트를 진행하는 다른 학습자들에게 방해가 되지 않는 선에서 학습자가 원하는 활동을 자유롭게 선택하여 활동하도록 한다.

다양한 물적 · 인적 지원 체제가 부족한 경우

프로젝트 활동 중 교수가 직면하는 어려움 중 하나는 학습자 수에 비해 물적 지원 환경이 열악하다는 점이다. 교수 대 학생의 비율이 높을 뿐 아니라 활동 공간이 부족한 우리나라 교육현장의 여건상 대부분의 수업에서는 프로젝트를 집단활동으로 운영하고 있어, 활동을 진행할 때 학습자 수에 비해 지원이 늘 부족하게 마련이다. 이러한 문제를 해결할 수 있는 근본적인 방안은 다름 아닌 정부나 학교 차원에서의 충분한 재정적 지원일 것이다.

프로젝트식 수업 관련 사이트

- 보이시(Boise) 대학교 교육공학과 PBL-Online 사이트(http://www.pbl-online.org)
- 웨스트버지니아(West Virginia) 대학교 교육학과 PBL 사이트(http://wvde.state.wv.us./teach21/pbl)

09
팀티칭 수업

팀티칭(team teaching) 수업은 학생들에게 보다 넓은 안목을 주기 위해 각자 전문성을 지닌 두 명 이상의 교수가 팀(team)이 되어 교수설계, 교수준비, 수업진행, 평가 등의 활동을 공동으로 진행하는 수업방법을 말한다. 팀티칭 수업은 교과내용 특성이 다른 여러 개의 분야로 분리되는 경우에 적합한 수업방법이다. 전통적 교수법은 교수에게 일정한 인원의 학생을 대상으로 일정한 시간 내에, 일정한 내용을 가르치도록 지정하나, 팀티칭 수업에서는 학습내용과 학생활동에 따라 집단의 규모나 수업시간의 길이를 결정한다.

팀티칭 수업을 통해 학습자들은 다양한 전문가의 전문적인 학습내용을 접할 수 있으며, 교수들도 자신들의 개성을 살려 지도할 수 있고, 교수들 간의 상호 평가를 통해서 지도방법을 개선할 수 있는 장점이 있다. 또한, 팀티칭 수업은 학습집단 및 학습공간의 활용에 대한 유연성을 증가시키며, 교수들의 경우 노력의 중복을 최소화함으로써 수업의 효과를 극대화할 수 있다.

반면에, 팀티칭 수업은 교수들 간에 개인적인 충돌이나 팀워크에 문제가 발생할 가능성이 있으며, 팀티칭 수업을 조직해도 개개인의 학생을 배려하지 않는다면 결국 교수 주도형의 강의식 수업과 크게 다르지 않은 단점이 있다. 또한, 팀티칭 수업은 교수의 협력과 노력이 필수 불가결한 조건이므로 자료의 제작이나 사전 협의를 위한 충분한 시간이 확보되어야 한다. 그리고 교수들 간의 기준이나 가치관의 차이에서 오는 학생들의 혼란도 유의해야 한다(표 4-11 참조).

표 4-11 팀티칭 수업의 장단점

장점	단점
• 학습자들은 다양한 전문가의 전문적인 학습내용을 접할 수 있다 • 교수의 개성을 살려 지도할 수 있다 • 교수의 지도방법을 개선할 수 있다 • 학습집단 및 학습공간의 활용에 대한 유연성이 있다 • 교수 간의 노력의 중복을 최소화할 수 있다	• 교수들 간에 개인적인 충돌이나 팀워크에 문제가 발생할 수 있다 • 자료의 제작이나 사전 협의를 하기 위한 충분한 시간이 필요하다 • 교수들 간의 기준이나 가치관의 차이가 학생들에게 혼란을 줄 수 있다

다양한 팀티칭 수업

팀티칭 수업의 유형에는 팀티칭 파트너가 누구인가에 따라 리더/보조 교수자 유형, 다수의 교수자 유형, 협력 교수자 유형, 외부 강사 유형 등이 있다.

리더/보조 교수자 유형

해당 교과목에 대한 교수 경험이 풍부한 교수와 그렇지 못한 교수가 함께 구성되는 유형이다. 리더 교수는 수업 전반에 대한 책임을 지게 되며, 평가는 공동으로 수행된다.

다수의 교수자 유형

여러 명의 교수가 협력하여 교수설계, 수업진행, 평가를 함께 실시하는 유형이다. 이때 교수들은 설계활동은 공동으로 진행하고, 수업은 학습집단을 분담하여 각자 맡은 학습자를 대상으로 진행하는 등의 방법도 사용할 수 있다.

협력 교수자 유형

여러 명의 교수가 모든 영역을 동일하게 책임지며 수업을 분담하여 진행하는 유형이다. 이를 통해 학생들은 여러 명의 교수를 접할 수 있으며, 교수 입장에서는 수업 부담을 줄일 수 있다.

외부 강사 유형

한 명의 교수가 수업을 전반적으로 이끌되, 그 수업의 일부분을 외부 강사가 담당하는 유형이다. 여기서 수업 전반에 대한 책임은 외부 강사가 아닌, 원래 수업을 담당한 교수에게 있다.

팀티칭 수업 준비

팀티칭 수업방법을 활용하고자 하는 교수는 다음의 사항을 숙지하고 수업 준비를 해야 한다.

학습목표를 명확하게 한다

학생들에게 적용되는 팀티칭 수업은 많은 노력과 준비가 요구되는 수업방법이다. 왜 팀티칭 수업을 해야 하며, 학습목표는 무엇인지를 명확하게 한다.

수업내용을 결정한다

팀티칭 수업을 통해 가르칠 수업내용을 결정한다.

교수 간 역할분담을 명확하게 하고 기록해 둔다

대집단 학습은 누가 담당하며, 소집단 학습 시 교수들 각자가 담당하게 되는 분야는 어느 분야이며, 각자의 역할이 무엇인지를 명확하게 해둔다. 또한, 학기가 진행되는 도중에 자신의 역할을 잊을 수도 있으므로 회의록이나 수첩 등에 담당한 역할들을 기록해 두는 것이 좋다.

교수들 간에 협력하는 자세를 갖는다

팀티칭 수업은 특히 교수들 간의 팀워크를 중요시하는 수업방법이다. 교수들 간에 호흡이 잘 맞지 않는 경우, 그 불이익은 모두 학생들에게 간다는 것을 명심하고 대(大)를 위해 소(小)를 버리는 자세로 팀티칭 수업을 준비하고 진행해 나가야 한다.

어떠한 방법으로 소집단을 구성할 것인지를 결정한다

학습수준이 비슷한 학생들끼리 소집단을 구성할 것인지, 학습수준이 상이한 학생들끼리 소집단을 구성할 것인지, 또는 학생들의 희망에 따라 소집단을 구성할 것인지를 결정한다.

어떤 형태의 개인학습을 할 것인지를 결정한다

개인학습 시 학생들이 취하게 되는 학습방법이 자율학습인지 또는 협동학습인지, 실험 · 실습인지 사전에 정해 두어야 한다.

시간배당을 한다

대집단 학습활동, 소집단 학습활동, 개인 학습활동의 시간배당을 결정한다.

평가방법 및 평가준거를 준비한다

학생들에게 어떤 방식으로, 그리고 어떤 준거로 평가할 것인지 사전에 준비한다.

팀티칭 수업진행

팀티칭 수업은 다른 수업방법과는 달리 여러 명의 교수가 함께 진행하는 수업이므로 무엇보다도 교수들 간의 협력이 필요하다. 팀티칭 수업은 대집단 학습 → 소집단 학습 → 개인학습의 순으로 진행된다.

대집단 학습

대집단 학습은 강당과 같은 장소에 수십 명에서 수백 명에 이르는 학생들을 모아놓고 모든 학생이 알아야 할 공통된 주제를 소개하거나 기본 지식, 또는 배경자료 등을 전달해 주기 위한 단계다. 지도방법으로는 강의식으로 학생들에게 설명해 줄 수도 있으며, 유인물이나 영상물 상영과 같은 보조자료를 활용할 수도 있다.

이때 교과목 목표가 무엇이고, 수업이 어떻게 진행될 것이며, 평가방법과 준거가 어떤 것이고, 주의사항이 어떤 것인지 등을 명확하게 제시해 줄 필요가 있다.

소집단 학습

팀티칭 수업은 대집단 학습이 끝나면 각 교수가 이끄는 소집단 학습으로 이어진다. 이때 학생들은 능동적으로 대집단 학습 때 들었던 내용을 토의하거나, 또는 학생 자신이 속한 소집단의 학습내용을 학습할 수도 있다.

개인학습

개인학습은 한 학생 또는 학생 집단이 어떤 주제나 특수한 관심 분야에 대해 보다 심화된 탐구를 하는 과정이다. 소집단 학습을 마무리한 학생에게는 좀 더 심도 있는 학습을 위해 학생 개인별로 수행할 수 있는 개인학습을 제시한다. 따라서, 교수는 학생들에게 그날의 수업내용에 관한 주제를 개인학습 주제로 제시할 수 있다.

팀티칭 수업진행 시 문제점과 해결방안

팀티칭 수업에서 가장 중요한 것은 교수들 간에 팀워크를 유지하는 것이다. 교수들 간에 협력하고 부족한 것을 서로 보완할 경우, 팀티칭 수업은 원활하게 이루어질 수 있을 것이다. 그 밖에 팀티칭 수업 시 나타날 수 있는 문제점과 해결방안은 다음과 같다.

팀티칭 수업에서 분류되는 소집단 학습 분야 간 관련성이 명확하지 않은 경우

주로 소집단 학습으로 팀티칭 수업이 이루어지는 경우, 소집단별로 분야가 명확하게 분리되므로 교과목 내의 각 분야별 연관성이 모호해질 수 있다. 따라서, 대집단 학습 시 분야별 연관성을 명확하게 해 줄 필요가 있다. 그렇지 않으면, 학생들은 단지 여러 개의 세미나를 듣는 꼴이 되어 버리며, 전체적인 내용에 대한 종합이 어렵다.

교수들 간에 평가기준이 다른 경우

소집단 학습을 담당하는 교수들마다 평가기준이 다른 경우, 학생들은 많은 혼란을 겪게 된다. 예를 들어, A 교수는 출석을 성적에 전혀 반영하지 않는 대신 보고서 점수의 비율이 높은 반면, B 교수는 출석반영 비율이 높은 대신 보고서 점수를 성적에 반영하지 않는 경우다. 따라서, 학생들이 혼란을 겪지 않도록 사전에 교수들끼리 평가기준을 어느 정도 맞출 필요가 있다.

교수가 서로 자신이 담당하는 분야가 우월하다고 주장하는 경우

교수들 중에는 자신의 학문에 대한 애착이 지나쳐 다른 학문영역이나 분야를 경시하는 실수를 범하는 경우가 종종 있다. 더 나아가 수업 중에 학생들에게 동료 교수의 험담을 하는 해프닝이 일어나기도 하는데, 이러한 행위는 오히려 자신에게 마이너스가 된다는 것을 명심하고 자제해야 한다.

10
실험 · 실습 수업

실험은 새로운 사실을 발견하거나 어떤 가설을 검증하기 위한 활동이며, 실습은 이론적으로 학습한 내용을 실제로 실행해 봄으로써 기능을 숙달하는 활동이다. 따라서, 실험 · 실습 수업이란 수업시간에 실험 · 실습을 통하여 이미 알려진 지식을 객관적으로 예증하거나 기능을 숙달하기 위한 수업방법이다.

대학 교수 대부분이 실험 · 실습 수업의 중요성을 이론수업에 비해 낮게 생각하는 경향이 있다. 이는 짧은 시간 동안에 너무 많은 수업내용을 전달해야 하는 부담과 함께 실험 · 실습 수업의 진행방법에 대한 이해 부족, 실험 · 실습을 위한 기자재 및 시설의 부족에서 오는 경우가 많다. 이러한 현상으로 인해서 대체적으로 대학에서 이루어지는 실험 · 실습 수업은 체계화되지 못한 형식적인 수업이 되거나, 실험 · 실습 수업시간을 이론수업으로 대체하는 경우가 발생하기도 한다. 또한, 이론수업과 실험 · 실습 수업의 연계 없이 별도로 진행되는 경우가 많아 기초 원리를 모르고 기능만 숙달시키는 오류를 범하기 쉽다.

실험 · 실습 수업은 이론 수업을 통해 얻은 지식이나 이론을 실제로 증명해 보이거나 몸에 익히도록 함으로써 학생들의 자기주도적 학습능력과 문제해결능력을 향상시키는 데 매우 효과적인 방법이다. 즉, 학생들 스스로 문제를 해결해 나가는 과정에서 자신감을 촉진시키고, 추상적인 이론이나 지식을 현장감 있는 지식으로 전환시켜 주는 데 효과적이다. 또한, 실험 · 실습 수업은 학생들이 수업을 통해 배운 지식을 얼마나 활용할 수 있는지에 대한 객관적인 정보를 교수에게 제공해 주기도 한다.

그러나 실험 · 실습 수업은 수업을 위한 재료, 장비, 공간, 시간의 확보와 교수의 재료와 장비 활용능력이 요구된다. 또한, 조별 실험 · 실습을 진행하는 경우, 일부 학생들에 의해 수업이 이루어지는 경우가 많으며, 학생의 수가 많을수록 효과적인 수업이 어려운 경우가 많다. 따라서, 실험 · 실습 수업을 진행하는 경우에는 표 4-12와 같은 실험 · 실습 수업의 장단점을 충분히 파악해야 한다.

표 4-12 실험 · 실습 수업의 장단점

장점	단점
• 심리운동적 기능을 향상시키는 데 바람직하다 • 학생들이 자기주도적 학습능력이나 문제해결능력을 신장시키는 데 바람직하다 • 학생들의 자신감을 자극하며, 직업현장과 직접 관련된 기술을 향상하도록 도와준다 • 교수는 학생들이 배운 것을 실제로 이해하고 있는지 알 수 있다 • 추상적인 이론을 실제 실험 · 실습을 통해 습득할 수 있다	• 강의식 수업에 비해 많은 시간이 소요된다 • 교수에게 높은 수준의 기술을 요구한다 • 수업을 진행하기 위해 재료나 장비, 공간 등이 필요하며, 이러한 것들이 준비되지 못한 경우 수업을 진행할 수 없다 • 실험 · 실습을 준비하는 데 많은 시간이 필요하다 • 조별 과제를 수행하는 경우, 일부 우수한 학생들에 의해서만 수업이 이루어질 수 있다 • 대규모 집단을 대상으로 하는 수업에는 적용하기가 어렵다

실험 · 실습 수업 준비

실험 · 실습 수업을 효과적으로 진행하기 위해서는, 우선 실험 · 실습을 위한 재료, 장비, 공간(실험 또는 실습실)을 준비해야 하며, 정해진 시간 내에 실험 · 실습 수업의 학습목표를 달성할 수 있도록 수업 계획을 구체적으로 세워야 한다. 또한, 학생들이 실험 · 실습을 효과적으로 할 수 있도록 교수 및 조교의 시범이 요구되기 때문에, 교수는 재료 및 장비를 능숙하게 다룰 수 있어야 할 뿐만 아니라, 실험 · 실습 과정 중 나타날 수 있는 여러 문제 상황을 해결할 수 있는 능력도 필요하다. 실험 · 실습 수업을 위해서 교수는 다음과 같은 사항을 고려하여 준비해 두어야 한다.

실험 · 실습의 학습목표를 설정한다

학생들이 실험 · 실습 수업을 통해 어떠한 이론이나 지식을 증명하거나 기능을 숙달해야 하는지를 결정한다.

학습목표 달성을 위한 실험 · 실습 순서를 정한다

실험 · 실습 수업이 효과적으로 이루어지기 위해서는 사전에 수업이 진행되는 순서를 미리 결정해야 한다. 실험 · 실습 수업은 대체적으로 조별 활동이 수반되기 때문에, 수업의 순서가 정해지지 않으면 혼란스러운 분위기로 흐를 수 있다.

실험 · 실습 지시서를 작성한다

학생들의 수업활동을 위한 지시서를 준비해야 한다. 실험 · 실습 지시서는 교수가 수업의 순서를 계획적으로 운영할 수 있도록 해 주며, 학생들에게는 안내서의 역할을 한다. 이를 위해 지시서에는 실험 · 실습내용, 재료, 절차, 주의사항 등을 기록한다.

시설, 재료, 장비를 준비한다

학생들이 성공적인 실험 · 실습을 하기 위해서는 실험 · 실습을 행하는 데 필요한 시설, 재료, 장비가 모두 갖추어져 있어야 한다. 이를 위해 너무 오래되어 실제 현장에서 사용하지 않는 장비는 새로운 것으로 대체하고, 장비의 손실 및 파손을 막기 위해 유지 · 보수 · 관리가 이루어져야 한다. 또한, 실험 · 실습은 안전성이 중요하기 때문에 실험 · 실습 시설 내에 위험요소는 없는지 항시 확인해야 하며, 쾌적한 환경에서 실험 · 실습이 이루어질 수 있도록 관리하는 것이 중요하다.

실험 · 실습 수업이 이루어지기 전에 교수는 직접 또는 조교를 시켜서 실험 · 실습을 해 본다

실험 · 실습의 순서를 구두설명만으로 하기는 어렵다. 따라서, 교수 또는 조교는 수업 전에 실제 실험 · 실습 순서에 따라 연습해 봄으로써 실제 수업이 원활하게 진행되도록 해야 하며, 수업 중 나타날 수 있는 문제가 무엇인지 미리 파악해 두어야 한다.

실험 · 실습 수업 실제

실험 · 실습 수업은 강의식 수업이나 토의식 수업에 비해 모든 학생을 동시에 통제하기가 어렵다. 그리고 많은 교수들이 실험 · 실습 수업은 장비나 재료, 지시서 등을 나누어 주기만 하면 학생들이 알아서 하는 것으로 잘못 인식하고 있는 경우가 있다. 그러나 실제 실험 · 실습 수업은 진행과정에서도 높은 수준의 교수능력이 요구된다.

도입 단계

실험 · 실습 수업에서는 학생들이 산만해지기 쉽기 때문에 학생들의 주의를 집중시키고, 실험 · 실습을 통해서 달성할 학습목표를 명확하게 제시해야 한다. 그리고 실험 · 실습을 실시하기 전에 학생들을 안내하기 위한 실험 · 실습 지시서를 제시하여 실험내용과 순서를 숙지하도록 한다. 또한, 실험 · 실습이 안전하게 진행되기 위해 주의해서 다루어야 할 도구, 장비, 약품에 대한 사전교육을 실시해야 한다.

전개 단계

교수는 실험 · 실습 진행 중에 지속적으로 학생들에게 잘된 점을 칭찬하고, 향상 정도를 알려 주며, 특별한 노력을 인정해 주는 등의 방법으로 학생에게 학습의욕을 갖게 해 주어야 한다. 학생들 중에는 실험 · 실습의 완성을 통해 자아성취를 느끼는 경우가 많으므로 칭찬을 자주 해 주는 것이 좋다. 또한, 수업 중 발생할 수 있는 실수나 혼동을 줄이기 위해 실험 · 실습 도중이나 실험 · 실습 전후에 학생들이 질문을 할 수 있도록 분위기를 조성해야 한다. 무엇보다 주의할 것은, 학생들이 비록 뛰어난 능력을 가지고 있다 하더라도 작업을 학생들끼리만 하도록 해서는 안 된다는 것이다. 교수는 학생들 사이를 순회하면서 필요에 따라 충고, 제시, 수정을 해 주고 도와주며 일깨워 줄 필요가 있다.

그리고 조별(또는 개인별)로 학습능력에 차이가 있어 실험 · 실습을 끝내는 시간이 일치하지 않는 경우가 많다. 이러한 경우, 먼저 끝난 조나 개인은 오히려 수업을 방해할 수 있으므로 실험 · 실습 작업을 성공적으로 일찍 완수한 학생집단에게 토론을 하게 하거나 보고서를 작성하도록 하여 다른 학생의 수업에 방해가 되지 않도록 한다.

마무리 단계

실험 · 실습을 성공적으로 끝낸 학생이 있으면 다른 학생을 도울 수 있도록 지도한다. 그리고 학생들이 스스로 학습하고 실험작업에서 요구되는 양질의 작업을 해낼 수 있도록 하기 위하여, 교수는 학생들에게 그들의 학습에 대한 피드백을 제공하도록 한다. 또한, 유능한 학생에게는 더욱더 심화된 내용을 제시한다.

교수는 학생 개개인의 작업을 검토하고 실험 · 실습 결과에 대한 평가를 매 시간 하고 그 결과를 학생들에게 피드백해 준다.

실험 · 실습 수업 시 문제점과 해결방안

실험 · 실습 수업은 모든 학생을 동시에 통제하기 어렵고, 안전사고가 발생할 우려가 있기 때문에 학생들의 실험 · 실습 과정을 지속적으로 관찰하고 사고가 발생하지 않도록 주의를 기울여야 한다. 실험 · 실습 수업에서 나타날 수 있는 문제점과 개선방안은 다음과 같다.

실험 · 실습이 계획한 대로 진행이 되지 않는 경우

실험 · 실습을 위한 재료와 장비의 결손 또는 파손으로 인한 경우, 수업 준비에서 예상하지 못한 문제가 발생했을 경우, 그리고 학생들이 수업내용을 제대로 이해하지 못한 경우 실험 · 실습이 계획한 대로 진행되지 않을 수 있다. 이런 문제를 예방하기 위해 교수는 수업 전에 모든 실험 · 실습 재료 및 장비를 점검해야 하며, 사전연습을 통해 예상되는 문제를 미리 파악해 두어야 한다. 또한, 학생들의 실험 · 실습 과정을 지켜보면서 학생들이 어려워하거나 제대로 하지 못하는 부분을 수정해 주고 다시 한 번 자세한 설명을 해 주어야 한다.

학생들의 안전사고에 대한 주의가 부족한 경우

실험 · 실습 수업은 다른 수업방법과는 달리 위험요소가 많다. 이는 학생들이 실험 · 실습에 사용되는 재료나 장비를 다루는 법에 능숙하지 않거나, 학생들의 부주의 또는 실험 · 실습의 부적절한 환경에 의해 나타날 수 있다. 이를 예방하고 항상 실험 · 실습이 안전하게 이루어질 수 있도록 시설, 재료, 장비를 관리하는 것이 중요하다. 또한, 수업에 앞서 안전사고 예방교육을 철저히 해야 하며, 사고 발생 시 대처요령을 숙지시켜야 한다.

조별 작업에서 일부 학생에 의해서만 실험 · 실습이 진행되는 경우

실험 · 실습 수업은 조별 학생 수가 많을 경우 일부 학생에 의해서만 실험 · 실습이 이루어지고, 나머지 학생은 단지 관찰만 하거나 수업과 상관 없는 행동을 하는 경우가 많다. 이러한 경우, 교수는 참여가 저조한 학생이 실험 · 실습에 직접 참여할 수 있도록 지시 또는 주의를 주어야 한다. 또한, 학생들이 좀 더 적극적으로 수업에 참여하도록 하기 위하여 수업태도를 평가에 반영하는 방법도 사용할 수 있다.

11
시뮬레이션 수업

시뮬레이션 수업이란, 실제의 상황이나 그와 매우 유사한 사태를 인위적으로 만들고, 그 속에서 학습자의 능동적인 학습이 이루어지도록 하는 수업방법이다.

일반적으로 시뮬레이션 수업방법이라고 하면 조종사 훈련과정에서 이루어지는 모의비행이나 운전면허 취득을 위한 모의운전 등을 생각하기 쉬우며, 일반 대학에서는 이러한 시뮬레이션 수업이 투자한 비용이나 시간, 노력에 비해 효과가 별로 없을 것이라는 오판을 하기 쉽다. 그러나 시뮬레이션 수업을 제대로 알고 대학 수업에 적절하게 활용한다면, 효과적인 수업이 이루어질 수 있을 것이다. 예를 들어, 취업을 앞두고 있는 졸업반 학생들에게 모의면접을 실시한다거나, 심리학 수업에서 수강생들에게 부모와 사춘기 학생의 역할연기를 시킨다거나, 산업현장에서 고가의 장비를 다루게 될 공대생에게 모의장치 실습을 시키거나, 비서과 학생들에게 일반 회사의 사무실과 같은 환경에서 사례연구를 시키거나, 수업에 흥미가 없는 학생들에게 수업내용과 관련된 놀이학습을 시키는 방법 등은 기대 이상의 효과를 가져올 수 있다.

시뮬레이션 수업은 강의식 수업이나 토의식 수업에서 결핍되기 쉬운 현실성을 불어넣어 주며, 실제 현장과 거의 같은 여건에서 수업이 이루어지므로 학생들의 실패에 대한 두려움을 최소한으로 줄일 수 있다. 또한, 실제 현장에서 수행하는 것보다 싼 비용으로 사실적인 경험을 해볼 수 있으며, 실제로는 장시간이 요구되는 과정을 단시간에 경험할 수도 있다.

시뮬레이션 수업은 학생들의 흥미를 유도할 수 있으므로 다른 교육적 방법보다 학생들을 더욱 적극적으로 참여하도록 유도할 수 있다. 그리고 의사소통 및 의사결정 연습의 기회를 제공해 주며, 학생 상호간의 설득력과 친숙도를 증가시킨다. 또한, 시뮬레이션 수업은 현실 세계에 대한 간접적인 경험을 통하여 실제적인 문제해결능력과 의사결정능력을 향상시킬 수 있다.

그러나 시뮬레이션 수업은 체계적인 계획을 수립하지 않거나 준비가 부족한 경우 시간, 노력, 경비 등이 낭비될 수 있다. 또한, 실제 세계를 단순화하기가 어렵기 때문에 수업내용에 가치 있는 학문 경험을 포함시키기가 어렵다. 그리고 수업을 준비하는 데 시간과 노력이 요구되며, 수업진행 시 산만한 학습 분위기를 형성할 수도 있다(표 4-13 참조).

표 4-13 시뮬레이션 수업의 장단점

장점	단점
• 수업에 현실성을 불어넣어 준다 • 낮은 비용으로 학생들은 사실적인 경험을 해 볼 수 있다 • 학생들의 흥미를 유도할 수 있다 • 의사소통 및 의사결정 연습의 기회를 제공해 준다 • 학생 상호간의 설득력과 친숙도를 증가시킨다 • 문제해결능력과 의사결정능력을 향상시킨다	• 준비가 부족하면 시간, 노력, 경비 등이 낭비될 수 있다 • 실제 세계를 단순화하기 어렵다 • 산만한 학습 분위기를 형성할 수도 있다

다양한 시뮬레이션 수업

시뮬레이션 수업 유형에는 놀이학습, 사례연구, 역할연기, 모의장치 실습, 컴퓨터 시뮬레이션 등 다양한 방법이 있다.

놀이학습

놀이학습은 학생들이 구체적인 사물을 직접 조작하는 활동을 통하여 어떤 사실이나 개념을 얻는 수업방법이다. 놀이학습의 목적은, 마치 놀이처럼 학습과정 안에 협동과 경쟁을 혼합하는 것이다. 놀이는 많은 학생의 참가를 자극하고 유도한다. 예전에는 놀이학습이 교수(teaching)를 위한 목적으로 사용되지 않았으나, 최근에는 흥미뿐만 아니라 경쟁심, 승부욕 등을 유발시키는 특징으로 인해 학습방법으로의 놀이학습의 가치가 긍정적으로 인정되고 있다.

놀이학습은 학생들의 흥미를 유발시킬 수 있으며, 즉각적인 피드백이 제공될 수 있고, 적극적인 참여를 가능케 한다.

사례연구

사례연구는 사실적으로 묘사된 문제 상황을 제시해 주고 학생들이 문제와 직접 관련된 입장에서 문제를 고려하고 해결하도록 하는 수업방법이다. 제시되는 사례는 학생들의 흥미를 유발하며, 해결할 만한 가치가 있고, 호소력이 있어야 하며, 학생들에게 친숙한 것이고, 주의를 끌기에 충분할 만큼 흥미롭게 진술되어야 하며, 학생들의 이해 수준에 적합한 언어로 표현되어야 한다.

역할연기

역할연기는 연출자가 주어진 상황에서 연습 없이 그 역할을 연출함으로써 그들 자신이나 참관자에게 그 상황을 명확하게 제시하려는데 목적이 있다. 이러한 목적을 성취하기 위하여 역할의 연출은 상황적 사실과 밀접한 유사성을 유지해야 하지만, 연출자로 하여금 자유롭고 자발적으로 반응하도록 해야 한다.

모의장치 실습

대학에서는 장소, 비용 문제나 위험성 때문에 실습장에 실제적인 장비를 설치하는 것이 불가능할 때가 많다. 이런 경우, 모의장치를 통하여 최선의 간접 경험을 얻을 수 있다. 모의장치를 설계할 때에는 수행하려는 학습을 방해하지 않고, 그 조작이 실제 생활에서와 같은 방법으로 이루어질 수 있도록 해야 한다. 이때 실습을 할 때 중요하지 않은 기능의 수행은 생략하는 것이 좋다.

컴퓨터 시뮬레이션

컴퓨터 시뮬레이션은 시뮬레이션 유형 중 가장 정교하고 복잡한 형태로 컴퓨터를 통하여 실제 상황을 모방한 가상환경을 설정해서 참가자가 조건을 선택하면 그에 따라 상황이 전개되도록 하는 수업방법이다. 현재 대학 수업에서는 컴퓨터를 활용한 수업이 보편화되어 있으며, 실제로 할 수 없는 실험이나 실습을 컴퓨터 시뮬레이션을 이용하여 수행할 수도 있다.

시뮬레이션 수업 준비

모든 수업이 그렇지만, 시뮬레이션 수업은 특히 철저한 수업 준비가 요구된다. 이는 시뮬레이션 수업의 단점에서도 언급되었듯이, 준비가 부족하면 수업이 산만해질 수 있기 때문이다. 따라서, 시뮬레이션 수업방법을 활용할 때에는 다음의 사항을 숙지하고 수업 준비를 하여야 한다.

학습주제를 사전에 명확하게 해 둔다

시뮬레이션으로 실시할 학습주제는 학기 초부터 교과목의 내용과 시간 계획에 따라 사전에 구상되어야 한다. 또한, 전체 교과목의 내용 중 시뮬레이션 수업이 효과적인 단원을 선정하여 사전에 준비하는 것이 바람직하다.

적용 단계를 결정한다

수업의 시작부터 끝까지 시뮬레이션 수업을 진행할 수도 있으나, 다른 수업방법과 함께 활용될 수도 있다. 학생들의 학습동기 유발을 위해 수업의 도입 단계에서 활용될 수도 있으며, 학생들의 이해를 돕기 위해 전개 단계에서 활용될 수도 있고, 학습한 내용을 확인하기 위해 마무리 단계에서 활용될 수도 있다. 그러므로 어느 단계에서 시뮬레이션 수업을 적용할 것인지를 결정한다.

학생활동을 준비한다

시나리오 작성, 역할 분담, 활동순서 결정, 필요한 도구와 자료 준비, 활동장소 확인, 참가자가 지켜야 할 규칙 등을 수업 전에 미리 준비한다.

시뮬레이션 수업 실제

앞에서 언급하였듯이 시뮬레이션 수업에는 다양한 수업 유형이 있으며, 그중에서 특별한 준비물 없이도 쉽게 할 수 있는 역할연기 수업을 예로 시뮬레이션 수업의 실제를 설명하고자 한다.

역할연기 준비 단계

준비 단계는 학생들을 문제 상황에 익숙하게 함으로써 그 상황 처리에 대해 미리 준비시키는 단계다. 예를 들어, 비서학과에서 역할연기 수업을 실시하는 경우, 학생들에게 '무역회사 사무실에 신입사원으로서 근무하고 있는 중, 갑자기 외국인이 회사를 방문하여 사장님과의 면담을 영어로 신청해 온 경우'라는 상황을 제시하고, 학생들로 하여금 이러한 상황이나 문제를 파악하도록 한다.

다음으로, 학생들에게 역할연기 기법을 소개하고, 각자의 역할을 결정한다. 즉, 신입사원, 외국인, 사장 등의 역할 연기자를 결정한다. 이때 자발적인 참여자를 먼저 지명하고, 각 역할에 적합한 참여자를 선발한다. 참여자에게 그 문제와 그들이 취할 입장을 생각할 준비시간(10~15분)을 주고, 예행연습을 시킨다.

또한, 참여자들이 편안한 마음으로 역할연기를 할 수 있도록 환경을 만들어 주어야 한다. 현실감을 높이기 위해 필요하다면 역할연기에 필요한 소품을 준비하도록 한다.

관찰자들에게는 역할연기가 끝난 뒤 각각의 역할들이 어떻게 해석되고 표현되었는가에 대해 토의가 이루어질 것이라는 것을 사전에 알려 줌으로써 소극적 관찰자가 아닌 적극적 관찰자가 되도록 한다.

실시 단계

실시 단계에서는 참여자가 그들의 배역을 충분히 표현할 수 있을 때까지 역할연기를 진행시킨다. 참여자들이 역할연기를 하는 동안 다른 학생들은 관찰자가 된다. 이때 관찰자들로 하여금 참여자들의 역할연기를 단순히 관찰하게 할 수도 있으며, 또는 평가자로서 동료평가를 하도록 할 수도 있다.

학생들의 역할연기 수행 중 교수는 수업 분위기가 산만해지지 않도록 각별히 신경을 써야 하며, 참여자나 관찰자 모두 역할연기에 몰입할 수 있도록 분위기를 조성해야 한다.

교수는 역할연기 지도 시 다음 사항을 주의해야 한다.

- 역할연기 학습 상황과 동일한 문제를 지니고 있는 학생을 연기시키지 않도록 한다.
- 학생들을 당황하게 할 수 있는 상황을 설정하지 않는다.
- 학생들이 역할을 묘사할 때 과장된 연기를 하지 않도록 한다.

수업 결과에 대한 논의 단계

논의 단계는 역할연기의 추수활동으로서 그에 대한 토론을 주의 깊게 지도하는 단계다. 이를 위해 교수는 참여자들에게 역할연기를 수행하면서 느낀 점, 특정한 상황에서 왜 그렇게 연기했었는지를 참가자들에게 물어본다. 그리고 같은 질문을 관찰자들에게도 물어본다. 역할연기를 통해 무엇을 배웠으며, 실제 생활에서 그들이 해내야 할 행동과 역할연기가 어떻게 연관되었는지를 물어본다. 마지막으로 학생들에게 학습 경험을 요약하도록 한다.

시뮬레이션 수업 시 문제점과 해결방안

시뮬레이션 수업에서 나타날 수 있는 문제점과 해결방안은 다음과 같다.

충분한 노력, 시간, 비용을 투자했는데도 제대로 진행되지 못한 경우

학생들의 수준이 고려되었는지를 생각해 봐야 한다. 아무리 시뮬레이션 준비가 잘 되었다고 해도 학생들의 수준에 맞지 않으면 수업이 원활하게 진행될 수 없다. 예를 들어, 학생들의 태도가 소극적이고 학습의욕이 없는데 수업시간 전체를 시뮬레이션 수업으로 진행하기는 쉽지 않다. 이런 학생들에게는 다른 수업방법의 일부로서 시뮬레이션 수업을 도입하는 것이 바람직하다.

시뮬레이션 수업을 열심히 했으나 끝나고 나면 남는 것이 없다고 느끼는 학생들이 있는 경우

시뮬레이션 수업은 학생들의 역동적인 활동을 요구하기 때문에 학생들이 몰입하기 쉬운 수업방법이다. 그러나 막상 수업을 마치고 나면 무엇을, 왜 했는지 모르는 경우가 있다. 따라서, 시뮬레이션 수업을 마친 다음에는 반드시 수업 결과에 대한 논의를 하여 학생들 스스로 수업을 정리할 수 있도록 한다.

학생들이 시뮬레이션 수업에 소극적으로 임할 때

교수의 역할이 중요한데, 교수가 지나치게 '지시자'의 역할을 수행하는 경우, 학생들은 위축되어 역할연기를 자연스럽게 할 수 없게 된다. 반대로, 학생들에게 진행을 전적으로 맡기는 경우, 수업이 산만해질 수 있다. 따라서, 교수는 전통적인 '가르치는 자'의 역할에서 벗어나 지배적 역할이 적은 '안내자'나 '촉매자'의 역할을 수행하도록 한다.

5장

보충 및 심화 학습 지도

최근 대학에서의 학생 특성은 학령기 학생부터 성인학생까지 점차 다양해지고 있으며, 개인이 보유한 학습수준도 그 격차가 심해지고 있다. 이처럼 개인 학습능력과 선행학습 수준이 천차만별인 학생의 특성을 고려하지 않고 수업을 진행할 경우 여러 문제점을 야기할 수 있다.

따라서 대학에서도 각 학생들의 특성에 맞춰 독립적인 목표를 주는 직업기초능력 지도, 자기주도학습 지도, 개별화 학습 지도, 수준별 학생 지도, 자격증 취득 지도가 필요하다. 이처럼 수업 외 보충, 심화 학습을 통해 학생은 학습목표에 효과적으로 도달할 수 있으며, 졸업 이후에도 다양한 능력을 갖춘 인재로 성장할 수 있을 것이다.

01
직업기초능력 지도

최근 대학생들 사이에서는 취업 문제가 화두가 되고 있다. 많은 학생은 전공을 선택할 때부터 취업이 잘 되는 학과를 선택하고 있고, 취업 준비와 거리가 있는 경우 전공 공부와 별도로 취업을 위한 다양한 스펙쌓기에 열을 올리는 실정이다.

그러나 정작 기업에서는 높은 수준의 영어성적 등 고스펙의 인재보다는 일을 하고자 하는 열정, 기본자세 등을 갖춘 사람을 선호하고 있으며, 이러한 사람이 입사 후 자신의 역량을 충분히 발휘하고 있다. 직무수행능력이 우수하더라도 직업기초능력이 부족하여 조직에 적응하지 못하고 직무성과도 낮은 사례가 빈번하다. 그래서 기업들은 인재상에 부합하고 일할 준비가 되어 있는 기본자세를 갖춘 사람을 채용하고 있다.

이에 따라 대학에서도 신입생 모집뿐만 아니라 졸업 후 취업을 지원하기 위해 다양한 노력을 기울이고 있다. 특히 교수들의 관심이 상대적으로 부족했던 직업기초능력에 대한 지도에 관심을 기울이고 있다.

직업기초능력의 중요성을 알아보고 학생들의 직업기초능력 수준을 어떻게 파악할 수 있는지, 직업기초능력 수준의 함양 과정과 지원방안을 탐색하며 자신의 담당교과목을 통해서 직업기초능력을 지도할 수 있는 방법을 알아볼 필요가 있다.

취업에서 직업기초능력이 중요하다

취업과정에서 직업기초능력이 중요하게 고려되고 있다. 실제로 직업인의 우수한 직무성과는 직무수행능력뿐만 아니라 요구되는 직업기초능력에 영향을 받는다. 이러한 직업기초능력은 특정 직업이나 직무의 특성에 따라 요구되는 세부능력은 차이가 있을 수 있고, 실제적으로 요구되는 수준도 차이가 있을 수 있다.

그러나 일반적으로 직업기초능력은 직종과 직위에 관계 없이 직업인으로서 최소한의 수준에서 공통적으로 지녀야 할 기본적인 능력을 의미한다. 직업기초능력 표준에 근거한 열 가지 능력, 즉 의사소통능력, 수리능력, 문제해결능력, 자기개발능력, 자원관리능력, 대인관계능력, 정보능력, 기술능력, 조직이해능력, 직업윤리의 요구수준과 범위는 표 5-1과 같다. 단, 이러한 구분은 개념적으로는 명확하게 구분될 수 있으나, 직업생활에서 직무를 수행할 때는 복합적으로 적용되어 구분이 용이하지 않다.

한편, 채용기관에서는 인재채용 시 원하는 인재상에 부합하거나 핵심역량을 중점적으로 고려해 왔다. 여기서 핵심역량은 고성과자가 지니고 있는 능력이나 특성을 의미한다. 따라서 핵심역량은 직업기초능력과 포함되는 세부능력은 같지만 요구수준에는 차이가 있다.

그러나 채용기관에서 신입사원을 채용할 때 우수한 경력사원들이 지니고 있는 핵심역량 수준을 적용하고 있다. 이로 인해 점점 입사경쟁이 심화되는 상황에서 대학생들은 취업 후 업무를 통해 습득해야 할 핵심역량까지 취업 준비 단계에서 갖추어야 하는 어려움이 있어, 불필요한 스펙쌓기 경쟁까지 이르게 되었다.

채용기관의 입장에서는 직무수행능력은 해당 기관만이 가지고 있

표 5-1 직업기초능력의 요구수준 및 범위

직업기초능력	요구수준	범위
의사소통능력	문서를 읽거나 상대방의 말을 듣고 의미를 파악하고, 자신의 의사를 정확하게 표현하고, 간단한 외국어 자료를 읽거나 외국인의 간단한 의사표시를 이해하는 수준	읽기, 쓰기, 듣기, 말하기, 비언어적 표현력, 외국어 읽기 능력
수리능력	사칙연산과 기초적인 통계방법을 이해하고, 도표의 의미를 파악하거나 도표를 이용해서 결과를 효과적으로 제시하는 수준	사칙연산 이해능력, 통계와 확률에 대한 계산능력, 도표 활용능력
문제해결능력	문제 상황이 발생했을 경우, 창조적이고 논리적인 사고를 통하여 이를 올바르게 인식하고 적절하게 해결하는 수준	사고력, 문제인식능력, 대안 선택능력, 대안적용능력, 대안평가능력
자기개발능력	자신의 능력, 적성, 특성 등을 이해하고, 목표성취를 위해 스스로 관리하며 개발해 나가는 수준	자기관리능력, 자부심, 진로개발능력, 건전한 직업가치관
자원관리능력	시간, 예산, 물적 자원, 인적 자원 등의 자원 가운데 무엇이 얼마나 필요한지를 확인하고, 이용 가능한 자원을 최대한 수집하여 실제 업무에 어떻게 활용할 것인지를 계획하고, 계획대로 업무 수행에 이를 할당하는 수준	자원확인능력, 자원조직능력, 자원계획능력, 자원할당능력
대인관계능력	협조적인 관계를 유지하고 조직구성원들에게 도움을 줄 수 있으며, 조직 내부 및 외부의 갈등을 원만히 해결하고 고객의 요구를 충족시켜줄 수 있는 수준	협동능력, 리더십, 갈등관리 능력, 협상능력, 고객서비스 능력
정보능력	필요한 정보를 수집, 분석, 활용하고, 이를 위한 기본적인 컴퓨터를 활용하는 수준	정보수집, 정보분석, 정보조직, 정보관리, 정보활용, 컴퓨터 사용능력
기술능력	일상적으로 요구되는 수단, 도구, 조작 등에 관한 기술적인 요소들을 이해하고, 적절한 기술을 선택하며 적용하는 수준	기술이해능력, 기술선택능력, 기술적용능력
조직이해능력	국제적인 동향을 포함하여 조직의 체제와 경영에 대해 이해하는 수준	국제감각, 체제이해능력, 경영이해능력, 업무이해능력
직업윤리	원만한 직업생활을 위해 필요한 태도, 매너, 올바른 직업관을 갖추고 있는 수준	기업가 윤리, 정보보안

는 고유한 업무 영역에서 필요한 지식이나 기술이기 때문에, 이미 채용 후 단기간의 연수나 교육 등을 통해 습득이 가능하다. 그러나 직업기초능력은 이러한 직무수행능력을 습득하고 발휘하기 이전에 달성해야 하는 기본적인 능력이므로 대학에서 철저히 준비할 필요가 있다.

한편, 이미 대학생들은 초 · 중 · 고등학교를 거치면서 직업기초능력에 해당하는 능력을 배워 왔다. 예를 들어 국어, 영어 등 과목을 통한 의사소통능력, 수학을 통한 수리능력 등을 배웠다. 그러나 이러한 능력을 개념적이고 지식적으로 배워 왔다. 그래서 각각의 능력에 대한 평가는 우수하더라도 실제 직업인으로서의 직업생활에서는 발휘되지 못하는 경우가 흔하다. 따라서 취업 준비나 성공적인 직업생활을 위해서는 직무수행능력뿐만 아니라 직업기초능력을 키워야 한다.

직업기초능력 수준을 확인해야 한다

직업기초능력을 함양하기 위해서는 우선 학생들로 하여금 자신의 직업기초능력 수준을 확인하게 할 필요가 있다. 그런데 학생이 갖고자 하는 직업이 있거나 취업하고자 하는 기관이 있을 경우, 이에 필요한 직업기초능력과 그 수준을 확인해야 한다. 예를 들어 동일한 직업기초능력 중 외국어능력의 경우, 어떠한 직업을 선택하느냐에 따라 필요한 세부내용이나 수준에 차이가 있을 수 있다. 즉, 일반 사무직의 경우, 간단한 회화나 문장 해석 수준이면 충분하지만, 연구자의 경우 상대적으로 높은 수준의 직업기초능력을 필요로 한다.

따라서 필요한 직업기초능력 확인은 개인이 취업하고자 하는 직업, 직종 및 해당 취업기관을 중심으로 파악하는 것이 중요하다. 장차 취업하고자 하는 기관 홈페이지에 제시된 인재상이나 채용기준, 국가직무능력표준, 공공기관의 경우 직업기초능력 평가에 대한 안내, 기타 직업에 대한 안내 정보 등을 참고할 수 있다. 또한 현재 해당 직업에 종사하고 있는 전문가와의 인터뷰 등을 통해서도 직업기초능력에 대한 정보를 얻을 수 있다.

자신이 취업하고자 하는 분야의 직업기초능력을 파악하고 이에 대한 자신의 수준을 판단하는 방법은 다양하다. 학생 스스로 파악한 정보와 수준을 바탕으로 자가진단을 하거나, 각종 공인된 시험, 표준화된 검사 등을 활용할 수 있다.

최근에는 일부 대학에서는 표준화된 직업기초능력 시험을 제공하기도 한다. 또한, 일부 대학에서 활용하고 있는 졸업생 인증제 역시 직업기초능력을 확인하는 방법 중 하나다.

직업기초능력 수준을 확인할 때 유의해야 할 점은 관심 직업 분야에서 요구되는 세부 직업기초능력에 대해 일정 수준 이상을 충족하였는지 여부다. 과거에는 특정 직업기초능력의 점수만을 기준으로 하여 고득점일수록 유리하도록 적용해 왔다(예: 영어성적). 그러나 최근에는 직업에서 필요한 직업기초능력에 대해 설정한 커트라인을 넘으면 직무수행능력으로 채용하는 방식이 도입되고 있다. 따라서 특정 직업기초능력에 대해 무조건 높은 점수를 따야 하는 불필요한 스펙쌓기 문제가 해결될 것이다.

직업기초능력은 이렇게 키울 수 있다

직업기초능력은 실제 생활 속에서 체험을 통해 습득하는 것이 바람직하다. 단순히 직업기초능력이 무엇인지를 이해하는 수준으로는 충분하지가 않다. 알고 있는 지식과 기술을 조합하거나 자신만의 노하우, 태도 및 내적 특성을 개발하는 단계까지 이르러야 한다. 그렇기 때문에 직업세계와 괴리된 채 지식적으로나 학문적으로 가르치는 것은 적절하지 않다. 선진국에서는 일찍부터 학교교육과정에 직업세계나 실제적인 삶에서의 기초능력을 키우도록 반영하여 체계적으로 가르치고 있다.

개개인의 직업기초능력 수준이 다르고 실제 종사하고자 하는 직종이나 기관에서 요구하는 수준이 다르기 때문에 학생 맞춤형 직업기초능력 함양을 어떻게 도와주느냐 하는 것은 대학이나 교수의 관심사이기도 하다. 또한 개인마다 필요한 직업기초능력과 자신의 수준 차이를 일정기간 내에 어떻게 극복하느냐는 것은 취업 준비나 성공적인 직업생활에 있어 매우 중요한 문제다.

최근에 직업기초능력을 가르치는 노력이 이루어지고 있다. 대학의 경력개발센터 등을 통해 직업기초능력 향상프로그램을 제공하거나 직업기초능력에 관한 정규교과목(예: 직업생활과 직업기초능력)을 개설하기도 한다. 또한 국가 차원에서 직업기초능력에 관한 학습 모듈이 개발되어 제공되기도 한다.

이 밖에도 교수가 학생에게 일상적으로 생활습관이나 태도 등에 대해 당부하고 지적하는 것도 포함된다. 직업기초능력은 기본자세, 해당 직종의 가치체계, 직업에 대한 의식, 문화 등을 포함하기 때문에, 일상 대학생활에서의 지도 역시 직업기초능력을 키워 주는 것이다.

내 과목을 통해 가르칠 수 있다

직업기초능력을 과목에서 가르칠 때는 기존 수업시간 중간중간에 설명하는 방법, 수업내용을 분석하여 직업기초능력을 적용하는 방법, 별도의 교과목으로 개설하는 방법 등이 있다.

수업시간 중간중간에 설명할 때는 수업내용이 직업생활에서 어떻게 적용되는지를 설명하거나, 교수가 스스로 직업인으로서 롤모델을 보여주는 등의 방법이 있다. 예를 들어, 공학 수업에서 공식을 설명할 때 직업생활에서 수행해야 하는 문제를 예로 들어 제시하는 방법, 수업시간에 학생들의 태도 등을 교정하면서 직업생활에서 태도의 중요성을 가르치는 방법 등이 있다.

수업내용 분석을 통해 적용할 경우에는 담당교과와 직업기초능력의 관계를 파악해야 한다. 여기서 기존의 교수내용 중 직업기초능력과 관련된 내용이 있을 경우 이를 특별히 더 강조하고, 교육목표에 드러나지 않더라도 구체적으로 교수내용에 매칭되는 직업기초능력의 적용방안을 마련해 둔다. 평가계획의 수립에 있어서도 직업기초능력에 대한 평가를 포함하여 평가계획을 수립하되, 기존의 과제물 평가에서도 직업기초능력과 관련된 요소를 추가로 고려할 수 있는지 판단하여 재설정하는 방법을 고려할 수 있다.

별도의 교과목을 개설할 때는 기개발된 직업기초능력 교재를 활용하거나, 모듈화된 교재를 조합하여 하나의 교과목으로 개발할 수 있다. 이때는 학생들이 취업하고자 하는 직업을 분석하여 필요한 부분을 정선하여 과목으로 개발해야 한다.

02
자기주도학습 지도

자기주도학습이란 학습자가 학습에 흥미를 갖고 자발적으로 학습을 계획 · 준비하고 수행하는 학습을 말한다. 아무리 뛰어난 교수가 완벽한 환경에서 가르친다고 해도, 배우는 학생이 스스로 학습할 수 있는 능력이 없다면 아무 소용이 없을 것이다. 그러나 최근에는 부모의 지나친 과잉보호, 선택의 기회가 거의 주어지지 않았던 학창생활, 청소년들에게 만연한 의타심 등으로 인하여 스스로 알아서 공부하는 학생들의 자기주도학습 능력이 갈수록 떨어지고 있다. 반면에, 최근의 지식기반사회는 오히려 학습자 스스로 자신의 교육을 주도할 수 있는 능력을 요구하고 있으며, 자기주도학습은 평생교육의 기본이기도 하다.

학생들의 자기주도적 학습능력을 신장시키기 위해서는 다양한 구상이 필요하다.

스스로 생각하는 자세를 갖추게 한다

자주성을 길러주기 위해 졸업 후 어떤 직업을 선택해서, 언제쯤 결혼하고, 자녀 수는 어떻게 되며, 노후에는 어떻게 살겠다는 등의 자기 인생의 마스터플랜을 세우게 한다. 또, 이를 위해서는 졸업하기 전에 어떻게 준비해야 하며, 당장 이번 학기는 어떻게 해야 하며, 지금 듣고 있는 이 수업을 어떻게 공부해야 하는지를 종이에 기록해 보도록 한다.

학습에 임하는 태도를 지도한다

학습은 주체적인 행위라는 것을 자각시킨다. 스스로 문제를 해결했을 때 느끼는 즐거움을 알 수 있도록 한다. 즉, 학문을 하면서 얻는 '생각하는 즐거움과 깨닫는 기쁨'을 교수 자신의 경험담과 함께 이야기해 준다.

학습능력이 있는 학생에게는 스스로 공부할 수 있도록 부교재나 연습서를 소개한다. 또한, 일반 학생이나 기초학력이 부족한 학생들에게도 학생들 수준에 맞는 부교재나 연습서를 소개한다.

수업에 관한 다양한 구상을 한다

학생들의 동기 유발을 이끌어 낼 수 있는 이야기를 자주 해 준다. 예를 들어, 지금 배우고 있는 것이 사회에서 어떻게 사용되는지 등을 알려 준다. 그리고 학생들이 수업에 적극적으로 참여하고 스스로 학습할 수 있도록 다양한 수업진행을 한다. 예를 들어, 토의식 수업이나 문제해결식 수업과 같은 수업방법으로 수업을 하거나, 형식과제보다는 자유과제를 부여하는 식으로 다양한 수업진행을 시도한다.

이 밖에도 학생들의 자기주도학습을 위해 다음과 같은 전략을 활용한다.

- 학생들에게 질문을 자주 한다.
- 학생들이 학습에 대한 호기심을 갖게 하기 위해 설명을 의문문으로 끝낸다.
- 결론이나 정답을 바로 주지 않고, 학생들에게 생각해 볼 수 있는 시간

을 준 뒤, 학생들이 답을 유도해 낼 수 있도록 지도한다.

- 학생들로부터 질문을 받을 때 먼저 학생들이 어디까지 스스로 생각을 했는지 이야기하도록 한다.
- 수업에 학생들이 참여할 수 있도록 한다. 설명이 쉬운 부분은 학생들에게 설명하도록 시킨다.
- 증명을 중간까지만 하고, 나머지는 시간을 두고 학생들로 하여금 생각하게 한다.
- 수업 중에 학생들에게 문제를 풀게 한 뒤, 강의실 안을 돌아다니며 개개인의 질문에 답한다.
- 학생들에게 문제를 만들도록 한다. 연습문제를 푸는 것뿐만 아니라, 스스로 문제를 만들어보는 과제를 내고 평가에 포함한다.
- 수업의 마무리 단계에서 학습정리를 학생들에게 하도록 지시하고, 몇몇 학생에게 그것을 발표하게 한다.

시험에 대한 다양한 구상을 한다

자기주도적 학습능력을 가진 학생이 더 높은 성취를 할 수 있는 문제를 출제한다. 이를 위해 시험문제 출제 시 교재의 문제를 그대로 내지 않고 변형하여 출제한다. 그리고 한 가지 유형의 문항만으로 출제하지 않고 다양한 유형(진위형, 선다형, 단답형, 논술형 등)을 혼합하여 출제한다. 학생들이 이러한 시험을 대비하면서 자연스럽게 자기주도적 학습능력을 키울 수 있도록 한다.

과제에 대한 다양한 구상을 한다

다른 사람의 것이나 교과서를 베끼는 과제가 아닌, 학생들 스스로의 주관이 들어갈 수 있는 과제를 낸다. 문제를 풀게 하는 것뿐만 아니라, 즉시 피드백을 주어 학생들로 하여금 어디가 잘못 되었는지, 또는 어디가 잘 되었는지를 즉시 알 수 있도록 한다.

스터디그룹을 만들어 학생들끼리 주도적으로 공부하도록 한다

학생들끼리 서로 모르는 것을 가르쳐 주며 공부할 수 있는 스터디그룹을 만들도록 한다.

03
개별화 학습 지도

수업을 수강하기 위해 강의실에 모여 있는 학생들 중에는 교수의 도움을 거의 받지 않고 스스로 학습목표를 달성할 수 있는 학생이 있는 반면, 교수의 지도 없이는 아무것도 수행하지 못하는 학생이 있는 등 그 특성이 다양하다. 예전에는 교수들이 이러한 학생들의 개인차를 고려하지 않은 채 수업을 진행해 왔다. 그러나 최근에는 학생 개인을 형성하고 있는 신체적 · 정신적 요소들이 다른 것처럼 각 학생들의 개인적 목표, 학습능력, 학습 스타일 등이 각기 다르다는 사실을 인식하게 되었다.

개별화 학습 지도란 이와 같이 누구에게나 획일적으로 똑같은 교육을 실시하지 않고, 각 학생의 특성에 맞게 교육을 하여 그들이 독립된 한 개인으로서 자신의 목표를 성취할 수 있도록 지도하는 것을 말한다. 유의해야 할 것은, 개별화 학습이라고 하여 교수와 학생이 일대 일로 수업을 하는 것이 아니라 학습자들마다 개별적으로 학습하도록 환경을 조성해 주는 것을 말한다. 즉 개별화 학습에서 강조하는 것은 개개인의 차이를 반영하여 수업을 진행함으로써 모든 학생이 학습목표를 달성하고자 하는 것이다.

개별화 학습 지도를 위해서는, 먼저 교수가 학생 개인에 대한 다양한 정보를 파악해야 하고, 그들 나름대로의 능력 수준을 있는 그대로 인정해 주어야 하며, 학생 각자가 원하는 목적을 달성할 수 있도록 학생들과 함께 적합한 학습 경험을 계획해야 한다.

개별화 학습의 특성

개별화 학습은 학습자의 요구, 능력, 흥미에 관심을 갖고 학습자에게 주도적으로 학습을 이끌도록 한다. 수업에서는 다양한 학습 경험과 교수매체가 사용되며, 학습결과는 상대평가가 아닌 절대평가로 이루어진다.

학습자의 요구, 능력, 흥미에 중점

개별화 학습은 학생으로 하여금 자신의 학습방식에 따라 자신의 학습속도로 학습하도록 하며, 자신의 능력에 알맞은 수준에서 학습해 나갈 수 있도록 한다.

적극적인 학생의 참여

개별화 학습은 학생들로 하여금 적극적이고 능동적인 자세로 수업에 참여하도록 하며, 자신의 학습에 대해 책임을 느끼게 한다. 개별화 학습에서는 학습을 성공적으로 하느냐 못 하느냐의 책임이 학생에게 있으며, 교수는 학습의 안내자나 보조자 역할과 학습동기를 유발시키는 역할을 한다.

다양한 학습 경험

학습목표를 달성하는 데에는 다양한 대체학습 경험과 심화학습

활동이 있다. 개별화 학습은 여러 가지 방법으로 학습이 가능하다는 사실을 기초에 두고 있다. 소집단 토의수업이나 실험 · 실습 수업, 팀티칭 수업 등에서도 개별화 학습 지도를 할 수 있다. 또한, 크게는 학습부진 학생 지도나 우수학생 지도도 학생들의 다양성을 고려한 개별화 학습으로 볼 수 있다.

다양한 교수매체 활용

다양한 교수매체와 교수자료를 활용한다. 주된 학습방법으로 어떤 학생은 보는 것을 선호하며, 어떤 학생은 듣는 것을 선호하며, 어떤 학생은 직접 실습해보는 것을 선호할 수 있다. 따라서, 교수는 교수자료를 선정할 때 이런 차이점들을 고려해야 한다.

학습평가 시 절대평가

학생의 학습결과는 절대평가로 이루어져야 하며, 다른 학생과의 상대평가에 의해 평가되지 않도록 한다. 또한 개별화 학습은 학급 구성원 모두가 똑같은 학습활동을 동시에 하는 것이 아니며, 학생 각각의 성취도를 개별적으로 평가할 수 있어야 한다.

개별화 학습 준비

학습자에 대한 정보를 파악한다

학습내용을 개별화하기 위해서는 먼저 학생들에 관해 충분히 알고 있어야 한다. 즉, 교수는 학생 각자의 개인적인 필요와 관심이 무엇인지, 무엇을 교육받아야 하고, 어떤 목적을 위해 공부하고자 하는지, 각자 어느 정도의 능력을 가지고 있는지, 그리고 그들의 취약 부분은 무엇인지 알고 있어야 한다. 교수가 이러한 점들을 충분히 파악하고 있어야 학생이 필요로 하는 것을 충족시켜 줄 수 있다.

개별화 학습을 위해 학습내용을 재편집한다

학습내용을 개별화 학습에 맞게 바꾸려면, 그 단원의 학습활동을 여러 가지로 다양하게 제공하여 학생들이 자신에게 적합한 학습활동을 자유롭게 선택할 수 있도록 한다.

학습결과의 평가방법을 선정한다

개별화 학습결과를 평가하는 방법에는 지필검사나 실기측정 등 일반적인 방법 외에도 다음과 같은 방법을 사용할 수 있다.

- 개별평가: 교수가 제공한 평가기준을 사용하여 학생 자신의 학습 정도를 점검한다.
- 집단평가: 유사한 학습목표를 가진 학생들끼리 모여 자신들이 목표를 달성했는지 알아보기 위해서 서로 협의한다.
- 동료평가: 학생들끼리 점검표나 평정척도를 사용하여 동료 학생의 성취도를 평가한다.
- 교사 · 학생평가: 교사와 학생이 함께 협의하여 지금까지의 학습결과를 알아본다.

개별화 학습 진행

개별화 학습에 관해 안내한다

일부 학생에게는 개별화 학습의 개념이 생소할 수도 있다. 따라서, 처음으로 개별화 학습을 하는 학생들에게 개별화 학습에 관한 자세한 소개와 안내를 해 주지 않으면, 학생들이 혼란을 일으키거나 개별화 학습을 제대로 수행하지 못하는 경우가 발생할 수 있다.

또한, 학생들에게 자신의 학습에 대해 어떠한 책임을 지고, 어떻게 행동해야 하는지 미리 알려 줄 필요가 있다.

학습목표와 평가준거를 알려 준다

학생들에게 학습목표가 무엇이고, 평가준거가 어떻게 되는지 수업 도입 단계에서 자세히 알려 준다. 이를 통해서 학생들이 수업에 적극적으로 참여하도록 하고, 효과적인 수업이 진행될 수 있도록 한다.

교수는 개방적인 태도를 갖는다

교수는 자신을 희생하더라도 학생이 필요로 하는 경우 도움을 줄 수 있어야 한다. 또한, 개별화 학습 지도 시 교수는 개방적인 태도를 갖는 것이 중요하다. 학습은 늘 교실에서 조용하게 이루어지는 것이 아니므로 교수는 학습활동 중의 소란이나 번거로움을 참을 수 있어야 한다. 그리고 때로는 학생들이 아무 일도 안 하고 있을 때도 이를 눈감아줄 수 있는 아량이 필요하다. 왜냐하면, 그것은 그 학생이 그냥 시간만 낭비하고 있는 것이 아니라, 무언가 학습상 가치 있는 것을 신중하게 생각하고 있는 경우일 수도 있기 때문이다.

개별화 학습 평가

기존의 집단학습과 개별화 학습은 학습평가의 방법에서도 차이가 있다. 집단학습은 주로 학생의 학업성취도를 그 집단의 기준과 비교하여 평가(상대평가)하는 데 반해, 개별화 학습은 학생의 성취도를 오직 성취목표만을 기준으로 하여 성취목표와 비교하여 평가(절대평가)한다.

개별화 학습에서의 평가원리는 다음과 같다.

- 평가는 학생의 성취목표 달성을 향한 진전도를 나타내줄 수 있어야 한다.
- 평가는 각 학생이 필요로 하는 내용의 학습 정도를 측정할 수 있도록 다양한 평가전략으로 이루어져야 한다.
- 자신의 학습결과를 스스로 점검해 보는 자기평가를 할 수 있도록 해줌으로써 평가과정에 학생이 직접 참여하도록 한다.

04
수준별 학생 지도

대학에는 취업을 위해 입학한 학생, 전공 분야가 재미있어서 입학한 학생, 대부분의 사람들이 대학에 가니까 자신도 어쩔 수 없이 입학한 학생, 직장생활을 몇 년 하다가 다시 공부하고 싶어서 입학한 학생 등 다양한 목적을 가진 학생들이 입학하고 있다. 그러다 보니 학생의 개인차도 다양하며 이들의 학습수준도 매우 다양하다.

그러나 대부분의 대학 수업은 학습 정원의 다수를 차지하고 있는 보통 수준의 학습능력을 지닌 학생들 위주로 진행된다. 이러한 현상은 학습의 일부를 차지하고 있는 학습부진 학생과 학습우수 학생의 필요와 요구를 고려하지 못한다는 문제점을 가지고 있다. 그러므로 수업을 준비할 때는 다양한 학생들의 학습수준을 고려하여 학생들의 요구와 학습상의 특징을 고려해야 한다.

먼저, 학습우수 학생은 말을 잘하고 풍부한 어휘를 구사하여 타인과 의사소통을 하고, 학습 상황에서 적극적이고 경쟁적이며, 비의존적이며, 스스로 문제를 극복하려고 노력하는 경향이 있다. 또한, 주의력과 집중력이 강하며, 압박감이나 기대감 및 긴장에 대해 긍정적으로 반응한다. 그리고 반복적이고 틀에 박힌 일에 싫증을 내며, 새로운 자극을 찾는 경향이 있다.

반면, 학습부진 학생은 지적 능력 수준에 비하여 학업성적이 떨어지는 학생을 말한다. 학습부진 학생은 학습속도가 느리고, 학습방법이 미숙하며, 학습동기와 흥미가 약하고, 학습에의 지구력이 부족하며, 주의집중력이 부족하고, 학습태도가 좋지 않은 행동 특성을 지니고 있다. 일반적으로 공부에 많은 노력이나 시간을 투자하는 것에 비해 결과가 미진한 학생들이 이에 해당된다.

그러나 유의해야 할 것은 학생들의 학습수준에 대한 평가는 다분히 상대적일 수 있다는 것이다. 예를 들어, 학식이 뛰어난 교수 입장에서 학생들의 학력은 보잘것없게 느껴질 것이며, 특히 학창시절에 학업능력이 뛰어났던 교수들은 자신들의 과거와 비교해서 현재 수강생들의 학습능력을 낮게 평가하거나 자신과 비슷하다고 평가할 수도 있다. 중요한 것은, 단순히 학생들의 학습능력 수준의 높고 낮음을 파악하는 것이 아니라, 학생들의 수준에 맞추어 학생들이 가진 능력이나 부족한 부분을 어떻게 향상시킬 것인가다.

앞서 언급했듯이 대부분의 대학 수업이 보통 수준의 학습능력을 지닌 학생들 위주로 진행되므로 여기에서는 학습우수 학생과 학습부진 학생을 중심으로 그들의 수준에 맞는 지도법을 소개하고자 한다.

학생 수준 파악

학생의 수준을 파악하기 위해서는 학생들을 대상으로 설문조사나 진단평가를 실시하거나 학생들의 행동 관찰, 면담, 학교에 있는 각종 기록문서 검토 등의 방법을 활용할 수 있다. 면담을 할 때는 학생이 자신의 수준을 명확히 이야기할 수 있도록 해야 하지만, 그 과정에서 열등감이나 소외감을 느끼지 않도록 주의해야 한다. 또한, 학생의 수준이 부진한 것으로 판단된 경우에는, 그 원인을 정확하게 파악하기 위해서 추가적인 심층면담을 실시한다.

수준별 학생 지도 전략

학습수준이 우수하거나 부진한 학생들은 자신의 학습수준에 따라 학습능력이나 학습방법을 더욱 향상시킬 수 있도록 수업 중 또는 수업 외 시간에 특별한 지도가 필요하다.

수업 중 지도

일반적으로 대학 수업의 내용은 중간 수준의 학생에 맞추어져 있다. 그러므로 학습이 우수한 학생이나 학습이 부진한 학생들은 수업에서 소외되는 경향이 있다. 심지어는 학습부진 학생들이 어쩔 수 없이 학습에서 배제되는 것을 당연하게 생각하는 경향도 있다. 물론, 현실적으로 학생들의 다양한 학습수준을 고려한 수업을 진행하기는 쉽지 않다. 그러나 수업시간에 다음과 같은 사항을 고려한다면 학습수준에 따라 학생들을 지도하는 것이 더 수월할 것이다.

학습부진 학생 지도 전략

- 학습목표를 구체적으로 제시한다.
- 학습부진 학생들의 수준에 맞고 학습의 흥미를 느낄 수 있도록 학습내용을 재구성한다.
- 수업단원별로 새롭게 나오는 용어, 어휘 목록과 해설을 따로 작성하여 그 단원이 시작되기 전에 제공한다.
- 쉬운 내용부터 시작해서 점점 수준을 높여 나간다.

- 수업내용을 이해하기 쉽도록 하기 위하여 표, 그림 등을 자주 이용한다.
- 학습에 필요한 시간을 충분히 제공한다.
- 학생들이 취약한 부분을 자세히 다룬다.
- 기회가 있을 때마다 관련된 기초 개념이나 이론에 대하여 여러 가지 설명을 한다.
- 보충학습을 위한 다양한 과제를 부여한다.
- 함께 배우는 학생 가운데 학습 도우미를 선발하여 학습부진 학생의 학습을 돕도록 한다.
- 쪽지시험을 자주 보아 문제를 푸는 습관을 갖게 한다. 또한, 시험을 본 다음에는 가능한 한 빠른 시간 내에 채점 결과를 알려 준다.
- 학생들 간에 서로 격려하고 강화하는 분위기를 조성한다.
- 학습부진 학생의 발전에 대하여 적절한 보상을 줌으로써 학습부진 학생들의 학습의욕을 고취시켜 준다.

학습우수 학생 지도 전략

- 계속적으로 새로운 과제에 도전하도록 한다.
- 높은 기대감을 지속시킨다. 교수는 학습우수 학생이 평범한 성취에 만족하지 않도록 지속적으로 자극을 준다.
- 발견학습 기법을 활용한다. 실습 시 고의적으로 어떤 부분에 관한 교수내용을 생략하거나 문제를 제시하고 학생 스스로 극복하도록 한다.
- 학습 지도의 기회를 제공한다. 학습우수 학생이 학습부진 학생을 지도하게 하거나 수업시간 동안 교수의 도우미로 활동하도록 한다.

수업 외 지도

대학 교수의 역할에는 교수(teaching)만 있는 것이 아니라 연구도 해야 하며, 봉사도 해야 한다. 따라서 수업시간 외에 학생을 지도하는 것은 쉽지 않다. 그러나 대학 교수 중에는 자신의 시간과 노력을 희생해가면서 학생을 지도하는 교수도 있다. 비록, 학생 지도의 결과가 바로 나타나는 것이 아니어서 금방 성과를 보거나 지도 효과를 알 수는 없겠으나, 관심과 지도를 받은 학생은 지도해 주신 교수님을 은사님으로 평생 기억할 것이다.

학생들을 위한 수업 외 지도에는 다양한 방법이 있을 수 있으며, 학생들을 위한 수업 중 지도와 함께 적절히 활용될 수 있도록 한다.

학생들을 위한 상담을 한다

상담을 통해 학습수준을 알려 주고 학습이 필요한 부분이나 개선해야 할 점을 알려 주거나 현재에 만족하지 않고 더욱 발전할 수 있는 방법을 제시해 준다. 또한, 학생들이 이용할 수 있는 상담시설을 알려준다. 대부분의 학생들은 그들이 이용할 수 있는 여러 상담기관이나 시설을 알지 못한다. 학생들에게 학교뿐 아니라 지역사회에서도 상담을 받을 수 있는 곳이 있다는 것을 알려 주고, 필요에 따라 적절한 상담을 받을 수 있도록 도와준다.

역할 모델을 제공한다

학생들에게 학습에 대한 동기를 부여해 줄 수 있는 조언자나 필요한 사람들을 연결해 준다. 조언자나 역할 모델은 학생으로 하여금 최고의 능력을 발휘하여 열심히 공부하도록 동기를 부여하거나 학습을 지속할 수 있는 도움을 줄 수 있다.

심화 · 보충 학습을 시킨다

학생들의 수준에 따라 방과후 시간 등을 이용하여 심화 · 보충학습을 지도한다. 이는 교수에게 시간과 노력을 요하나, 이로 인해 학생들이 심화된 학습을 하거나 수업을 잘 이해하고 따라갈 수 있다면 투자할 만한 가치가 충분히 있을 것이다.

필요에 따라 노트필기하는 법, 수업시간에 집중하는 법, 시험 치르는 법 등 효과적인 학습법을 알려 주는 것도 좋은 방법이 될 것이다.

소집단 활동을 권장한다

학습수준에 따라 동료 학생들과 소집단 활동을 하면 교수와 직접적인 만남을 어려워하거나 꺼려하는 학생들도 부담 없이 학습을 할 수 있게 되어 보다 편하게 학습에 흥미를 느끼고 수준을 향상시킬 수 있다.

교수는 학생들이 수준에 맞추어 모여서 공부할 수 있도록 장소를 지원해 주거나, 소집단 활동의 지도교수가 되어 물심양면으로 지원해 줄 수 있도록 한다.

성취 가능한 목표를 설정하도록 한다

학생들이 자신에 대한 기대수준을 설정하도록 한다. 학습우수 학생들이 자신의 성취목표를 설정하도록 돕는 것은 자신의 기량을 더욱 펼칠 수 있는 길을 안내하는 것과 같다. 또한, 학습부진 학생들에게 성취 가능한 현실적인 목표를 설정하도록 돕는 것은, 그들로 하여금 성공의 경험을 할 수 있도록 이끌며, 이러한 성공의 경험은 실패에 대한 두려움을 없애는 중요한 첫걸음이 된다.

또한 이러한 경험은 충족될 수 없는 완벽에 대한 욕구를 저지한다. 학생들 중에는 자신이 완벽하게 일을 추진하지 못하거나 매듭짓지 못한다는 것에 대한 불안감에 휩싸여 일을 망치거나 자포자기하는 경우가 많다. 이를 해결하기 위해서 교수는 학생들이 결과보다는 과정을 중요하게 여기도록 하는 것이 필요하다. 또한, 학생들에 대한 적절한 기대를 통해서 자신의 수준 향상을 위해 노력하는 것이 중요한 것임을 알고 완벽주의에 집착하지 않도록 하는 것이 바람직하다.

05
자격증 취득 지도

학생들이 대학생활 중에 하고 싶어 하는 것 중 하나가 자격증 취득이다. 자격증은 학생들의 능력을 입증하는 자료가 되고, 취업에도 많은 도움이 되므로 학생들의 관심이 높다. 그러나 대부분의 학생들은 자격증을 취득하고 싶다는 막연한 기대만 가지고 있을 뿐, 어떤 자격증이 유용하며, 그것을 취득하기 위해서는 어떻게 해야 하는지를 제대로 알지 못한다. 우리나라의 자격증은 국가자격과 민간자격으로 나뉘며, 국가자격은 국가기술자격과 국가전문자격으로, 민간자격은 국가공인민간자격과 순수민간자격으로 나뉜다. 이때 순수민간자격 중 일부는 교육훈련 이수에 따른 이수증 역할을 하는 자격이 많아 취득을 하더라도 고용으로 연계되지 않는 경우를 주의해야 한다.

교수는 자격증 취득 지도를 적절히 함으로써 학생들의 능력을 향상시킬 수 있을 뿐만 아니라, 학생들의 학습동기를 유발해 학습의욕을 고취시킬 수 있다.

전공과 관련된 자격증이 어떤 것이 있는지를 안내한다

현재 우리나라에는 '산업기사'와 같은 국가기술 자격증부터 '국제

무역사'와 같은 민간인정 자격증까지 수없이 많은 자격증이 있다. 교수는 이 중에서 수업을 듣는 학생들과 관련이 있는 자격증을 각종 서적이나 인터넷 등을 이용하여 파악한 뒤 학생들에게 안내한다.

학생들에게 가치 있고 유망한 자격증을 선별해 관련 정보를 제공한다

앞으로 취득했을 때 전망이 좋고 취업이 유리한 자격증을 조사한 뒤, 학생들에게 관련 정보를 제공한다. 또한, 해당 자격증의 연중 시험횟수, 시험 응시자격, 시험과목, 응시비용, 자격증 취득 시 보수가 얼마나 되는지 등 구체적인 관련 정보도 함께 제시한다.

자격증을 따기 위해서는 어떻게 준비해야 하는지를 제시한다

이미 유망 자격증을 취득한 재학생이나 졸업생, 사회인에게 어떻게 시험 준비를 했으며, 앞으로 준비하려고 하는 학생들에게 필요한 사항에는 어떤 것들이 있는지 알아본 뒤, 학생들에게 제시한다. 또는, 자격증을 취득한 졸업생이나 사회인 등을 초빙하여 강연을 열어 자격증 취득 노하우를 학생들에게 알려 줄 수도 있다.

수업 중 자격증 취득 지도

수업시간에 각 단원과 관련된 자격시험 기출문제, 예상문제 등을 매시간 안내해 줌으로써 학생들의 자격증 취득을 돕는다. 이 밖에도 자격증 취득에 대한 안내는 학생들로 하여금 학습동기를 유발해 수업에 몰입하도록 돕는 역할을 한다. 따라서, 교수는 자신이 담당하고 있는 교과와 관련 있는 유망 자격증에 대해 자세히 알고 있어야 하며, 이에 대한 안내를 수업시간에 적절히 할 수 있어야 한다.

수업시간 외 자격증 취득 지도

학생들끼리 도와가면서 자격증 취득 준비를 할 수 있도록 희망하는 학생들을 중심으로 스터디그룹을 만들어 준다. 또는, 학과나 대학 차원에서 학생들에게 관심이 많은 자격증 취득을 위한 특강을 할 수 있도록 하거나, 이미 유망 자격증을 취득한 졸업생이나 사회인이 자격시험 관련 강연을 할 수 있도록 주선한다.

6장

합리적인 학습평가

교수활동이 완료된 후에는 학생들의 성취도를 알아보기 위한 학습평가가 필요하다. 학습평가는 개별 학생의 학습성취도를 평가하고, 학생의 학습문제를 진단하며, 교수학습 과정의 효과성을 평가하는 기능이 있기 때문에 반드시 진행해야 한다. 하지만, 대부분의 대학에서 학습평가는 이러한 목적을 위한 활동이기보다는 학생들의 학점 부여 수단으로만 활용되고 있다.

일반적으로 합리적인 학습평가란 학습목표나 사전에 설정된 평가준거에 합당한 수업결과를 측정하는 것을 의미하며, 인지적 학습 성취 평가, 정의적 학습 성취 평가, 심리운동적 학습 성취 평가, 루브릭 평가 등 다양한 평가방법을 활용할 수 있으므로 평가준거에 적합한 방법을 선택하면 된다.

이때 학생들의 학습성취도를 정확하게 측정하고 평가하기 위해서는 타당도, 신뢰도, 객관도 등의 구비 조건을 갖추고, 채점과 성적 부여는 효과적이고 효율적으로 이루어져야 한다. 또한, 평가결과는 학생들의 자기점검을 위해 상세하게 피드백할 필요가 있다.

01
학습평가의 유형과 절차

평가란 사물 또는 그 속성에 대한 가치를 판단하는 것을 말한다. 따라서, 학습평가란 학습자의 학습목표 달성도를 확인하는 것을 의미한다. 이러한 학습평가는 개별 학습자의 학습성취도를 평가하고, 학습자의 학습문제를 진단하며, 교수학습 과정의 효과성을 평가하는 기능을 가지고 있다.

대부분의 대학 수업에서 학습평가가 이루어지고 있다. 그러나 학습평가의 진정한 목적인 '교육목표 달성의 확인' 또는 '수업 및 교육과정 개선을 위한 참고자료 수집' 등을 위해 학습평가가 제대로 이루어지고 있다고 보기는 힘들다. 일반적으로 대학 수업에서는 이러한 목적을 추구하기 위해 학습평가가 이루어지기보다는 학생들에게 학점을 부여하기 위해 학습평가가 이루어지고 있다. 이러한 문제는 대개 적절한 학습목표를 설정하지 않은 채 강의를 진행하고, 이전부터 사용해 온 틀에 박힌 평가방법을 계속 사용하는 데서 비롯된다.

이러한 문제를 해결하고 수강생들의 성취도를 타당하게 측정하고 합리적으로 평가결과를 도출하기 위해서는 학습평가의 유형과 절차에 대해 알아둘 필요가 있다.

학습평가의 유형

학습평가의 유형은 판단기준, 평가의 목적과 학습과정, 검사문항의 형식 등에 따라 다양하게 분류될 수 있다.

판단기준에 따라

판단기준이 절대적이냐 상대적이냐에 따라 절대평가와 상대평가로 구분된다. 이는 흔히 대학에서 과목의 성적(학점 등급)을 부여할 때 주로 사용되는 유형이다. 상대평가란 학생들이 시험에서 받은 점수의 가치를 다른 학생들이 받은 점수와 비교해 상대적으로 결정하는 평가방식이다. 이를 위해 규준을 정하게 되는데, 이는 사전에 할당해 놓은 평점 배당비율을 말한다. 예를 들어, 대학에서 흔히 사용하는 A, B, C와 같은 학점 부여의 경우, A는 상위 20%, B는 21~50%, C는 51~80%의 비율로 설정하는 것을 들 수 있다.

절대평가란 학습목표를 기준으로 학생들이 그 목표를 달성했는가 또는 달성하지 못했는가에 주안점을 두는 평가방식이다. 예를 들어, 학생의 성취점수가 100점 만점에 95점 이상이면 A^{+}이고, 90~94점은 A^{0}, 85~89점은 B^{+}, 80~84점은 B^{0} …… 식으로 성적을 부여하는 평가방법이다. 이 평가방식은 학생들의 석차보다는 지적 성취를 강조하고, 경쟁보다는 협동학습을 중시한다. 그러나 평가기준의 산정에 많은 주의가 요구된다.

평가의 목적과 학습과정에 따라

학습평가는 평가의 목적 및 학습과정에 따라 진단평가, 형성평가, 총괄평가로 구분되기도 한다. 진단평가의 목적은 수업이 시작되기 전에 학생들의 선수학습의 정도, 학습결손의 유무, 그리고 학생들의 흥미, 적성, 동기 등과 같은 심리적인 특성을 알아보고, 이에 따라 알맞

절대평가와 상대평가의 선택기준

- 절대평가(확인에 목적이 있을 때)
  - 의도했던 준거나 표준의 달성 여부 확인
  - 학습을 통해 학생이 무엇을 성취했는가의 판단
- 상대평가(선별에 목적이 있을 때)
  - 어떤 내용에 관한 성취수준의 상대적 위치 결정
  - 성취수준의 상위집단과 하위집단의 선별
  - 전체 학생의 능력범위 측정

은 교재를 선택하거나 효과적인 수업절차와 방법을 모색하는 데 있다. 따라서, 강의계획서나 학습지도안을 작성할 때 학습자 특성이 반드시 반영될 수 있도록 하기 위해 진단평가가 수행되어야 한다. 그러나 대학에서는 흔히 이전 학기의 수강생들의 학습자 특성을 참고하는 데 그치는 경향이 있다.

수업을 진행하면서 학생들의 학습동기 유발이 어렵거나 또는 학생들의 수업 참여 및 학습성과가 저조한 수업의 경우에는 학생들에게 진단평가를 실시할 필요가 있다.

형성평가는 수업이 진행되는 과정 중에 학생들이 학습목표 달성을 위해 학습의 진전을 보이고 있는지를 평가하는 활동을 말한다. 형성평가 시 교수는 평가결과에 대한 적절한 피드백을 학생들에게 주어야 하며, 평가결과를 교육과정 및 수업방법 개선에 반영해야 한다. 또한, 형성평가의 결과는 개별 학생들의 성적을 부여하는 데 사용될 수도 있다. 수업 중 주로 활용되는 '퀴즈', '쪽지시험' 등과 같은 평가들이 형성평가의 적절한 예라 할 수 있다. 중간고사도 경우에 따라서 형성평가라 할 수 있는데, 강의기간을 한 학기라고 볼 때 수업계획 시 중간고사 이전의 학습내용과 중간고사 이후의 학습내용이 서로 연계성이 있을 경우는 형성평가로, 서로 다를 경우에는 총괄평가로 볼 수 있다.

총괄평가는 학습내용에 대한 일정한 기간이 지난 후, 예를 들어 한 학기 강의가 모두 끝난 후 그동안의 학습내용을 학생들이 어느 정도 성취했는가를 전체적으로 판정하기 위한 평가활동을 말한다. 가장 대표적인 예로 학기말고사를 들 수 있다.

- 진단평가: 수업이 시작되기 전에 학습자 특성을 파악하기 위한 평가
- 형성평가: 수업 도중에 실시되는 간단한 질문, 퀴즈, 중간고사 등
- 총괄평가: 과목이나 프로그램을 마친 후의 총체적 평가

검사문항의 형식에 따라

검사문항의 형식에 따라 주관식 평가와 객관식 평가로 구분할 수 있다. 객관식 평가의 가장 대표적인 예로 선다형이 있으며, 그 외에 진위형(○×문제), 연결형, 단답형, 완결형 등이 있다. 주관식 평가의 가장 대표적인 예는 논술형이며, 응답제한 논술형과 응답자유 논술형으로 구분할 수 있다. 자세한 내용은 3절의 '인지적 학습 성취 평가'를 참고하기 바란다.

- 객관식 평가: 선다형, 진위형, 연결형, 단답형, 완결형
- 주관식 평가: 논술형(응답제한형, 응답자유형)

학습평가에 따라

학습평가는 2장 1절에서 언급한 학습목표의 세 영역, 즉 인지적 영역, 정의적 영역, 심리운동적 영역으로 분리할 수 있다.

- 인지적 영역: 지식, 이해, 적용, 분석, 종합, 평가

- 정의적 영역: 감수, 반응, 가치화, 조직화, 인격화
- 심리운동적 영역: 지각, 태세, 유도된 반응, 기계화, 복합 반응

학습평가의 절차

일반적으로 학습평가의 절차는 학습평가의 준거 설정, 유형별 성취도 평가, 채점 및 성적 부여순으로 진행된다.

바람직한 평가는 합당한 평가방법을 사용해서 원리에 맞게 수행되어야 한다. 이를 위해서는 먼저 학습목표로부터 학습평가의 준거를 설정하고, 그 평가준거에 따라 평가 유형을 결정하여 학습성취도를 측정하고, 채점 및 성적 합산을 통해 교과 성적을 부여해야 한다.

그림 6-1은 학습평가의 절차를 나타낸 것이다.

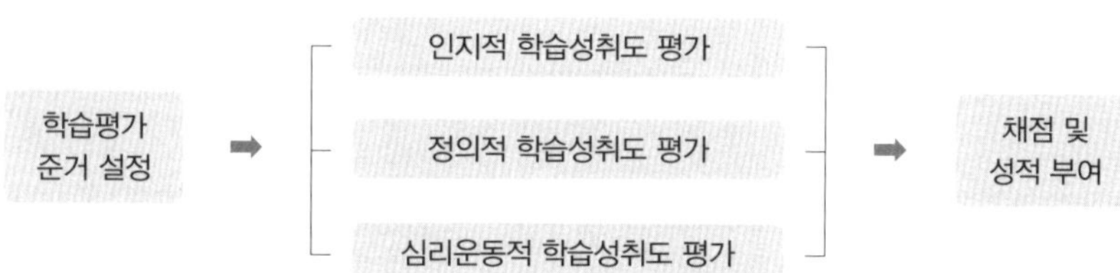

그림 6-1 학습평가의 절차

02
학습평가 준거 설정

합리적인 학습평가를 위해서는 무엇보다도 학습평가의 준거가 잘 설정되어야 한다. 평가준거란 바로 '무엇(what)'을 평가할 것인가에 대한 구체적인 대상이나 내용을 의미한다. 즉, 학습목표의 성취도를 알 수 있는 구체적인 대상이나 내용을 의미한다.

학습평가 준거는 학습목표로부터 설정되므로 학습준거 설정 시 가장 먼저 수행해야 하는 일은 학습목표를 확인하는 것이다. 학습목표는 수업이 종료된 후 평가를 할 때 준거 설정의 기초가 된다. 즉, 학습목표는 평가하기에 적합하게 진술되어 있어야 한다는 것이며, 이는 교수설계에서부터 평가를 고려하여 학습목표를 설정해야 한다는 것이다.

흔히, 학습목표는 행동적인 용어로 진술하게 된다. 즉, '~을 설명할 수 있다', '~을 조립할 수 있다' 등과 같은 용어로 기술하여 평가의 준거로 활용하게 된다. 그러나 이러한 학습목표는 대학 강의에서는 거의 찾아볼 수 없다. 강의계획서에 한 학기 동안 이루어지는 강의의 학습목표를 제시하고는 있으나, 대개 그 범위가 너무 포괄적이거나 추상적이어서 평가 가능한 학습목표라고 할 수 없다. 따라서, 교수는 강의의 최종 목표를 설정하지 못한 상태에서 구체적인 준거가 없는 평가를 하게 되고, 이로 인해 체계적이고 정확한 평가는 거의 기대할 수 없게 된다.

진술된 학습목표로부터 평가준거를 설정할 때 측정하고자 하는 행동이 무엇이고, 그러한 행동의 수준을 판단하는 기준을 무엇으로 할 수 있는지를 고려해야 한다. 학습평가의 준거 설정과정에서 학습목표 이외에도 담당과목이 지닌 사회적 요인, 직업적 요인, 제도적 · 기관별 요인, 학생의 개인적 요인 등을 고려하여 반영할 수도 있다. 즉, 담당과목과 관련하여 사회가 요구하고 있는 것들, 학생이 미래에 갖게 될 직업과 관련된 내용, 학생 개인의 흥미와 욕구 및 능력 등을 평가준거에 반영할 수 있다. 또한, 교수가 수업시간에 강조하였던 부분이나, 학생들의 관심이 많아서 많은 시간을 할애하여 토론을 벌였던 내용 등도 평가준거에 포함시킬 수 있다. 명확히 제시된 평가준거는 교수자가 평가해야 할 중요한 부분을 파악하는 데 도움을 주고, 체계적이고 객관적인 평가를 실시하는 데 도움을 준다.

평가준거는 흔히 추상적인 개념으로 표현되는데, 평가준거를 잘 반영할 수 있는 적절하고도 구체적인 세부 목록을 개발할 필요가 있다. 이들 세부 목록이 바로 평가기준이 되며, 교수의 관점과 학생집단의 성격 및 상황의 변화에 따라 동일한 평가준거에 대해서도 상이한 평가기준이 사용될 수 있다. 그러므로 평가준거를 반영하는 가장 적절한 평가기준이 어떤 것이 있을까에 대해서도 끊임없이 고민해야 한다.

평가준거를 설정하는 전략을 요약하면 다음과 같다.

- 성취도를 파악하고자 하는 학습목표를 확인한다.
- 확인된 학습목표로부터 측정해야 할 구체적인 행동을 명세화한다.
- 학습결과로 나타나는 행동의 조건, 상황, 기준을 설정하여 평가준거로

유목화한다.

- 도출된 평가준거를 나타낼 수 있는 체계적이고 구체적인 평가지표를 개발한다.

03

인지적 학습 성취 평가

인지적 학습 성취 평가란 곧 인지적 행동의 학습목표 성취도를 결정하는 과정이다. 이러한 인지적 학습 성취 평가를 통상 지식평가라고 지칭한다. 인지적 영역의 행동은 '단순한 행동'으로부터 '복잡한 행동'으로의 위계에 의하여 세분된다. 즉, 지식, 이해, 적용, 분석, 종합, 평가로 분류된다. 지식에서 평가 쪽으로 갈수록 좀 더 고차원적인 인지적 능력이라고 한다.

대학에서는 주로 인지적 학습 성취 평가를 실시하고 있으나, 유감스럽게도 학습자가 단순한 사실이나 지식을 얼마나 알고 있느냐에 초점을 맞추어 시행되어 왔을 뿐, 고차원적인 인지능력을 평가하지는 못했다. 따라서, 다양한 인지적 학습 성취 평가방법과 시험설계에 대해 알아둘 필요가 있다.

지식평가방법

대학에서의 지식평가에는 보통 객관식 시험, 주관식 시험, 구두시험, 사례연구/문제해결형 시험 등을 이용할 수 있다. 이 중에서도 대학에서는 특히 주관식 시험이 많이 이용되고 있다.

객관식 시험

객관식 시험의 문항 유형에는 지시문과 함께 여러 가지 선택지를 제시하고 그중 답을 선택하도록 하는 선다형이 가장 많이 사용되고 있다. 이 밖에도 객관식 시험에는 선택형에 속하는 진위형 및 연결형과 서답형에 속하는 단답형, 완결형 등의 유형이 사용될 수 있다.

선다형

선다형(multiple-choice type)은 진술문과 몇 개의 선택지를 같이 제시하고 학생으로 하여금 정답을 고르도록 하는 형식으로, 정답은 한 개 이상으로 구성할 수 있다. 이 유형은 특히 정의, 원칙, 목적, 인과관계 등을 포함하는 문제에 적합하며, 채점의 객관도, 실용도를 요하는 경우에 이용된다.

점수를 매기기 쉽고, 매긴 점수를 통해 객관성을 확보할 수 있으며, 엉뚱한 추측들을 감소시킬 수 있는 장점이 있다. 다만, 문항 제작에 많은 시간과 노력이 필요하며, 고등정신능력을 평가하기가 어렵고, 추측이나 요령으로 답을 맞힐 가능성이 있다는 단점이 있다.

다음 중 지식평가를 위한 문항 유형과 관계가 없는 것은 어느 것입니까? ( )

① 객관식 시험　② 구두시험　③ 관찰법

④ 주관식 시험　⑤ 사례연구/문제해결형 시험

진위형

진위형(true-false type)은 학생에게 진술문을 제시하고 그것의 진위, 정오, 또는 긍정/부정에 대한 이분법적 판단을 요구하는 유형의 문항이다. 출제범위가 매우 넓고, 시험시간이 제한되어 있는 경우, 단순한 지식을 정확하게 획득했는가를 측정하는 경우에 이용하게 된다.

진위형 평가는 만들기 쉬우며, 점수를 매기기 쉽고, 학생들이 응시하기에도 용이하다는 장점이 있다. 반면에, 대답 가능한 것이 단지 두 가지뿐이어서 질문내용에 관해 아무것도 모르는 학생도 추측으로 옳은 답을 택할 가능성이 높아 시험의 타당성과 신뢰성이 낮다는 단점이 있다. 또한, 확실한 '참'이나 확실한 '거짓'인 항목을 구성하기가 어려운 점도 단점으로 지적되고 있다.

다음 글을 읽고 맞으면 ○, 틀리면 ×를 ( ) 안에 표시하시오.

( ) 인지적 학습 성취 평가를 지식평가라고도 한다.

연결형

연결형(matching type)은 배합형의 일종으로 배합형의 유형 중 가장 많이 사용되는 방법이다. 일련의 용어, 명칭, 개념, 정의 등으로 구성된 문제 리스트와 내용 또는 항목으로 이루어진 응답 리스트에서 서로 관계되는 것을 찾아 연결하도록 하는 문항 형식이다. '누가', '무엇을', '언제', '어디서' 등에 관한 것을 평가하는 경우에 적합하다.

문제 구성하기, 시험치기, 점수 부여가 쉬우며, 채점의 객관성이 높다는 장점이 있다. 그러나 이해를 평가하도록 고안되어 있지 않으므로, 사실이나 수치에 대한 기억만을 강조하게 되는 단점이 있다.

오른편에 제시된 시험 유형들을 왼쪽에 제시한 A, B, C의 항목에 따라 분류하시오.

A. 지식평가 (　) 면접법

B. 태도평가 (　) 관찰법

C. 기능평가 (　) 객관식 시험

(　) 논문식 시험

(　) 실기시험

연결형 문제를 만드는 Tip

- 일반적으로 각각의 매칭(matching) 문제에 5～12개의 가능한 응답을 둔다. 5개보다 적으면 다른 평가방법을 고려하는 것이 좋다. 반대로 12개 이상의 응답은 학생들을 혼란에 빠뜨릴 수 있으므로 몇 개의 짧은 문제들로 나누는 것이 좋다.
- 응답 리스트의 수가 문제 리스트가 요구하는 수보다 많아야 한다.
- 문제 리스트를 응답 리스트 위에 두거나, 문제 리스트를 왼쪽에 두고 응답 리스트를 오른쪽에 둔다.

단답형

단답형(short-answer type)은 선다형 문제를 제작할 때 적절한 오답들을 찾아내기 어려운 경우에 주로 사용된다. 의문문 또는 명령문 문제에 대해 수험자가 간단한 단어, 구 또는 문장 등의 형태로 답을 기록하게 하는 방식이다.

단답형은 간단한 응답을 할 수 있도록 질문해야 하기 때문에 일반적으로 정의, 개념, 법칙, 사실 등을 묻는 문제에 사용된다. 이때 가능하면 정답이 하나인 질문을 하도록 해야 하며, 정답에 동의어 또는 유의어가 있을 경우에는 이에 대한 채점을 위해 미리 답을 준비해야 한다. 또한, 간단한 계산을 통해 답을 적는 경우에는 소수점의 반올림이나 계산의 수준 등을 미리 질문에 제시해야 하며, 단위를 갖는 답의 경우에는 미리 단위를 제시해 두어 수험자의 혼돈을 없애야 한다.

단답형은 문항 제작이 용이하고, 추측에 의해 정답을 맞힐 수 있는 요인을 배제시킬 수 있으며, 채점이 논술형보다 객관적이라는 장점을 갖고 있다. 반면에, 단순 지식, 개념, 사실들만을 측정할 가능성이 높다는 단점이 있다. 또한, 선다형 문항에 비해 채점의 객관성을 보장받기 어렵다. 등급기준이 사전에 마련되었다고 하더라도 미처 고려하지 못한 답들이 나올 수 있기 때문이다. 예를 들어, 외래어의 경우에는 표기법 차이로 인해 오답 처리될 수도 있다. 끝으로, 단답형 문항으로 평가가 이루어질 때 기억능력에만 의존하는 학습이 조장될 수 있다는 우려도 고려해야 한다.

주관식 시험의 유형을 세 가지만 들어 보시오.

완결형

완결형(completion type)은 진술문 가운데 일부분을 비워 두고 그에 적당한 단어나 기호를 넣어 진술문을 완성하도록 하는 방법이다. 완결형은 일종의 단답형이기 때문에 단답형과 같은 장단점을 가지나, 단답형에 비해 객관성이 더 높고, 출제가 용이한 점을 장점으로 들 수 있다. 다만 진술문에 응답의 단서가 포함될 수 있다는 단점을 가지고 있다.

좋은 시험이 갖추어야 할 조건은 타당도, 신뢰도, (______), (______), 포괄성 및 실용도다.

주관식 시험

주관식 시험은 일반적으로 논술형을 말한다. 논술형(essay type)은 한 개 또는 몇 개의 문장으로 상황을 제시하고 이에 대해 학생이 논술식으로 답을 작성하도록 하는 유형이다. 논술형 평가는 어떤 정보에 대한 이해도나 요인 분석능력, 또는 어떤 상황이나 사실에 대한 판단능력 등을 파악하기 위해 많이 사용되는 방법으로서, 작성된 내용의 깊이와 함께 글을 조직적으로 구성하는 능력까지도 측정할 수 있다.

학생 각자의 지적 사고, 비판적 사고, 문제해결능력 등을 측정할 수 있으며, 문장이나 문단으로 의사소통능력을 측정할 수 있다는 장점이 있다. 그러나 시험범위 내의 내용을 모두 다룰 수 없어 상당히 제한적이라는 단점이 있는 평가 유형이다. 특히, 사전에 등급기준이 마련되어 있지 않은 경우에는 채점자의 주관성이 개입될 소지가 많은 것이 제한점이다. 이러한 제한점을 극복하기 위해서는 반드시 사전에 객관적인 등급기준을 마련하고 그에 따라 채점하도록 해야 한다.

논술형은 응답자유 논술형과 응답제한 논술형으로 구분된다. 응답자유 논술형은 포괄적인 주제를 제시하고 이에 대해 학생이 자유롭게 기술하도록 하는 방식으로서, 학생의 성취도뿐만 아니라 창의성, 문장표현력 등 포괄적인 영역을 측정할 수 있다.

> 대학에서 널리 사용되는 학습평가방법을 두 가지 이상 제시하고 구체적인 예를 들어 보시오.

응답제한 논술형은 문제에 대한 답변의 자유도를 제한하는 방식으로서, 구체적인 문제를 제시하고 학생이 습득한 지식을 적절한 방법으로 조직하여 결론을 내리도록 하는 방법이다.

절대평가와 상대평가의 장단점을 각각 다섯 가지 이상 들어 비교하시오.

구두시험

학생들로 하여금 특정 주제나 학습한 내용에 대해 자신의 생각이나 의견을 말하도록 하거나, 새로운 상황을 추측하게 하거나, 관련성을 논하도록 함으로써 학생의 준비도, 이해력, 표현력, 의사소통능력 등을 평가하는 방법이다.

흔히, 졸업시험이나 논문심사 시 이용되는 평가 형태지만, 중간고사나 기말시험에서도 사용할 수 있다. 다만, 시험 실시에 앞서 교수는 질문내용이나 등급기준을 준비해 놓아야 하며, 학생 개개인을 상대로 질문을 제시하고 학생의 대답을 들어야 하므로 많은 시간과 노력이 요구된다.

사례연구/문제해결형 시험

고차원적인 인지적 영역에 속하는 분석, 종합, 평가 능력을 파악하기 위하여 사례연구/문제해결형 시험이 사용된다.

사례연구/문제해결형 시험의 경우, 어떤 제한을 주지 않으면 학생들이 작성한 답이 교수가 원하는 방향과 전혀 다른 방향으로 흐를 수 있다.

시험설계

일반적으로 대학에서의 시험에는 시험설계를 고려하지 않은 채, 수업시간에 강조되었던 사항에 대하여 2~3개의 논술형 문제가 출제되는 경우가 많다. 예를 들어, 흔히 볼 수 있는 유형이 '~에 대해 논하시오', 또는 '~의 장점을 쓰시오'라는 식의 문항들이다. 이러한 문항들은 몇 개 이상 진술 시 몇 점이라는 정확한 평가준거가 제시되지 않았기 때문에 합리적인 성적평가를 할 수 없게 한다.

그러므로 시험문제 출제도 교수설계와 마찬가지로 몇 가지 기본 단계에 따라 체계적으로 이루어져야 한다.

학습목표에 기초하여 학습평가의 준거를 설정한다

일반적으로 학습평가의 준거는 학습목표로부터 설정된다. 그렇기 때문에 당초 학습목표가 무엇이었고, 그 가운데 인지적 영역의 학습목표가 무엇인지를 확인하고, 이로부터 학습평가의 준거를 설정해야 한다.

학습평가의 준거에 따른 적절한 평가내용 및 방법을 선택한다

이때 소위 이원분류표를 작성하는 것이 좋은데, 이원분류표란 평가문항을 정교하게 작성하기 위하여 평가요소에 해당하는 '내용'과 여섯 가지 인지적 영역에 해당하는 '행동'으로 나누어 관련성을 도식화시켜놓은 것을 의미한다. 이는 평가문항을 골고루 출제할 수 있다는 점에서 유용하다.

선택된 평가내용과 평가방법에 따라 적절한 시험문제를 출제한다

이것은 실제 시험문제를 제작하는 것을 의미한다. 이때 정답이나 등급기준을 반드시 확인해 봐야 한다. 또한, 시험문제에 정답의 단서를 제공하고 있는지를 검토해 봐야 한다. 각 평가내용별 질문의 서술어를 예로 들면 표 6-1과 같다.

표 6-1 인지적 · 영역의 평가내용별 질문 서술어(예시)

평가내용	질문 서술어
중요한 용어에 관한 지식	~를 정의하라
표 또는 그림에 대한 해석	~를 해석하라
특정 사실에 대한 지식	~를 설명하라 ~를 논(의)하라
외국어의 번역	~를 해석하라
추상적인 지식을 구체적으로 설명	~를 예시하라 ~를 도출하다
특정 경향에 대한 예측	~를 결론지어라 ~를 추리(추정)하라 ~를 변별하라
공식을 활용한 문제해결	~를 계산하라

여러 가지 유형의 문항을 비슷한 것끼리 묶는다

가능하다면 비슷하거나 내용 연계가 있는 문항들끼리 묶는다. 그런 다음 여러 문항의 묶음을 순서대로 배열한다. 배열할 때는 쉬운 문항으로 시작하여 점점 더 어려운 문항 순으로 나열하는 것이 일반적이다. 그리고 각 묶음들마다 필요한 지시사항을 적고, 시험시간, 각 문제당 배점 등에 대한 안내를 한다.

완성된 시험지를 검토 · 보완한다

이때 가능하다면 동료 교수로부터 검토를 받도록 한다. 검토결과에 따라 수정 · 보완한 후에 시험지를 편집하고 인쇄한다.

정확한 답이 적힌 모범 답안지, 또는 등급기준을 준비한다

이것은 채점을 더욱 빠르고 쉽게 할 수 있고, 채점자의 주관성 개입을 배제하여 공정성을 확보할 수 있도록 해 준다. 또한, 학생들에게도 시험이 끝나자마자 정답지나 등급기준을 나누어 주어 학생 스스로 정답을 확인할 수 있게 함으로써 복습을 촉진할 수도 있을 것이다.

시험설계 시 참고사항

- 지시사항은 가급적 이해하기 쉽게 진술한다.
- 문항의 난이도가 골고루 분포되도록 출제하는 것이 좋다.
- 시험시간을 고려하여 문제를 출제하도록 한다.
- 학생들이 실력을 유감 없이 발휘할 수 있도록 충분한 시간을 주어야 한다.
- 답안지에 정답을 쓰기에 공란이 충분한지 확인한다.
- 평소 수업 직후에 좋은 문제들을 기록해 두었다가 그것을 시험문제로 활용하는 것도 좋다.
- 시험장소는 편안해야 하고, 집중할 수 있으며, 다른 사람의 답안을 서로 볼 수 없을 만큼 충분한 거리가 확보되어야 한다.
- 부정행위에 대한 예방 대책을 세운다.

좋은 시험문제의 구비조건

좋은 시험문제가 구비해야 하는 조건은 타당도, 신뢰도, 객관도, 변별도, 포괄성, 실용도 등이다.

타당도란 측정하려는 내용을 어느 정도 충실하게 측정하고 있느냐의 정도다. 다시 말해, 측정하고자 하는 것을 제대로 측정하고 있느냐를 말한다.

신뢰도는 측정하고자 하는 것을 얼마나 정확하게 측정하느냐의 정도를 말한다. 여러 동질 집단의 학생들에게 비슷한 문제가 주어졌을 때 신뢰성 있는 평가는 일관성 있게 비슷한 결과를 도출한다.

객관도란 채점자가 얼마나 일관성 있게 채점하느냐의 정도를 말한다. 객관도가 있는 시험문제는 답이 틀렸는지 맞았는지 쉽게 알아볼 수 있어야 하며, 해석이 다양해서 주관적으로 평가되는 일이 없도록 해야 한다.

변별도는 시험문항이 학습능력이 낮은 학생과 높은 학생을 얼마나 잘 구별해 줄 수 있느냐의 정도를 말한다. 변별도가 있는 평가는 학생들의 교과에 대한 지식 정도에 따라 학생들을 정확하게 집단으로 분류할 수 있다.

포괄성이란 학생의 성취목표가 시험의 각 문항에 반영되어 있는 정도를 말한다.

실용도는 시험문제를 출제하고 채점하는 데 드는 경비와 시간과 노력을 적게 들이느냐의 정도다.

일반적으로 타당도는 잘 지켜지고 있는 반면, 신뢰도, 객관도, 변별도, 포괄성, 실용도 등은 제대로 지켜지지 않고 있다. 평가목적의 달성을 위해서는 이에 대한 주의가 요구된다.

04
정의적 학습 성취 평가

정의적 학습 성취 평가란 태도, 흥미, 가치, 선호, 학업적 자아존중 등 인간이 지니고 있는 전형적인 감정과 정서의 표현방식에 대한 학습의 정도를 평가하는 것을 가리키는데, 일반적으로 태도평가라고도 한다.

학습목표 가운데 정의적인 영역의 행동 분류는, 선정된 현상에 단순히 주의를 기울이는 것에서부터 복잡하면서도 내면적으로 일관성 있는 인격과 양심에 이르기까지 넓은 범위에 걸쳐 있다. 내면화의 정도에 따라 정의적 영역의 행동 분류는 감수(receiving), 반응(responding), 가치화(valuing), 조직화(organizing), 인격화(characterizing)로 구분된다.

감수란 어떤 현상이나 자극에 대해 즐겁게 주의를 기울이는 행동으로서 학생들의 주의를 끄는 단계의 행동이고, 반응이란 단순히 감지하거나 수용하는 것을 의미한다. 한편, 가치화란 현상이나 사태에 대해 의의와 가치를 부여하여 내면화하는 행동수준이며, 조직화란 여러 가지 다른 종류의 가치를 통합하고 자기 나름으로 일관성 있는 가치체계를 확립해 나가는 단계다. 끝으로, 인격화란 특정 가치관이 한 개인의 생활을 지배하고 생활화하게 됨으로써 그 개인의 독특한 생활방식을 형성하게 되는 단계다.

정의적 특성이 가지고 있는 개념적 모호성으로 인해서 평가에 대해 부담을 가지고 있는 교수들이 많으며, 따라서 대학에서의 학습평가는 대부분 지식평가나 기능평가 중심으로 이루어지고 있다. 태도평가가 이루어지더라도 학생의 수업에 임하는 자세나 참여의 적극성 등을 위주로 전체 성적의 10% 내외를 반영하여 성적에 합산하는 경우가 대부분이다. 대학에서의 정의적 학습 성취 평가 시 수업태도나 출석상황 이외에도 과제물 제출기한 준수 여부 등 다양한 내용을 평가에 반영할 수 있으나, 객관성 결여에 따른 우려로 인해 반영할 요소들을 개발하는 데 소극적인 경향이 있다.

정의적 특성을 평가하기 위해 교수는 학생들의 정의적 특성이나 특질이 변화될 수 있도록 목표를 설정하고, 이 목표가 진정한 의미에서 달성되었는가를 평가해야 한다. 이때 교수 개인의 기분에 좌우되지 말아야 하며, 특정 학생에 대한 편견이 개입되어서도 안 된다. 특히, 학생의 개인적인 관심사나 학생의 반응에 대해서는 비밀이 보장되어야 한다.

태도평가방법

정의적 특성을 평가하는 방법으로는 질문지법, 면접법, 관찰법, 구두시험 등이 많이 활용되고 있다.

질문지법

질문지법은 질문지(questionnaire)를 이용하여 특정 문제에 대해 교수의 감독하에 학생들이 대답을 기술하도록 하고 이를 평가하는 방법이다.

질문지법의 장점은 많은 학생들을 대상으로 짧은 시간 내에 실시할 수 있으며, 그 결과도 신속하게 처리할 수 있을 뿐만 아니라, 학생들에 미치는 영향이 다른 방법에 비해 상대적으로 적다는 것이다. 또한, 다른 방법으로는 조사하기 어려운 개인적 생활경험이나 심리적 특성을 질문지를 통해 파악할 수 있다. 특히, 심리적 특성을 검사하는 표준화 검사도구가 많이 개발되어 보급되고 있으므로 필요한 검사도구를 확인하여 사용하는 것이 바람직하다. 다만, 질문지법은 문장 이해력과 표현능력에 크게 의존하기 때문에 이러한 능력이 부족한 학생들에게는 사용할 수 없으며, 정해진 질문 이외의 것에 대해서는 파악이 곤란하다는 한계가 있다.

질문지에는 자유반응형, 선택형, 체크리스트형 등이 있다.

자유반응형은 학생들에게 자유롭게 자신의 생각을 적도록 한 것이다.

> 당신은 이 강의를 통해 무엇을 얻고자 했습니까? 그런 것이 있었습니까?

선택형은 예상 가능한 학생들의 반응을 두 개 이상의 선택지로 제시하고 학생이 자유롭게 선택하도록 하는 방식이다.

> 이 수업에서 다루어진 내용 중 가장 유익했다고 생각되는 내용과 그 이유를 적어 주십시오.
>
> ______ 학습목표의 선정 (이유:____________________)
>
> ______ 수업의 전개 (이유:____________________)
>
> ______ 평가의 방법 (이유:____________________)

체크리스트형은 자유반응형과 선택형보다는 좀 더 정교한 개발 절차가 필요하다. 대개 자유반응형 질문지를 통해 다양한 응답 유형을 수집하여 이를 기초로 체크리스트를 작성하는 것이 일반적이다. 선택지는 진위 또는 학생이 느끼는 정도를 선다형으로 제시하여 선택하도록 할 수도 있다.

다음 각 내용에 대해 해당하는 것에 ○표 하십시오.

- 나는 발표수업에 자신이 없다. ___
- 이론수업보다는 실습수업이 더 재미있다. ___
- 상대평가보다 절대평가가 학생을 더 잘 평가할 수 있다고 생각한다. ___

면접법

면접법(interview)은 교수가 학생과 이야기를 나누면서 필요한 자료를 모으는 방법이다. 면접을 하기 전에 교수는 학생들에게 질문할 사항이나 문제를 준비해야 하며, 면접을 진행하면서 학생의 응답사항을 기록해야 한다.

면접법의 성패는 면접조사표를 얼마나 세심하게 준비하느냐에 달려 있다. 이는 면접결과의 균일성과 신뢰성을 보장하고, 결과의 해석을 객관화하기 위해서 매우 중요하다. 조사항목은 면접목적에 기여할 수 있는 것만을 선택해야 하며, 학생들에게 저항감을 불러일으킬 수 있는 항목은 제외해야 한다.

면접환경은 심리적으로 안락한 환경이 제공되도록 해야 하며, 실내에서 면접이 이루어지는 경우에는 책상과 딱딱하지 않은 의자가 준비되고 채광과 통풍이 알맞게 되도록 한다.

면접법을 사용할 경우, 교수는 질문지법에서는 파악할 수 없는 깊이 있는 자료를 수집할 수 있으며, 학생 반응의 진실성 여부도 확인할 수 있다. 반면에, 시간과 경비가 많이 들며, 면접기술이 미숙하면 그릇된 판단을 할 가능성이 높은 평가방법이다.

관찰법

관찰법(observation)은 수업 전에 별도의 체크리스트를 마련하고, 수업 중 학생들의 태도나 참여도를 관찰하거나 질문한 횟수 등을 기재하였다가 성적에 반영하는 방법이다.

관찰법에서 무엇보다도 중요한 것은 계획성 있는 관찰이다. 어떤 내용을 관찰할 것인지, 관찰기간은 언제로 하고, 관찰내용은 어떻게 기록하며, 관찰내용의 해석 내지 평가는 어떻게 할 것인지 등에 대하여 미리 철저한 계획을 수립해야 한다.

관찰할 때는 객관적인 자세로 임하며, 교수의 편견이나 판단이 첨가되지 않도록 해야 한다. 또한, 관찰된 행동이 일어난 환경에 대해서도 기록해두는 것이 좋은데, 이는 같은 행동이라도 환경조건에 따라서 그 해석이 달라질 수 있기 때문이다.

객관적이고 정확한 관찰을 위해서는 평가대상 학생의 행동을 있는 그대로 기술하는 일화기록법이나 체크리스트나 평정척도 등을 이용할 수 있으며, 비디오 녹화를 한 후 분석하는 경우도 있다.

일화기록법은 교수가 수강하는 모든 학생들과의 대화 또는 행동관찰을 일일이 적어야 하기 때문에 수강생이 많은 수업에서는 사용하기가 쉽지 않다.

관찰법을 활용한 정의적 학습 성취 평가 체크리스트

행동 \ 학생 성명	A	B	C	D
1. 다른 학생들과 잡담을 한다	√√		√√	
2. 수업 중 잠을 잔다		√		
3. 수업내용과 다른 공부를 한다	√			

*같은 행동이 2분 이상 지속된 경우 √ 표시를 한다.

구두시험

구두시험은 학생으로 하여금 자신의 의견이나 생각을 발표하도록 하여 준비도, 이해력, 표현력, 판단력 등을 평가하는 방법이다. 이 방법은 강의실에서나 실습실에서 정의적 학습 성취 평가를 위해 활용될 수 있는데, 학생의 대답의 정확성과 논리성을 가지고 평가하게 된다.

많은 교수들이 수업 중 학생들에게 질문하는 것과 구두시험을 혼동하기도 하는데, 수업시간에 이루어지는 것은 일종의 수업기술로 보아야 한다.

수필형 문항

학생들이 자기의 느낌이나 신념, 또는 어떤 사항에 대한 공약 등을 수필식으로 기술하도록 하는 문항이다. 수필형 문항은 학생들에게 단순히 아는 것 이상의 응답을 요구하기 때문에 학습목표가 특정한 기능교육을 받은 후, 교육을 받기 전에는 깨닫지 못했던 이점을 학생이 인식하고 행동을 하도록 자극시키는 경우에 활용하기 좋은 방법이다.

시험설계

태도평가의 중요성에 대해 인식은 하고 있으면서도 현장에서 제대로 이루어지지 못하고 있는 이유는 측정방법이나 평가방법의 한계로 인해 결과가 허위, 과장되거나 왜곡될 수 있다는 우려 때문이다.

그러나 태도평가를 기피하는 일은 교육과정이나 교육목표를 무의미하게 만들 수 있다는 사실을 인식하고, 태도평가의 질적 수준을 높이기 위해 평가하기에 가장 적절한 평가방법을 개발하고 선정하는 관심과 노력이 필요하다. 교수가 선택할 평가방법은 주로 평가하고자 하는 목표나 행동에 좌우된다. 한 학기 동안 여러 번 태도 체크리스트를 사용하고자 결정할 수도 있고, 학생들의 태도변화를 파악하기 위해서 사전과 사후의 태도검사를 제작하여 사용할 수도 있다.

태도평가는 평가방법에서도 알 수 있듯이 채점자 또는 평가자가 어떤 유형의 평가방법을 사용하느냐에 따라 시험설계가 달라진다. 태도평가 역시 지식평가와 마찬가지로 주관식 또는 객관식으로 구분할 수 있다. 정확한 태도평가 결과를 얻기 위해서는 다음과 같은 사항에 유의하여 시험설계가 이루어져야 한다.

학습목표로부터 평가준거를 설정한다

모든 평가의 준거는 학습목표로부터 설정되기 때문에 수업의 정의적 학습목표에 기초하여 평가방법을 선택하고 평가문항을 작성한다. 사실, 학생들의 정의적 영역은 여러 가지 심리적 요인이 복합적으로 작용하기 때문에 학습목표 설정에도 많은 어려움이 있다. 따라서, 정의적 영역의 학습목표 설정이나 평가에 대해서는 많은 연습이 필요하다. 정의적 영역에는 학생의 흥미, 적성, 동기, 욕망 등이 포함되며, 이는 곧 태도로 범주화할 수 있다. 따라서, 질문의 서술 역시 이러한 학생들의 심리요인을 반영할 수 있어야 한다.

표 6-2는 정의적 학습영역의 평가준거별 질문 서술어의 예시를 나타낸 것이다.

표 6-2 정의적 학습영역의 평가준거별 질문 서술어(예시)

평가준거	질문 서술어
대상에 대한 고려, 참석, 감지	~하고 싶은 것이 있습니까? ~하기를 바랍니까? ~하고 싶은 생각이 있습니까?
활동이나 대상에 대한 반응	~하는 일이 흔히 있습니까? ~에 더 흥미를 느낍니까?(싫증을 느낍니까?) ~하는 것을 좋아합니까?
행동에 대한 만족과 가치화	~하는 일에 열정적입니까? ~하는 것에 많은 보람을 느낍니까?
가치관의 확립	~을 남에게 주장할 수 있습니까? ~에 대해 생각해 본 적이 있습니까?
가치관의 확립을 통한 행동화	~에 대해 어떻게 행동하겠습니까?

환경조건을 고려한다

평가를 실시할 때의 물리적 조건(소음, 공간의 규모, 날씨 등)이나 응답자들의 신체적 · 심리적 조건(피로 등)을 고려한다.

민감한 문제는 교수가 직접 평가한다

학생에게 민감한 질문이나 도덕적 문제와 관련된 질문은 교수가 직접 물어보거나 직접 감독하에 실시하는 것이 좋다.

적정 수의 문항으로 평가한다

질문의 수가 많아지면 학생들의 정확한 응답을 얻기 힘들 뿐만 아니라, 결과를 채점 또는 처리하기가 힘들어진다. 따라서, 질문의 수는 평가의 목적에 적합한 최소한의 범위에서 선택하는 것이 좋다.

평가의 객관성을 높인다

구두 또는 관찰을 통해 평가가 이루어질 경우, 최대한 교수 자신의 주관이 개입되지 않도록 하기 위하여 체크리스트와 같은 평가표를 이용하여 객관성을 높이되, 주관이 개입될 여지가 있을 경우에는 사실과 의견을 구분하여 기록하도록 한다.

05
심리운동적 학습 성취 평가

학생의 심리운동적 학습 성취 평가는 학생들이 습득한 기능수준을 측정하는 것으로, 일반적으로 기능평가라고도 한다. 아는 것을 실제로 적용할 수 있는 능력에 초점을 둔 평가다.

효과적인 기능평가를 위해 교수는 학생들이 실험 · 실습이나 작업을 수행해 가는 과정과 함께 최종 결과물이나 작품을 살펴보아야 한다. 어떤 기능은 높은 수준의 작품을 만들어내는 것 못지않게 매우 신중하고 정성스럽게 작업을 수행하는 것이 중요한 경우도 있다. 즉, 결과보다 과정이 중요한 경우도 있다.

대학 수업에서 심리운동적 학습 성취 평가는 다양하게 이루어지고 있다. 특히, 실험 또는 실기활동이 많은 전공에서는 거의 항상 이루어지고 있으나, 단지 결과물 또는 보고서를 위주로 평가가 이루어지고 있으며, 정의적 학습 성취 평가와 마찬가지로 전체 평가의 일부분으로 반영하거나, 또는 전혀 반영하지 않는 형편이다. 이러한 문제는 대부분의 강의가 주로 이론 위주의 지식전달에 많은 비중을 두고 있기 때문이라고 할 수 있다.

기능평가방법

기능평가를 위해 이용되는 방법에는 여러 가지가 있으나, 대학에서 비교적 많이 사용되고 있는 방법에는 실기평가, 실험 · 실습법, 작품평가, 포트폴리오 평가 등이 있다.

실기평가

과거에는 예체능 분야에서 많이 이용되었으나 최근에는 다양한 분야에서 활용되고 있으며, 실기평가는 교수학습활동과 평가활동이 분리되지 않고 수업시간에 자연스러운 상황에서 평가가 이루어지도록 하는 것이 좋다.

실기평가는 평가의 범위에 따라 일련의 과정 중 어느 한 부분만을 학생이 직접 수행할 수 있는가를 관찰하는 경우와, 일련의 과정을 전체적으로 관찰하여 학생이 어느 정도의 수행결과를 산출해 낼 수 있는가를 평가하는 경우로 구분할 수 있다.

실기평가 시 학생의 실기수행에 대해 전반적으로 평가하는 것보다는, 체크리스트 등을 만들어 각각의 핵심 행동의 평가요소당 배점을 매기는 양적인 방법을 활용하여 객관성을 높이는 것이 좋다.

실험 · 실습법

특정 과제에 대해서 학생들이 직접 실험 · 실습하게 한 후 그 과정을 직접 관찰하고, 학생들이 제출한 결과보고서를 평가하는 방법이다. 개별적으로 평가할 수도 있지만, 팀별로 평가할 수도 있다. 이 평가방법은 기자재 조작능력뿐만 아니라, 지식을 적용하는 능력과 문제해결능력을 종합적으로 평가할 수 있는 방법이다.

실기평가를 위한 체크리스트

평가내용: 수업진행을 원활하게 할 수 있는지를 평가한다.

평가항목	우수 (3점)	보통 (2점)	개선 (1점)
교과의 학습목표는 적절히 수립되었는가?			
학생들의 선행학습 수준이 수업에 반영되었는가?			
학습목표를 달성하기 위한 적절한 수업진행이 활용되었는가?			
수업 중 시선처리나 판서 활동은 괜찮았는가?			
	합계		
해설:			

작품평가

학생들이 실기능력을 평가하는 가장 효과적인 방법은 기술과제를 부여하는 것이다. 학생들의 기술이 어느 지점에 도달했을 때 수업시간에 배운 모든 기술을 적용할 수 있는 과제를 부여한다. 예를 들어, 설계도를 배운 학생들에게 투상도를 그리는 과제를 부여할 수 있다.

학생들은 개인별로 또는 조별로 과제를 수행할 수도 있으며, 완성된 작품을 보고 학생들의 실기수준을 판단할 수 있다.

포트폴리오 평가

요즈음 특별히 유행하고 있는 평가방법 중 하나가 포트폴리오 평가다. 포트폴리오 평가는 장기간에 걸쳐서 수집된 학생들의 활동 결과물을 정해진 준거에 따라서 교수와 학생이 협력하여 평가하는 방법이다. 학생의 과제를 수집하는 포트폴리오는 학생들의 지식과 기술의 정도를 보여 줄 수 있다.

포트폴리오로 성적을 매기기 위해서 교수는 먼저 포트폴리오로 만들어질 수 있는 적당한 과제물을 미리 선정해야 한다. 수업시간에 만들어진 과제물이나 배웠던 기술 등이 이에 포함될 수 있다.

시험설계

학생의 기능수준을 알고자 할 때 사용되는 기능평가는 학생이 수행해야 할 과제를 교수가 상세하게 알려 준 뒤, 학생이 문제를 풀거나 장비 또는 재료 등을 사용해서 과제를 수행하도록 한다.

기능평가는 평가자의 주관이 많이 개입될 수 있다. 따라서, 정확하고 객관적인 평가 준거와 방법을 미리 설정하고, 평가과정에 장애요소가 없도록 사전에 준비를 철저히 해야 한다.

정확한 평가를 위해 체계적인 평가계획을 설계한다

정확한 심리운동적 학습 성취 평가를 위하여 다음과 같은 사항을 고려해야 한다.

- 수행될 수 있는 기능을 자세하게 분석한다. 각 활동을 완벽하게 수행할 수 있는 절차, 필요한 공구, 재료, 장비 등을 목록화한다.
- 평가를 위해 필요한 시간을 충분히 확보한다. 시간 부족으로 평가과정의 일부를 생략한 평가결과는 신뢰받을 수 없기 때문이다.
- 작업 성취등급을 개발한다. 학습목표에 제시된 준거를 더욱 상세하고 전문성을 지닌 하위 준거로 나누어 성취등급을 정한다.
- 평가방법(평정척도법, 체크리스트법 등)을 정하고 평가문항을 개발한

다. 학생의 성명 기입란, 날짜 기입란, 지시사항, 제목란, 작업성취도 평가를 위한 준거, 각 항목의 완성 여부를 √ 표시할 수 있는 평가란 등이 포함되도록 한다.

학생들에게 평가계획을 미리 알려 준다

학생들이 미리 준비하고 연습할 수 있는 시간적인 여유를 갖도록 평가계획에 대해 사전에 알려주어야 한다. 이때 평가의 유형과 소요 시간을 알려 주고, 만일 개별적인 평가를 실시할 경우 평가를 기다리거나 평가를 끝낸 학생들이 다른 학생들이 평가받는 동안 무엇을 할 것인지에 대해서도 충분히 설명해 주어야 한다.

평가준거를 학생들에게 미리 제시한다

학생들의 반응, 기능, 결과물, 산출물을 평가할 수 있는 가이드라인과 규칙을 세워 객관적인 준거를 개발해야 한다. 이를 위해 체크리스트 또는 평점리스트가 많이 활용되고 있다. 또한, 학생들은 사전에 습득해야 할 기능이 무엇이고, 그 수준이 어느 정도여야 하는지에 대해 알고 있을 때 시험에 대한 준비를 좀 더 철저히 할 수 있으므로 평가준거를 학생들에게 미리 알려 준다.

평가내용에 따라 환경과 방법을 적절히 선택한다

평가자는 평가가 진행되는 상황을 세밀하게 관찰할 수 있도록 하기 위하여 평가장소 주변을 정리할 필요가 있으며, 시험 시작 전에 필요한 장비나 재료를 준비해 놓아야 한다.

그리고 최종 결과물이 평가대상일 경우에는 제작 절차를 꼼꼼히 챙길 필요는 없으며, 학생은 개별적으로 수행한 결과물을 교수에게 제출하면 된다. 다만, 이 경우에도 교수는 학생들 앞에서 결과물을 평가하는 것이 바람직하며, 학생들에게 개선해야 할 점 등을 이야기해 주고 학생들의 질문에 답변을 해 주도록 한다. 또한, 평가내용에 가장 적합한 평가방법을 선택한다.

06
루브릭 평가

대학에서 학점 부여를 위해 시험이나 과제를 부여한다. 주로 중간·기말 시험을 보거나 리포트, 프로젝트 결과물 등을 제출하도록 한다. 선다형이나 단답형 시험은 정해진 답이 있는 반면, 이 밖의 방식은 명확한 등급기준이 마련되지 않았거나 공지되지 않아 교수자는 채점이 어렵고, 학생은 자신의 결과물 점수에 대해 의문이 생기거나 불만이 생길 수 있다.

이런 문제를 해결할 수 있는 것이 루브릭 평가다. 루브릭이란 최종학점 부여나 리포트, 프로젝트 혹은 시험 채점을 위한 구체적인 평가준거에 관한 가이드를 의미한다. 이러한 루브릭 평가를 할 경우 채점 기준이 명확하고 이해가 쉬우며, 학생들로 하여금 열심히 하고자 하는 의지를 높여 줄 수 있다.

루브릭은 과제물 평가를 위한 가이드를 제공해 준다. 따라서 채점 과정에서 시간이 절약되고 객관적인 평가와 학생들의 부족한 부분을 체계적으로 파악할 수 있다. 또한 동일한 과목을 여러명의 교수가 수업할 경우 루브릭을 통해 소통이 가능하다. 학생의 입장에서는 과제물을 부여하면서 중요하게 생각했던 부분을 사전에 파악할 수 있다.

이를 통해 학습참여가 촉진되고 스스로 또는 동료에 대한 진단이나 평가가 가능하다. 이 밖에도 튜터나 멘토의 역할을 할 경우 루브릭을 통해 지도가 가능하다.

이러한 루브릭이 어떠한 경우에 적용되는지를 살펴보고, 어떻게 구성되어 있는지와 개발하는 절차 등을 살펴보면 다음과 같다.

루브릭 적용 대상

루브릭은 연구보고서, 실험실습보고서, 캡스톤디자인과 같은 프로젝트, 미술이나 음악 등의 작품평가, 체육 등의 실기평가 시에 적용할 수 있다.

연구보고서

연구보고서를 과제로 부여할 때, 보고서의 주제나 간단한 작성 지침 정도를 부여한다. 이 경우 보고서 작성에 대한 구체적인 제한이 없어 자율성을 높여주는 것으로 오해할 수 있다. 그러나 학생들은 어떠한 내용이 담겨야 하는지, 분량은 어느 정도를 써야 하는지, 어떠한 양식을 따라야 하는지 등에서 혼란을 겪을 수 있다. 또한 평가결과에 대해 불만을 갖게 된다.

따라서 과제 부여 시 보고서에 담겨야 할 내용, 작성 양식, 작성 분량 등을 제시한다. 특히 객관적인 사실, 선행연구 탐색, 개인의 의견 등 보고서에서 핵심적으로 담겨야 하는 부분을 사전에 공지한다.

실험실습보고서

실험이나 실습 후 보고서를 과제로 부여할 때, 대부분 정해진 보고서 양식을 제공한다. 그러나 실험결과에 대한 사실적인 제시, 결과 해석, 현실에의 적용 등 어떠한 내용이 어느 정도의 분량으로 제시되어야 하는지 구체적이지 않을 경우, 학생들은 해석이나 결론 도출에 어려움을 겪을 수 있다.

따라서 실험실습보고서 부여 시 각 양식에 제시되어야 할 내용에 따라 실험실습 준비, 실험실습 과정, 결과 도출, 결론, 제언 등을 구분하여 각각에 대한 평가지침이나 포함되어야 할 내용을 사전에 제시해야 한다.

프로젝트(캡스톤디자인 등)

프로젝트 수행을 과제로 부여할 때, 수행해야 할 내용과 제출해야 될 결과물 수준에서 안내하고 결과물 중심으로 평가가 이루어진다. 그러나 프로젝트 수행은 기본구상에서 수행하는 과정, 이 과정에서의 문제해결능력, 결과물의 적합성 등을 종합적으로 관찰하고 평가해야 한다.

따라서 과제 부여 시 프로젝트 수행에 대한 세부적인 절차 및 각 절차에서 수행해야 할 내용, 원하는 결과물의 모습, 결과보고서 작성 양식 및 담겨야 할 내용 등을 상세히 제시하고 각각의 평가기준을 제공해야 한다.

작품평가

미대, 음대 등에서 작품 제출을 과제로 부여할 때, 작품의 주제나 형태 수준에서 안내한다. 개인의 창작능력을 보기 위한 과제이기 때문에 자율성을 부여한다는 측면에서는 의의가 있지만, 학생의 입장에서는 어느 수준에서 어떠한 작품을 만들어야 하는지 혼란을 겪을 수 있다.

따라서 과제 부여 시 결과물의 형태, 규격, 따라야 할 이론적 양식 등을 제시해야 한다. 예를 들어 미술작품의 경우, 주요 모티브, 회화의 경우 세부 방식, 작품의 규격 등을 안내해야 한다. 또한 평가기준으로 전체적인 작품성 이외에 질감, 색감 등을 구체적으로 명시해야 한다.

실기평가

체육 등 실기평가를 과제로 부여할 때, 실기의 도착점 행동이나 결과물 수준에서 안내하거나 종합적인 평가와 같은 애매한 기준을 안내한다. 물론 교수의 전문성에 의해 종합적으로 관찰이 가능하지만, 학생의 경우 실기 과정에서 초점을 두어야 할 점, 결과물의 기준 등을 파악하기 어렵다. 따라서 과제 부여 시, 수행과정에서의 행동 하나하나에 대한 기준을 명시하고 결과물의 성공 여부를 판단하는 기준을 제시해야 한다. 예를 들어 체조나 피겨스케이팅의 경우, 종합적인 기술과 예술성을 평가하기 위해 각 행동별 등급기준, 전체 수행에서 담겨야 할 행동 등을 구체적인 항목으로 설정하고 있다.

포트폴리오

포트폴리오 과제로 부여할 때, 대부분 개인이 활동한 내역이나 수행한 실적을 모두 묶어서 제출하라는 수준에서 안내한다. 일반적으로 포트폴리오를 과제로 부여할 때, 기준 제시가 되어 있지 않아 학생들은 어느 정도의 분량으로 어느 활동에 초점을 두어 정리해야 하는지 혼란을 겪게 된다.

따라서 포트폴리오 과제 부여 시, 필수적으로 포함되어야 하는 활동, 활동에 대한 등급기준, 최소한의 분량 등을 제공해야 한다.

루브릭의 구성요소

하나의 루브릭은 평가대상(과제), 성취등급(척도), 평가영역 및 배점(없을 수도 있다), 등급기준 등으로 구성된다(그림 6-2 참조).

사형제도 폐지에 대한 찬반 보고서

사형제도 폐지에 대한 다양한 의견을 찾아 정리하고, 자신의 주장을 명확한 근거에 따라 제시한다. ← 평가대상

등급 / 평가영역 및 배점	우수	보통	미흡
논란 조사의 종합성 (30%)	사형제도에 대한 존치 의견과 폐지 의견을 다양하게 제시한다	사형제도 존폐 중 특정 의견만을 제시한다	사형제도에 대한 존폐 의견을 제시하지 못한다
주장에 대한 근거 (30%)	주장을 지지하는 명료하고 정확한 근거를 제시한다	주장을 지지하는 이유를 제시하지만, 정확한 근거를 제시하지 못한다	주장을 지지하는 이유를 제시하지 못한다
⋮	⋮	⋮	⋮

(성취등급: 우수·보통·미흡 / 등급기준: 각 셀의 기술)

그림 6-2 루브릭 사례

평가대상(과제)

평가대상에는 기본적으로 학생들이 과제를 통해 수행해야 하는 수행 내용이 상세하게 기술되어 있다. 이때 과제는 다양한 수행방법(논설, 발표, 토론, 프로젝트, 문제해결 등)의 형태로 주어지며, 과제 내용뿐만 아니라 수행 과정에서 기대되는 행동, 적절한 조치, 다양한 참여 등과 같은 행동 등을 종합적으로 포함한다.

평가영역 및 배점

평가영역 및 배점은 과제가 어떤 구성요소로 세분화될 수 있는지 명확하게 나타낼 수 있도록 한다. 즉, 과제를 수행함에 있어 어떠한 단계를 거쳐서 이루어지는지, 혹은 과제에 어떠한 내용이 담겨야 하는지를 제시한다. 한편, 평가영역을 제시할 때는 각 영역별로 차지하는 중요도가 어느 정도인지를 확인하여 해당 영역의 배점을 제시해야 한다. 평가영역을 기술할 때는 학생들이 성공적인 작업을 하는 데 필요한 세부적인 기술을 현실에서 사용하는 용어로 제시해야 한다.

성취등급

성취등급은 과제 수준에 대한 달성 정도나 우수성 정도를 몇 가지 수준으로 나누는 것을 의미한다. 성취등급은 과제 혹은 과제의 세부영역별로 학습자가 수행한 내용을 평가하는 단계로 과제의 성격이나 목적 등에 따라 단계 구분이나 표현이 다양하다. 일반적으로 3단계, 5단계가 주로 사용되지만, 평가자가 학습자의 수준을 좀 더 면밀히 관찰하고 세부적으로 수행 정도를 구분할 수 있다면 여러 단계로 구분할 수 있다. 반면, 수행 결과가 단순히 수행 여부만을 확인하는 등 이분법적으로 평가를 할 경우 예/아니오와 같은 2단계가 적절할 수 있다.

기준의 표현은 숫자, 알파벳, 숙달 정도, 전문성 등에 따라 다양하게 설정할 수 있다. 상 · 중 · 하와 같은 일반적인 표현 이외에도 해당 과제의 특징을 잘 살릴 수 있는 표현을 활용하는 것이 활용의 측면에서 도움이 된다. 기준을 표현 시 가장 낮은 수준의 표현을 부족한, 미흡한 등과 같은 부정적인 표현을 사용하기보다 '발전하고 있는'과 같은 긍정적인 단어를 활용하여 학생들로 하여금 발전할 수 있다는 잠재적 가능성을 보여 주는 것도 필요하다.

수준 표현의 예는 '우수-보통-미흡', '모범적인-능숙한-미비한-부족한', '전문가 수준-보통 수준-초보자 수준', '상-중-하',

'5-4-3-2-1', 'A-B-C-D-F' 등이 있다.

등급기준

영역별 성취등급 기술은 해당 과제 영역을 수행할 때 각 성취등급별로 어떠한 모습을 나타내는지를 제시하는 것이다. 이때는 평가요소와 영역에 대한 성취등급에 따라 가급적 자세하게 기술한다. 또한 성취등급별 수행 정도가 명확히 구분될 수 있도록 하여 평가자나 피평가자가 평정에 있어 모호함이 발생하지 않도록 한다.

루브릭 개발 절차

루브릭 개발을 위해서는 평가 목적과 대상 등을 고려하여, 각 구성요소의 역할이나 유의사항을 고려해야 한다.

1단계: 평가대상 확인

과제물을 통해 학생들이 보여 주기를 기대하는 행동이 구체적으로 무엇인지를 확인한다. 이때 실제 평가를 하고자 하는 대상 학생의 수준이나 전공 특성 등을 파악하며, 평가하고자 하는 과제의 특성을 고려해야 한다. 최종적인 기대 행동은 최대한 구체적이고 정교하게 기술하며, 과제 수행 절차가 있는 경우 세부 절차를 제시한다.

2단계: 성취등급 설정

과제를 평가하기 위한 기준을 설정한다. 이때 기준은 상 · 중 · 하 등 채점을 할 수 있는 등급 형태로 제시한다.

3단계: 평가 영역 도출

해당 과제에서 수행해야 할 내용을 구체적으로 요목화하여 평가 영역을 도출한다. 이때 평가영역은 과제 내용에 따라 분류할 수 있으며, 이 밖에도 과제 수행 절차, 지식 · 기술 · 태도 등의 기준에 따라 구분할 수 있다.

4단계: 영역별 배점 설정

평가 영역의 중요성에 따라 배점을 부여한다. 배점은 해당 영역이 과제에서 전반적으로 차지하는 중요도를 고려하며, 이 밖에도 난이도, 활용 정도 등을 종합적으로 고려한다.

영역별 성취등급 설정

각 영역의 성취등급에 따라 등급별 성취등급을 설정한다. 성취등급은 교수의 채점 시에도 활용되지만, 학생이 과제를 수행하는 과정에서 가이드로서의 역할을 한다. 따라서 객관적인 평가가 가능하도록 기술하며, 각 등급 간의 차이가 명확하게 진술한다.

이상의 루브릭 개발은 교수가 스스로 만들 수 있지만, 같은 과목을 가르치는 다른 교수와 협의를 통해 개발하거나 학생과 논의를 통해 함께 만들 수도 있다. 이때 교수는 학생에게 수행 가능 정도를 확인하고 도달 가능성을 타진하여 만들어 간다. 또한 루브릭은 과제를 부여하기 전에 개발하여 과제와 함께 제시하는 것이 필요하다.

과제 유형에 따른 루브릭 활용

연구보고서 평가 루브릭

연구보고서 평가를 위한 루브릭은 연구 주제 설정 적합성, 관련 이론적 근거 탐색, 결과 도출, 결론 및 시사점 제시, 참고문헌 제시 등에 대해 평가영역을 설정하고, 성취등급과 등급기준을 개발해야 한다(그림 6-3 참조).

연구보고서			
주어진 키워드와 관련된 이론적 배경이나 현황을 조사하고, 자신의 견해를 제시할 수 있다.			
평가영역 및 배점	우수	보통	미흡
주제 설정 (10)	주어진 키워드에 적합한 주제를 설정하였다	주어진 키워드의 일부를 포괄하는 주제를 설정하였다	주어진 키워드와 연관성이 적은 주제를 설정하였다
이론적 근거 탐색 (30)	주제에 대한 이론적 근거를 선행연구나 현황에 근거하여 제시하였다	주제에 대한 이론적 근거를 편향적으로 제시하였다	이론적 근거 탐색이 미흡하다
결과 도출 (20)	⋮	⋮	⋮
결론 및 시사점 (30)	⋮	⋮	⋮
참고문헌 제시 (10)	⋮	⋮	⋮

그림 6-3 연구보고서 평가 루브릭 사례

실험 · 실습보고서 평가 루브릭

실험 · 실습보고서 평가를 위한 루브릭은 보고서 양식, 가설과 연구방법, 자료분석, 결론 등에 대해 평가영역을 설정하고, 성취등급과 등급기준을 개발해야 한다(그림 6-4 참조).

실험 · 실습보고서			
주어진 주제에 따라 가설과 적합한 연구방법을 설정하고 분석하여 결론을 도출할 수 있다.			
평가영역 및 배점	우수	보통	미흡
보고서 양식 준수 (10)	주어진 보고서 양식을 모두 만족시켰다	주어진 보고서 양식을 활용하였으나, 일부 누락되었다	주어진 보고서 양식을 활용하지 않았다
가설 설정 (10)	가설 설정방식에 따라 모든 가설을 설정하였다	가설이 설정되었으나, 설정방식을 일부 따르지 않았거나 누락된 부분이 있다	가설 설정이 이루어지지 않았다
연구방법 (30)	⋮	⋮	⋮
자료분석 (20)	⋮	⋮	⋮
결론 (30)	⋮	⋮	⋮

그림 6-4 실험 · 실습보고서 평가 루브릭 사례

프로젝트 평가 루브릭

프로젝트 평가를 위한 루브릭은 프로젝트 주제 선정, 프로젝트 수행단계 설정, 일정 및 역할 분담, 수행 과정, 결과 도출 등에 대해 평가영역을 설정하고, 성취등급과 등급기준을 개발해야 한다(그림 6-5 참조).

○○ 프로젝트			
주어진 키워드에 대해 적합한 주제를 선정하고 수행 과정, 일정, 역할 분담을 통해 적합한 결과를 도출할 수 있다.			
평가영역 및 배점	우수	보통	미흡
주제 선정 (10)	주어진 키워드에 대해 수행 가능한 주제가 선정되었다	주어진 키워드에 대해 수행 가능성이 적거나 포괄하지 못한 주제가 선정되었다	주어진 키워드와 무관한 주제가 선정되었다
수행단계 설정 (10)	선정된 주제를 달성할 수 있는 세부적인 수행단계가 설정되었다	선정된 주제를 달성하기에 부족한 수행단계가 설정되었다	선정된 주제를 달성할 수 없는 수행단계가 설정되었다
일정 및 역할 분담 (30)	⋮	⋮	⋮
수행 과정 (20)	⋮	⋮	⋮
결과 도출 (30)	⋮	⋮	⋮

그림 6-5 프로젝트 평가 루브릭 사례

작품평가 루브릭

작품평가를 위한 루브릭은 과제 방식의 이해 정도, 창조성, 규격 준수 여부 등에 대해 평가영역을 설정하고, 성취등급과 등급기준을 개발해야 한다(그림 6-6 참조).

미술작품			
주어진 주제와 활동방법 및 양식에 맞는 작품을 개발할 수 있다.			
평가영역 및 배점	우수	보통	미흡
과제 방식 이해 (10)	주어진 주제를 표현함에 있어 제시된 방식을 적합하게 따랐다	주어진 주제를 표현함에 있어 제시된 방식을 일부만 적용하였다	주어진 주제를 표현함에 있어 제시된 방식을 활용하지 않았다
창조성 (10)	주어진 주제를 표현함에 있어 창조적으로 표현하였다	주어진 주제를 표현함에 있어 일부 모방을 하였으나, 창조적으로 표현하였다	주어진 주제를 표현함에 있어 모방하여 표현하였다
규격준수 (30)	⋮	⋮	⋮

그림 6-6 작품평가 루브릭 사례

실기평가 루브릭

실기평가를 위한 루브릭은 수행 준비, 수행 절차, 수행 내용, 수행 결과, 수행 마무리 등에 대해 평가영역을 설정하고, 성취등급과 등급 기준을 개발해야 한다(그림 6-7 참조).

체조실기			
주어진 과제에 대해 수행 준비를 거쳐 절차, 내용, 결과, 마무리 등을 정확하게 할 수 있다.			
평가영역 및 배점	우수	보통	미흡
수행 준비 (10)	주어진 과제를 수행할 수 있도록 완벽하게 준비동작을 수행하였다	주어진 과제를 수행할 수 있도록 일부 준비동작을 수행하였다	주어진 과제를 수행할 수 있도록 준비동작을 수행하지 않았다
수행 절차 (20)	주어진 절차를 모두 따라 수행하였다	주어진 절차를 일부 제외하고 수행하였다	주어진 절차를 따르지 않았다
수행 내용 (30)	· · ·	· · ·	· · ·
수행 결과 (20)	· · ·	· · ·	· · ·
수행 마무리 (30)	· · ·	· · ·	· · ·

그림 6-7 실기평가 루브릭 사례

포트폴리오 평가 루브릭

프트폴리오 평가를 위한 루브릭은 활동의 개수, 활동 내용의 주제 연관성, 활동 자체의 질적인 부분 등에 대해 평가영역을 설정하고, 성취등급과 등급기준을 개발해야 한다(그림 6-8 참조).

포트폴리오			
주어진 주제에 맞는 자신의 활동을 포트폴리오로 작성하여 제출할 수 있다.			
평가영역 및 배점	우수	보통	미흡
활동 개수 (10)	정해진 활동 개수에 따라 구성하였다	정해진 활동 개수의 80% 이상으로 구성하였다	정해진 활동 개수의 80% 미만으로 구성하였다
주제 연관성 (20)	모든 활동이 주어진 주제에 맞게 구성하였다	80% 이상의 활동을 주제에 맞게 구성하였다	80% 미만의 활동을 주제에 맞게 구성하였다
활동의 질적 우수성 (30)	· · ·	· · ·	· · ·

그림 6-8 포트폴리오 평가 루브릭 사례

07

채점 및 성적 부여

학생들은 채점과정 및 성적 부여 과정이 공정하고 합리적으로 이루어진다고 인식할 때 교수의 판정을 의심 없이 받아들일 것이다.

대부분의 교수들은 성적 부여 시 출석, 수업태도, 과제물, 정기고사 성적 등 다양한 요소를 고려한다. 이러한 요소들을 반영하기 위해서는 사전에 각 요소들에 대한 반영비율을 정해놓고, 강의계획서를 통해 학기 초에 학생들에게 알려 주어야 한다. 그리고 다양한 요소를 반영하기 때문에 학기 말에 한꺼번에 채점하기가 쉽지 않으므로, 그때그때 채점을 하여 기록해 둘 필요가 있다.

성적을 부여하는 일은 많은 시간과 노력을 요하는 활동이지만, 교수의 임무 중 중요한 부분을 차지하고 있다. 성적 부여의 기능은 학생들에게 무엇을 얼마나 학습했는지 알려 주고, 또한 학생들에게 학업성취능력을 개선하도록 하며, 교수와 학생 간의 커뮤니케이션 역할을 한다.

등급기준은 교수설계의 학습목표와 불가분의 관계이므로 교수설계 시 함께 고려되어야 하며, 강의계획서에도 성적평가의 방법, 반영비율 등을 명확하게 기록해 두어야 한다.

채점하기

시험 채점하기

각종 시험에 대한 채점은 사전에 만들어 둔 채점기준표의 기준에 따라 한다. 채점을 할 수 있는 근거가 적절하게 잘 준비되어 있으면, 교수는 채점에 소요되는 시간을 줄이고, 자기 자신이 채점한 성적에 확신을 가질 수 있다. 채점기준표는 채점을 마친 답안지와 함께 학생들에게 보여 주는 것이 좋다. 학생들은 채점기준표를 보고 어떤 기준으로 점수가 부여되었는지 알 수 있으며, 문제의 출제 의도를 알 수 있다.

논술형 문항일 경우, 반드시 답안에 포함되어야 할 내용을 정리해 놓고 부분 점수를 적절히 배정해 놓아야 한다. 답안지는 한 사람씩 채점하는 것보다는 한 문제씩 채점하는 것이 좋다. 채점 시에는 점수 부여와 더불어 답안지에 짧은 코멘트를 쓰고 학생들에게 나누어 주어 점수를 확인하게 한 뒤 다시 회수한다. 이러한 방식은 학생들에게 자신의 약점을 알려 주며 그들의 학습을 도울 수 있다.

시험 채점의 절차와 유의사항을 정리하면 다음과 같다.

채점기준표와 모범답안을 작성한다

학습내용의 중요도, 난이도 등에 따라 내용영역별 채점의 비중을 정한다. 또한, 문제의 성질 또는 유형에 따라 등급기준을 차별화한다.

채점기입표를 만든다

학생들의 시험점수를 기입할 수 있는 표를 만들되, 전체 점수만을 기입하도록 만드는 것보다는 평가영역별로 채점점수를 기입할 수 있도록 만드는 것이 좋다.

채점기준표에 따라 시험문제를 채점한다

객관식 문제의 경우는 답의 정오만을 표시할 수 있지만, 학습목표에 따라 문제별 가중치에 차이를 두는 것이 좋다. 주관식 문항의 경우에는 채점자의 주관이 개입되지 않도록 구체적인 기준에 따라 채점한다.

채점결과를 확인한다

학생들의 점수분포를 확인하고 계획한 성적 부여 방식에 맞게 채점이 이루어졌는지 확인한다. 오답이 많은 문제는 주의 깊게 분석하여 문제에 오류가 있는지 확인하고, 문제에 이상이 없다면 학생들의 학습결함의 내용과 원인을 파악한다.

과제물 채점하기

과제물 채점의 경우에도 역시 채점기준표를 만들어 활용함으로써 일관성 있는 채점이 되도록 한다. 과제물을 부여할 때 등급기준도 함께 학생들에게 제시하여 학생들이 과제물을 어떻게 작성해야 하는지, 그리고 과제물 제출장소, 제출기한, 제출방법 등에 관한 제반 사항도 알려 주도록 한다. 과제물은 채점이 끝난 뒤에는 학생들에게 돌려주어 학생들의 성취수준을 알 수 있도록 한다. 또한, 과제물에 대한 교수의 의견을 짧게 달아줌으로써 학생들에게 과제물에 대한 피드백이 될 수 있도록 한다.

과제물 채점은 만점에서부터 점수를 빼나가는 식으로 채점하지 말고, 영점에서부터 점수를 더해 나가는 식으로 채점한다. 이는 학생들이 과제물에 대한 평가를 받아 보았을 때 '-'보다는 '+' 표시가 학생들에게 긍정적 사고와 의욕을 갖게 하기 때문이다.

채점 시 참고사항

- 학기 초에 채점 원칙을 학생들에게 안내하고 강의계획서에 명시한다. 물론, 늦은 과제물 제출이나 추가시험에 대한 불이익 등에 대해서도 안내한다.
- 채점 시에는 공정성을 기하기 위해 채점이 완전히 끝날 때까지 학생들의 신분을 알 수 없도록 수험자의 정보가 있는 답안지의 상단을 철하고 채점하는 것이 좋다.
- 채점이 끝난 후에는 시험문제에 기대했던 의도와 다른 반응이 나왔다든지 불필요하게 학생들을 혼동시킨 내용이 있는지 확인 후, 이에 대하여 기록해 두는 것이 다음을 위해 도움이 된다.
- 학생들의 성적은 개별적으로 통보하고, 학과 게시판 등에 공개하는 일이 없도록 유의한다.

성적 부여하기

일부 교수들의 경우, 성적 부여 시 수업을 통해 학습자가 수행한 모든 행위를 고려하지 않고 일부 필기시험만을 성적에 반영하는 경우가 있는데, 이는 바람직하지 못하다. 평가는 학습목표에 얼마나 도달했는가를 측정하기 위한 것이므로 다소 번거롭더라도 정기고사 성적만으로 부여해서는 안 되며, 출석 상황, 수업태도, 과제물 수행 정도, 정기고사 성적 등 다양한 요소가 반영되어야 한다.

성적 부여 시 학생들이 평점체제가 공정하고 합리적이며 성취도에 비례하여 주어진다는 것을 인식할 수 있도록, 학기 초에 강의계획서를 통해 학생들과 약속했던 평가유형과 성적반응 비율을 정확히 지키도록 한다. 또 성적 부여의 객관성 유지를 위해 비슷한 교과를 가르치는 동료 교수와 부여한 학점을 비교해 보는 것도 좋은 방법이다.

그리고 학기 중에는 등급기준을 바꾸지 않도록 한다. 부득이하게 등급기준을 바꾸어야 하는 경우에는, 학생들에게 반드시 그 사실을 알리도록 한다. 또한, 학점에 대한 지나친 강조를 하지 않도록 한다. 평소 수업시간에 학생들에게 시험, 과제물, 채점, 성적 부여에 관한 명확한 방침을 제시할 때 학생들이 지나치게 학점에 대한 부담을 느끼지 않도록 유의한다. 만약, 많은 학생들의 점수가 낮다면, 재시험을 볼 수 있는 기회를 주는 배려도 필요하다.

〈산업교육방법 및 실습〉 과목의 점수와 성적 부여

평가영역	최고점수	점수	평가비율 (가중치)	실제점수
출석 및 수업 참여도	10	8	20%	16
실습평가 I	10	9	10%	9
실습평가 II	10	9	10%	9
모의수업	10	7	30%	21
기말고사	10	5	30%	15
계	50	38	100%	70

상대평가 (상위 %)	10	20	35	50	65	80	...	...
절대평가 (총점)	100~95	94~90	89~85	84~80	79~75	74~70	...	...
성적	A^+	A^0	B^+	B^0	C^+	C^0	...	...

채점 및 성적 처리 결과의 피드백

학생들에게 채점한 답안지를 피드백하는 것은 학생들 자신의 수업 이해 정도를 알 수 있도록 도와주므로, 시험을 치른 후에는 가능한 빨리 결과를 학생들에게 피드백하는 것이 좋다.

우선, 시험이 끝난 뒤 시험결과에 대한 전반적인 이야기를 해 주는 것이 좋다. 대부분의 학생들이 어떤 문제에서 고전했으며, 어떤 문제는 쉽게 풀 수 있는 문제인데 틀린 학생들이 많았다든지, 또 평균 점수는 몇 점이고, 최고점과 최저점은 몇 점이었는지 등의 언급도 적절히 할 필요가 있다.

한편, 학생들에게 더 나은 성적평가를 위한 의견을 묻는 활동도 필요하다. 성적 부여는 공정하게 이루어졌다고 생각하는지, 성적 부여에 관한 설명이 충분히 이루어졌는지, 수행결과에 대한 적절한 피드백을 받았는지, 좀 더 나은 성적평가를 위한 건의사항 등을 조사할 필요가 있다.

성적결과 피드백 시 유의사항

- 성적을 동기부여에 이용하지 않도록 한다. 학생들에게 학습동기를 부여하고 자극을 주기 위해서는 학점을 사용하기보다 수업시간 중에 칭찬을 하거나, 개별 상담을 하거나, 과제물에 발전적인 코멘트를 해 주는 등의 피드백을 주는 것이 더 바람직하다.
- 성적이 학생들 간의 경쟁심을 불러오지 않도록 주의한다.

7장

지속적인 교수능력 평가 및 개선

교수능력은 단기간에 비약적으로 개선될 수 있는 것이 아니며, 꾸준한 노력이 필요하다. 먼저, 교수능력을 신장하기 위해서는 수업평가를 실시함으로써 자신의 교수능력을 진단해 보아야 한다.

수업평가에는 교수 스스로 자신이 수업을 평가하는 자기평가와 학생에 의한 평가가 있다. 주의해야 할 사항은 수업평가는 수업 개선을 위한 것으로 특정 교수의 교수능력을 점수로 환산하여 승진이나 보수에 반영하기 위한 것이 아니며, 수업 개선을 위해 자신에게 부족한 능력이나 필요한 자료를 수집, 분석, 고찰하고 새로운 방법을 고안하는 과정이라는 것이다.

따라서, 수업평가를 통해 교수능력 수준이 파악되었다면, 미흡한 부분을 수정·보완하기 위해 다양한 교수능력 신장 프로그램에 참가해서 교수능력을 증진해야 할 것이다.

01
자기평가

한 학기의 수업이 마무리될 때 자신이 진행한 수업에 대하여 스스로 만족을 느껴 좀 더 가르치고 싶다는 아쉬움을 갖는 경우가 있으며, 반대로 수업하는 것이 지겨워 빨리 수업을 끝내고 싶은 경우가 있을 것이다. 어느 경우든 자신의 수업에 대한 자기평가가 필요하다. 자기평가란 교수 자신이 수업의 질을 개선하기 위하여 자기 수업의 모든 면에 대하여 고찰하고, 개선점을 도출해 내는 것을 말한다. 즉, 교수능력을 향상시키기 위하여 자신의 수업을 체계적으로 분석 및 평가하는 부단한 과정이다.

평가시기

진행되고 있는 수업에 대한 자기평가는 단위 수업시간마다, 내용영역에 따라, 또는 중간고사를 실시한 이후 등 학기 중 다양한 시기에 실시할 수 있다. 수업의 효율적인 진행을 위해서는 가급적이면 단위시간마다 실시하는 것이 좋다. 또한, 수업 전반에 관한 평가를 위해서는 학기 말에 한 번 실시할 수도 있다.

평가요소

단위시간에 대한 자기평가는 해당 시간에 이루어진 구체적인 사항을 평가하기 위한 것이다. 평가요소로는 동기 유발을 위해 사용한 예는 적절했는지, 수업내용은 학습자 수준에 맞게 재구성되었는지, 학습결과를 확인하기 위해 사용한 질문은 적절했는지, 수업 중 시선처리나 판서 활용은 괜찮았는지 등이 포함될 수 있다.

학기 말에 이루어지는 자기평가는 한 학기 동안 이루어진 수업에 대한 종합적인 평가를 위해 실시된다. 평가요소로는 교과의 학습목표는 적절했는지, 학생들의 선행학습 수준이 수업에 반영되었는지, 학습목표를 달성하기 위한 적절한 수업방법이 활용되었는지, 성적평가는 공정하고 합리적으로 이루어졌는지 등이 포함될 수 있다.

평가방법

자기평가방법으로는 체크리스트를 활용하는 방법, 자신의 수업을 녹화한 자료를 평가에 활용하는 방법, 교내 교수학습지원센터의 진단 프로그램을 활용하는 방법 등이 있다.

체크리스트를 활용하는 방법

그림 7-1은 자기평가를 위한 체크리스트의 예시를 나타낸 것이다. '개선' 또는 '보통'의 결과가 나온 항목에 대하여는 꾸준한 자기

노력을 통하여 개선될 수 있도록 한다.

자신의 수업을 녹화한 자료를 평가에 활용하는 방법

비디오를 이용하여 자신의 수업을 녹화한 뒤 말투, 말의 속도, 목소리 크기, 표현방법, 설명의 유창함, 자세, 복장, 태도는 물론 학생들의 반응 등을 관찰하고, 부족한 부분을 수정 · 보완한다. 이러한 방법은 미국 대학에서는 일반화된 방법이며, 최근에는 우리나라의 일부 대학에서도 활용되고 있는 방법이다.

녹화가 번거롭다면 처음에는 손쉽게 할 수 있는 녹음만 해보는 것도 수업 개선에 큰 도움이 될 것이다.

교수학습지원센터의 진단 프로그램을 활용하는 방법

현재 많은 대학에서 교수학습지원센터를 운영하고 있다. 센터에서는 교수의 강의를 스스로 진단해 볼 수 있는 다양한 프로그램을 운영하고 있다. '강의 비디오 촬영' 프로그램이나 '강의 녹음' 프로그램을 신청하여 장비나 인력 지원을 받아 자기 강의를 스스로 평가해 보는 것도 도움이 될 것이다.

확인 항목	우수	보통	개선
학생들과 자주 만난다.			
① 학생들이 주관하는 행사에 적극적으로 참여한다.	☐	☐	☐
② 수업시간 외에도 학생들의 생활 전반에 대한 조언자 역할을 한다.	☐	☐	☐
③ 교수가 참석하는 전문 학술모임에 학생들을 초대한다.	☐	☐	☐
④ 평소 학생들의 이름을 외운다.	☐	☐	☐
⑤ 학생들이 교수 연구실에 방문할 수 있는 시간을 정기적으로 제공한다.	☐	☐	☐
⑥ 수업 전에 강의실에 일찍 도착하여 학생들과 대화한다.	☐	☐	☐
학생들의 상호협동 활동을 장려한다.			
① 수업시간에 학생들이 서로를 알 수 있는 기회를 마련한다.	☐	☐	☐
② 소집단 활동 과제(프로젝트)를 수행하게 한다.	☐	☐	☐
③ 과제 및 수업내용에 대해 학생들이 서로의 생각을 공유하게 한다.	☐	☐	☐
④ 평소 학생들끼리 공부하고 의견을 나누도록 격려한다.	☐	☐	☐
학생들이 능동적으로 수업에 참여하도록 유도한다.			
① 수업시간에 학생들이 질문이나 의견을 그때그때 제기하게 한다.	☐	☐	☐
② 수업시간에 평소 학생들이 읽었던 신문이나 글을 소개하고, 새로운 과제에 대한 아이디어를 제안하게 한다.	☐	☐	☐
③ 학생들이 수업내용과 관련된 실생활 문제를 고민해 보도록 격려한다.	☐	☐	☐
④ 역할극, 시뮬레이션, 현장실습 등을 통해 직접적인 경험을 하게 한다.	☐	☐	☐
⑤ 수업내용과 관련된 다양한 이론 및 학자들의 견해를 비교하는 활동을 장려한다.	☐	☐	☐

그림 7-1 자기평가 체크리스트(예시)

확인 항목	우수	보통	개선
학생들에게 즉각 피드백한다.			
① 퀴즈, 시험 및 과제의 채점 결과를 가능한 빠른 시간 내에 알려 준다.	☐	☐	☐
② 학생들이 제출한 보고서에 직접 코멘트를 자세히 적어 돌려준다.	☐	☐	☐
학생들이 과제에 충분한 시간을 투입할 수 있도록 지원한다.			
① 결석한 학생에게는 결석한 수업의 내용에 대해 스스로 보충하도록 요구한다.	☐	☐	☐
② 과제 수행에 필요한 시간을 비교적 명확히 알려 준다.	☐	☐	☐
③ 과제 발표 전에 학생들이 충분한 연습을 하도록 독려한다.	☐	☐	☐
④ 수업 중간에 쉬는 시간을 지나치게 길게 잡지 않는다.	☐	☐	☐
학생들에게 교수의 높은 기대 수준을 주지시킨다.			
① 강의 초반에 교수의 기대 수준을 구두 또는 서면으로 제시한다.	☐	☐	☐
② 과제를 늦게 제출한 학생들이 받게 될 불이익을 설명한다.	☐	☐	☐
③ 심화학습을 위해 추가적인 읽을거리나 참고문헌을 제시한다.	☐	☐	☐
④ 학생 스스로 높은 수준의 성취목표를 세울 수 있게 조력한다.	☐	☐	☐
학생들의 다양한 재능과 학습방식을 존중한다.			
① 다양한 수업방법을 사용한다.	☐	☐	☐
② 학생들이 자신의 흥미에 따라 추가적인 읽을거리와 과제를 선택하게 한다.	☐	☐	☐
③ 학생들의 사회경제적 배경과 흥미를 파악한다.	☐	☐	☐
④ 학습부진 학생을 위한 보충학습 및 연습자료를 제공한다.	☐	☐	☐

그림 7-1 계속

02
학생에 의한 평가

학생에 의한 평가란, 수업의 수혜자인 학생들로 하여금 수업을 평가하게 함으로써 수업 개선에 필요한 정보를 학생들로부터 얻고자 하는 것이다. 최근에는 많은 대학에서 학생평정에 의한 수업평가가 이루어지고 있는데, 수업의 수혜자인 학생이 교수를 평가하는 것에 대하여 부정적으로 생각하는 교수도 일부 있다. 한편, 일부 대학에서는 학생들의 평가가 지닌 부작용으로서, 학생평가를 너무 의식한 교수들이 수업진행이나 학점 부여 등에서 주관이 흔들리거나 인기관리를 하는 바람직하지 못한 현상이 나타나기도 한다.

그러나 학생에 의한 평가는 강좌에 대한 수강생들의 의견을 듣고 차기 수업에 이를 반영함으로써 수업의 질을 높이는 데 그 목적이 있다. 또한, 학생들로부터의 발전적인 평가는 수업을 개선하기 위한 유용한 자료로 쓰일 수 있다.

학생들의 수업에 대한 의견을 수렴하는 방법에는 학기 중에 설문조사를 하는 방법과, 학기 말에 설문조사를 하는 방법이 있다. 이렇게 학습들로부터 나온 수업에 대한 평가자료는 강의계획서나 학습지도안 업데이트 시 반드시 반영될 수 있도록 한다.

평가시기

현재 진행하고 있는 수업에 관한 학생들의 의견을 파악하기 위해 학기 중에 수시로 실시할 수도 있으며, 또한 수업 전반에 관한 학생들의 의견을 듣기 위해 학기 말에 한 번 실시할 수도 있다.

학생들의 수업참여도가 저조하거나 교수자 입장에서도 수업이 만족스럽지 못한 경우에는 학기 말까지 기다리지 말고 학기 중에 학생들에게 수업에 관한 문제점이나 개선사항에 대해 의견을 받아볼 필요가 있다.

평가요소

학기 중에 실시하는 학생평가는 수업에 관한 구체적인 사항을 평가하기 위한 것이다. 칠판의 글씨 크기나 글씨체 등 칠판 사용법은 적절한지, 설명은 이해하기 쉬운지, 수업진행 속도는 적절한지, 학생들의 질문에 자세히 대답했는지, 학생을 차별하는 듯한 언행이 느껴졌는지, 교수의 수업에 대한 열의가 느껴지는지, 교수의 수업 준비는 잘 이루어졌는지 등이 평가요소에 포함될 수 있다.

학기를 마치고 실시하는 학생평가는 학생들에게 한 학기 동안 이루어진 수업에 대한 종합적인 평가를 받기 위해 실시된다. 그러므로 교과의 학습목표는 적절했는지, 학생들의 선행학습 수준에 맞게 수업내용이 구성되었는지, 학습목표를 달성하기 위한 적절한 수업방법이 활용되었는지, 성적평가는 공정하고 합리적으로 이루어졌는지 등이 평가요소에 포함될 수 있다.

평가방법

일반적으로 학생평가는 평정척도로 이루어진 문항과 질문에 대하여 학생들이 자유롭게 응답할 수 있는 논술형 문항이 혼합된 설문지를 사용한다. 이 밖에도 면담을 통한 평가나 이메일 등을 이용한 방법 등을 간단하게 만들어 쉽게 활용할 수도 있다.

설문조사는 너무 자주 실시하지 않도록 한다. 설문조사를 자주 하게 되는 경우, 학생들의 설문조사에 응하는 태도가 나빠져서 제대로 된 결과를 얻기가 어렵다. 따라서, 이미 설문조사를 실시한 경우에는 학생과의 면담이나 이메일, 게시판 등과 같은 다른 방법으로 알고 싶은 사항을 묻는 편이 좋다.

학기 중에 학생들에게 수업에 대한 의견을 묻는 경우, 학생들의 응답에 대하여 피드백을 주는 것이 좋다. 학생들이 요구하는 개선사항에 대하여 교수가 아무 반응을 보이지 않는다면 오히려 교수에 대한 신뢰감이 깨질 수 있으므로, 학생들이 납득할 수 있도록 친절하게 피드백을 해준다. 이때 학생들에게 변명을 하기보다는 개선하기 위해 노력하는 자세를 보일 필요가 있으며, 개선이 힘든 사항에 대해서는 양해를 구하는 식으로 말하는 편이 좋다.

다른 방법으로는, 수업을 마치고 학생들에게 수업에 대해 토의를 하게 하는 방법도 있다. 예를 들어, 문제해결식 수업을 진행한 뒤 강의식 수업에 비해 어떤 점이 좋았으며, 개선할 점은 어떤 것인지 등에 대해 학생들끼리 토의를 하게 한다.

설문 작성 시 유의사항

학생들이 의견을 자유롭게 쓸 수 있도록 한다. 예를 들어, '수업진행 속도는 적절했는가?'라는 질문에 '예', '아니오'로 응답하는 선택형으로 작성하지 말고, 학생들의 의견을 쓸 수 있도록 서술형으로 제작한다.

설문 항목은 구체적으로 제시하여 간단하게 답할 수 있도록 한다. 예를 들어, '수업의 질은 어떻습니까'와 같이 모호한 질문(수업의 질이 무엇인지 구체적으로 알 수 없기에)은 오히려 하지 않는 편이 낫다.

03
동료 수업 벤치마킹

학생들에 의한 수업평가는 교수의 학문적 수준이나 수업내용의 적절성에 대한 판단의 타당성을 확보하기가 어렵다. 이에 비해, 동료 교수에 의한 수업평가는 수업에 관한 문제를 진단하고 조언을 받을 수 있다.

동료평가의 목적은 수업 및 학문의 질 향상에 있으며, 이를 위해서는 동료들 간의 발전적 검토와 논의를 살릴 수 있는 여건이 매우 중요하다. 특히, 동료평가의 결과는 수치화되기보다는 질적 서술이나 제언이 더 효과적이며, 문서로 하기보다는 직접적인 의사소통이 시간적으로나 심리적으로 훨씬 효율적이다.

그러나 동료평가는 현실적으로 많은 제약이 따른다. 교수들이 실제로 동료 교수의 수업을 관찰하여 평가하기는 쉽지 않으며, 시간적 · 심리적 부담을 줄 수도 있다. 이러한 문제점을 극복하여 우수한 동료 수업을 벤치마킹한다면, 자신의 수업을 개선하는 데 매우 큰 도움이 될 것이다.

학생 교육에 관해 동료 교수들과 많은 정보를 교류한다

일반적으로 수업에 어려움을 겪게 되는 주된 원인은 학생들에 대한 정확한 이해 부족에서 비롯되는 경우가 많다. 따라서, 담당과목은 다르지만 수강생들이 같은 교수와 학생들에 관한 정보를 교환할 필요가 있다. 동료 교수들은 수강생들이 같기 때문에 수업에 관한 공통된 문제나 고민을 가지고 있을 수 있다. 또한, 같은 학부, 학과 또는 전공 교수회의나 각종 업무 협의회 때 행정적인 업무만 처리할 것이 아니라, 수업 및 수강생들에 관한 정보를 주고받는 것도 많은 도움이 된다.

그리고 같은 교과목이나 유사한 교과목을 담당하는 교수들과 정보를 교류하는 것도 매우 중요하다. 교과내용이 비슷하므로 수업에 대한 실제적인 조언을 들을 수도 있다.

이 밖에도 타 대학의 교수들로부터도 수업 개선에 도움이 되는 다양한 정보를 얻을 수도 있다.

같은 전공을 담당하는 교수의 수업을 청강한다

자신과 같은 과목을 담당하는 교수에게 사전에 허락을 얻은 뒤 그 교수의 수업을 참관하는 것도 자신의 수업 개선을 위한 유용한 방법이다. 이때 그저 뒤에 앉아서 듣기만 하는 것이 아니라, 그림 7-1의 '자기평가를 위한 체크리스트'와 같은 체크리스트를 준비하여 항목마다 체크를 하는 것도 좋은 방법이다.

다른 교수들에게 자신의 수업을 청강해 달라고 요청한 뒤 수업에 대한 의견을 듣는 방법도 자신의 교수능력을 신장하고 수업을 개선하는 데 바람직한 방법이다.

읽을거리

미국 퍼듀 대학교의 동료 수업 벤치마킹

퍼듀(Purdue) 대학교에서 시범적으로 실시하고 있는 교수평가제(teaching retreat)는 학기 말에 학과의 모든 교수가 서로의 수업을 평가하는 제도다.

이를 위해서 각 교수는 자신이 평가받고자 하는 수업의 강의계획서, 수업자료, 성취도 평가방법 등을 포함하는 수업평가 자료를 동료 교수들에게 배부한 뒤 수업에 대한 설명을 한다. 다른 교수들은 그 수업의 설계기술, 내용의 적절성, 내용의 전문성 등에 관해 평가를 한다.

이러한 교수평가제는 모든 구성원이 참여한다는 점에서 일부 평가위원단이 가질 수 있는 편견에서 자유로울 수 있고, 교수 구성원들 간의 이해가 증진되며, 평가의 능력과 새로운 수업방법에 대한 안목을 넓힐 수 있다는 장점이 있다.

04
교수능력 신장 전략

교수라면 누구나 수업을 잘하고 싶은 욕심이 있을 것이다. 이에 비해, 수업을 잘하기 위해서는 어떻게 해야 하는가를 체득할 수 있는 기회가 거의 없었던 것도 오늘날의 대학 현실이다.

외국의 경우 많은 대학에서 교수능력을 신장시키기 위하여 오래전부터 많은 노력을 해 왔다. 미국의 경우, 1960년대부터 많은 대학에서 FD(Faculty Development) 가운데 교수능력 신장을 강조해 왔으며, 미국 대부분의 대학에서 TLC(Teaching and Learning Center)를 운영하고 있다. 영국도 SD(Staff Development) 가운데 교수능력을 개발하기 위한 많은 프로그램을 운영하고 있으며, 일본도 1980년대부터 교수능력 개발을 위해 많은 노력을 기울여 왔다. 우리나라의 대학도 이제는 경쟁체제의 도입과 수요자 중심 교육에 의해 교수의 교수능력을 신장하도록 요구받고 있으며, 많은 대학에서 교수학습지원센터를 설립하는 등 교수의 교수능력 신장을 위한 다양한 프로그램을 운영하고 있다.

교수학습지원센터는 교수들에게 강의에 필요한 기술, 전략, 정보를 지원하여 효율적인 수업분위기 형성과 교수능력 향상에 기여하고 있다. 교수학습지원센터는 교수들의 강의 촬영 및 피드백, 교수능력 신장을 위한 워크숍, 세미나 개최 등의 서비스를 제공하는데, 교수들은 자율적으로 이와 같은 교육에 직접 참여하여 교수법 개선에 도움이 되는 정보를 많이 얻을 수 있다.

교수는 이와 같은 대학 차원의 지원과 노력을 적극 활용하여 교수능력을 신장시키기 위해 부단한 노력을 계속해야 한다. 그 방법으로는 스스로 교수법을 탐구하거나, 강의자료를 업데이트하거나, 티칭 포트폴리오를 만들거나, 자신의 성공적인 수업사례를 공유하는 활동 등이 있다. 그러나 무엇보다도 이러한 노력의 성과는 열악한 환경에도 불구하고 자신의 교수능력을 제고하겠다는 확고한 의지에 달려 있다.

교수능력 신장을 위한 교수법을 탐구한다

수업에 관한 자기평가와 학생평가 등을 실시한 뒤, 그 결과를 토대로 자신의 부족한 교수능력을 파악한다. 그리고 부족한 교수능력을 향상시키기 위해서는 어떻게 해야 하는가를 분석한다. 이를 위해 교수법이나 수업 성공사례에 관한 서적을 참고하는 것도 바람직하다. 책을 읽는 것만으로 수업이 비약적으로 개선되지는 않으나, 교수법 관련 서적은 수업에 바로 도움이 될 수 있는 좋은 정보가 집적되어 있다. 교육이나 교수법에 관한 원리를 이해하고 수업을 진행한다면, 그 수업은 훨씬 더 효과가 있을 것이다.

또한, 교수학습지원센터에서 제공하는 강의 비디오 촬영 및 피드백이나 발음 교정 및 발성법 교정 프로그램 등 교수법 신장을 위한 프로그램을 적극 활용한다.

많은 교수들이 자신의 강의를 평가받기 꺼리기 때문에 강의 비디오로 촬영하거나 녹음하는 것에 거부감을 가지고 있다. 그러나 비디오 촬영의 목적이 자신의 강의를 객관적으로 살펴 스스로 관찰하고 분석할 수 있는 기회를 제공하는 것이라는 것을 인식하고 한번쯤 참여해 보는 것도 더 나은 강의를 위해 바람직하다.

그밖에도 학교 내외에서 실시되고 있는 다양한 교수능력 신장 프로그램이나 수업 개선 프로그램에 참가한다. 최근에는 대학마다 교수학습에 관한 강연회, 워크숍, 연수 등을 실시하고 있다. 이러한 연수에 지속적으로 참여함으로써 교수능력이 많이 향상될 수 있을 것이다.

강의자료를 업데이트한다

강의자료란 강의계획서, 학습지도안뿐만 아니라 강의에 활용되는 모든 자료를 일컫는다. 정보화 사회에서는 모든 것이 하루가 다르게 변하고 있으며, 교과목과 관련된 지식체계도 끊임없이 발전하고 있다. 이에 비해 수업 준비는 주로 학기마다, 또는 해마다 이루어지게 되므로 강의자료에 대한 지속적인 업데이트가 반드시 필요하다.

강의계획서나 학습지도안의 업데이트는 매주 수업시간이 끝난 뒤 바로 이루어질 수 있으며, 학기 말에 종합적으로 이루어질 수도 있다. 다만 업데이트를 할 때에는 반드시 산업체 현장이나 사회의 요구가 수업에 반영되어야 한다. 또한, 지난 학기 때 유용하게 사용한 강의계획서나 학습지도안이라도 학기마다 바뀌는 학생들의 특성이나 요구, 흥미를 고려하여 평가방법, 수업방법 및 교수매체 등의 수업에 관한 모든 면을 재검토하고 업데이트하도록 한다.

한층 더 효과적인 강의자료 업데이트를 위해서는 평소에 교과와 관련된 흥미로운 기사나 학생들의 주의집중을 높일 수 있는 여담 등을 접할 때마다 스크랩하거나 기록하는 습관을 갖도록 한다. 이러한 자료들은 아무 데나 쌓아 두지 말고, 담당과목별로 파일노트를 만들어 모아 두는 것이 좋다.

파일노트는 가능하다면 단위 수업시간별로 마련하여 활용하는 것이 좋다. 예를 들어, 15주의 수업이 계획되어 있다면 15개의 파일노트를 마련하여 주별로 하나의 파일노트에 수업의 준비부터 마무리까지 다음 강의에 도움이 될 만한 내용을 기록한다. 이렇게 모아진 파일

노트는 다음 강의에 기초자료로 매우 유용하게 활용할 수 있다. 파일 노트는 거창하게 만들어지는 것이 아니라 수업에서 유의해야 하거나, 중요한 부분, 학생들의 반응이 좋았던 부분 등을 간단한 메모 형식으로 작성하여 붙여서 만들어도 상관없다. 자신의 수업을 지속적으로 업데이트하는 작은 실천방법이라고 생각하면 된다.

티칭 포트폴리오를 만든다

티칭 포트폴리오는 자신의 교육활동의 성과와 질을 입증할 수 있는 자료를 모아 하나의 파일로 만드는 것으로, 수업과 관련된 자료를 종합한다는 장점이 있다. 티칭 포트폴리오에는 강의계획서, 학습지도안, 수업 중에 배포한 유인물, 학생들에게 실시한 설문지와 그 결과, 시험지와 학생들의 시험결과, 수업을 녹음 · 녹화한 파일 등이 포함된다. 이 외에도 교재내용 중 잘못된 내용, 수업시간에 적절하게 활용된 예시, 학생들의 관심을 불러온 질문, 수업에 관한 반성 등을 기록해 둔다. 이러한 자료는 다음 수업의 진행에 도움이 될 뿐만 아니라, 수업을 계획하고 준비하는 데도 큰 도움이 된다.

자신의 성공적인 수업사례를 다른 교수들과 공유한다

자신의 성공적인 수업사례를 발표함으로써 자기연수 기회를 가질 뿐만 아니라, 동시에 다른 교수들의 수업 개선에도 도움을 줄 수 있다.

많은 교수들이 경험으로부터 터득한 우수한 교수법이나 수업진행 기술을 가지고 있다. 그러나 대부분의 경우, 대학 수업에 정말로 필요한 이러한 노하우가 동료 및 후배 교수들에게 전수되지 못하고, 퇴직과 함께 사장되고 있다. 자신이 생각했을 때는 남에게 알릴 만한 유익한 노하우가 아니라고 생각할 수도 있으나, 그것이 다른 교수에게는 큰 도움이 될 수도 있다. 따라서 주저하지 말고 사례발표라든지, 또는 관련 연구를 수행하여 학회지 등에 투고함으로써 다른 교수들과 정보를 적극적으로 공유하는 것도 매우 뜻깊은 일일 것이다. 예를 들어, 한국직업능력개발원은 대학 교수들을 대상으로 '전문대학 교수학습 방법 경진대회'를 개최하고 있는데, 이 공모에 참가함으로써 자신만이 가지고 있는 수업에 관한 노하우를 다른 교수들에게도 알려 줄 수 있을 것이다.

참고문헌

강인애(2007). 구성주의 학습원리와 적용: 조교 교육 프로그램의 개발. **교육공학연구**, **11**(1), 25-45.

구성회(2000). **전문대학의 특성과 교수의 역할**. 2000학년도 전문대학 교수직무연수 자료집. 한국전문대학교육협의회.

권성호(2011). **교육공학의 탐구(3판)**. 파주: 양서원.

글로버, J. A. 외(1999). **교수–학습의 이해**. 이신동 외 역. 서울: 상조사.

김대중(2012). **SNS의 모든 것**. 서울: 경향미디어.

김명랑(2011). **SNS에서의 상호작용 분석과 교육적 활용**. 한국교육학술정보원.

김용호(1995). **대학원생의 조교 활용 방안**. 대학발전세미나자료집, 광주대학교 대학발전연구소.

김진실 · 나승일(2003). 전문대학 수업평가 준거 개발. **한국농업교육학회지**, **35**(4), 193-210.

김판욱 외(2010). **능력중심 교육과정의 이해와 개발**. 서울: 양서원.

나승일(2001). **전문대학의 교수–학습방법 개선을 위한 모듈식 교재 개발 연구**. 두원공과대학.

______(2003). **즐겁고 성공적인 대학 공부를 위하여**. 광주보건대학 교수학습지원센터 교수학습시리즈.

______(2003). **성공적인 교수법 가이드**. 광주보건대학 교수학습지원센터 교수학습시리즈.

나승일 외(2000). **ISD를 적용한 전문대학 모듈식 교재개발 모형 연구**. 안동과학대학.

______(2001). **전문대학의 학습공동체 구축 방안**. 전문대학 교수-학습개발협의회.

______(2001). **전문대학 교육에 적합한 교수모형 개발 연구**. 전문대학 교수-학습개발협의회.

______(2001). **전문대학 교수의 교수능력 신장 프로그램 개발 연구**. 전문대학 교수-학습개발협의회.

______(2003). **ICT를 활용한 전문대학 교수–학습 모형 개발 연구**. 전문대학 교수-학습개발협의회.
______(2012). **예비교사를 위한 교육실습 가이드**. 서울: 교육과학사.
나승일 · 김진실(2002). 전문대학 교수설계 및 수업전개의 수행정도와 수행 능력 분석. **한국농업교육학회지, 34**(2), 61-86.
백영균(1999). **웹 기반 학습의 설계**. 서울: 양서원.
변영계(1998). **교수 · 학습이론의 이해**. 서울: 학지사.
설양환 외(2002). **교육공학과 교수매체**. 서울: 피어슨 에듀케이션 코리아.
성진희 · 전주성(2012). 소셜러닝을 위한 SNS의 교수매체적 속성 탐색 연구. **평생교육연구, 18**(3), 31-55.
오헌석(2007). 역량중심 인적자원개발의 비판과 쟁점 분석. **경영교육연구**, 47, 191-213.
윤희정(2014). SNS **활용: 트위터, 수업에 활용하기**. 서울대학교 교수학습 센터.
이무근(2003). **직업교육학 원론**. 서울: 교육과학사.
이용숙 외(1989). **수업방법**. 서울: 음영사.
이화여자대학교 교육공학과(2001). **21세기 교육방법 및 교육공학**. 서울: 교육과학사.
임순범 · 신은주(2013). **소셜미디어의 이해와 활용**. 파주: 생능.
장용진(2002). **프리젠테이션 모든 것**. 서울: 청림출판.
정미현 · 김영록 · 김재현(2014). SNS의 교육적 활용방법에 대한 대학생들의 인식 분석. **한국인터넷정보학회**, 15(5), 33-41.
정미현 · 김재현(2011). **SNS의 수업 적용을 위한 사전분석방법: 트위터를 중심으로**. 2011년 한국컴퓨터교육학회 동계 학술대회.
정종진(1989). **학업성취를 돕는 172가지 전략**. 서울: 키출판사.
______(1999). **교육평가의 이해**. 서울: 양서원.
조이스, B. & 웨일, M.(1989). **교수–학습의 이론과 실제**. 김종석 외 역. 서울: 성화사.
조정기(1981). **교수방법론**. 서울: 대광문화사.
최미나 · 장은정(2010). 이러닝 종사자의 직무별 역량기반 교육체계 개발 연구. **교육정보미디어연구**, 16(2), 277-313.
테리, W. B.(1985). **교수–학습과정신강**. 최동근 역. 서울: 형설출판사.

하병학(2007). 교육(수업)조교제도를 통한 교양교육의 내실화. **교양교육 연구, 1**(1), 233-256.
한국교육학술정보원(2001). **ICT 활용교육 장학안내서**. 한국교육학술정보원.
______(2002). **ICT 활용교육 장학지원 요원 연수교재**. 한국교육학술정보원.
한국대학교육협의회(1990). **대학 수업에서의 질문 방법**. 한국대학교육협의회 워크숍 자료.
한국인터넷진흥원(2012). **2011년 인터넷 이용실태조사**. 서울: 한국인터넷 진흥원.

日本私立大學聯盟(1999). **大學の教育・授業をどうする**. 東海大學出版會.

Aydin, S. (2012). A review of research on Facebook as an educational environment. *Educational Technology Research and Development*, 60(6), 1093-1106.
Baiocco, S. H. & DeWaters, J. N. (1998). *Successful college teaching*. Boston: Allyn & Bacon.
Blanchard, P. N. & Thacker, J. W. (2007). *Effective training: Systems, strategies, and practices* (3rd ed.). New Jersey: Prentice-Hall Inc.
Blunden, R. (1997). *Teaching and learning in vocational education and training*. Australia: Social Science.
Borich, G. D. (2006). *Effective teaching methods* (6th ed.). New Jersey: Pearson Education Inc.
Boshyk, R. (2002). *Action learning worldwide: Experiences of leadership and organizational development*. London: Palgrave Macmillan.
Bowen, H. R. (1996). *Investment in learning*. New Brunswick: Transaction Publishers.
Brethower, D. & Smalley, K. (1998). *Performance-based instruction: Linking training to business results*. San Francisco: Jossey-Bass Pfeiffer.
Brown, G. & Atkins, M. (1990). *Effective teaching in higher education*. London: Nethuen & Co. Ltd.
Casey, F. (1985). *How to study: A practical guide*. London: Macmillan Education.
Castling, A. (1996). *Competence-based teaching and training*. London: City &

Guilds.

Center on Education and Training for Employment. (2000). *American Association for Vocational Instructional Materials (AAVIM)* (2nd ed.). GA: Winterville.

Chen, P. (2011). From CMS to SNS: Educational networking for urban teachers. *Journal of Urban Learning, Teaching, and Research, 7*, 50-61.

Cowan, J. (1998). *On becoming an innovative university teacher*. Ballmoor Bucking-ham: SRHE and Open University Press.

Craig, M. (1994). *Analysing learning needs*. Vermont: Gower.

Creemer, B. M. (1994). *The effective classroom*. British Library Cataloguing-in-Publication Data.

Cruickshank, D. R., Bainer, D. L., & Metcalf, K. K. (1995). *The act of teaching*. New York: McGraw-Hill Inc.

Davis, B. G. (1993). *Tools for teaching*. San Francisco: Jossey-Bass Inc.

Delisle, R. (1997). *How to use problem-based learning in the classroom*. Virginia: The Association for Supervision and Curriculum Development (ASCD).

Dick, W. & Carey, L. (2001). *The systematic design of instruction* (5th ed.). Boston: Allyn & Bacon.

Duch, B. J., Groh, S. E., & Allen, D. E. (2001). *The power of problem-based learning*. VA: Stylus Publishing.

Edmunds, N. A. & Smith, C. L. (1996). *Learning how to teach*. VA: American Vocational Association.

Edwards, R., Sieminski, S., & Zeldin, D. (1993). *Adult learners, education, and training*. New York: Routledge.

Eitington, J. E. (2002). *The winning trainer* (4th ed.). Oxford: Butterworth-Heinemann.

Feldman, K. A. & Paulsen, M. B. (1998). *Teaching and learning in the college classroom* (2nd ed.). Boston: Pearson Custom Publishing.

Fullan, M. (2001). *The new meaning of educational change* (3rd ed.). New York: Teachers College Press.

Gagne, R. M., Briggs, L. J., & Wager, W. W. (1992). *Principles of instructional design* (4th ed.). Orlando: Holt, Rinehart and Winston, Inc.

Garrick, H. (1998). *Informal learning in the workplace: Unmasking human resource development*. New York: Routledge.

Gay, G. (2000). *Culturally responsive teaching*. New York: Teachers College Press.

Gray, K. C. & Herr, E. L. (1998). *Workforce education: The basics*. Boston: Allyn & Bacon.

Halpern, D. F. (1994). *Changing College Classroom*. San Francisco: Jossey-Bass Inc.

Jarvis, P. (2006). *The theory and practice of teaching* (2nd ed.). New York: Routledge.

Joyce, B. & Weil, M. (1996). *Models of teaching* (5th ed.). Boston: Allyn & Bacon.

Kauchak, D. P. & Eggen. P. D. (2003). *Learning and teaching*. Boston: Allyn & Bacon.

Kemp, J. E., Morrison, G. A., & Ross, S. M. (1998). *Designing effective instruction* (2nd ed.). New Jersey: Prentice-Hall Inc.

Knowles, M. S., Holton lll, W. F., & Swanson, R. A. (2005). *The adult learner: The definitive classic in adult education and human resource development* (6th ed.). San Diego: ELSEVIER Ltd.

MacKeachie, W. J. (1999). *Teaching tips: strategies, research, and theory for college and university teachers*. Boston: Houghton Mifflin Company.

Mayer, R. E. (2003). *Learning and instruction*. New Jersey: Pearson Education Inc.

McEwan, B. (2000). *The art of classroom management*. New Jersey: Prentice-Hall Inc.

Miller, R. (2000). *Creating learning communities.* Bradon: The Foundation for Educational Renewal, Inc.

Miller, R., Finley, C., & Vancko, C. S. (2000). *Evaluating, improving, and judging faculty performance in two-year colleges*. West Port: Greenwood Publishing Group.

Newble, D. & Cannon, R. (1991). *A handbook for teachers in universities and colleges: A guide to improving teaching methods*. London: Kogan Page Ltd.

Nilson, L. B. (1998). *Teaching at its best*. Boston: Anker Publishing Company Inc.

Oanion, J. (1997). *A learning college for the 21st century*. Boston: Anker Publishing Company Inc.

Prosser, M. & Trigwell, K. (1999). *Understanding learning and teaching*. Ballmoor Buckingham: The Society for Research into Higher Education & Open University.

Rainbird, H., Fuller, A., & Munro, A. (2004). *Workplace learning in context*. New York: Routledge.

Reiser, R. A. & Dick, W. (1996). *Instructional planning: A guide for teacher* (2nd ed.). Boston: Allyn and Bacon.

Rothwell, W. J. (1999). *The action learning guidebook*. San Francisco: Jossey-Bass Pfeiffer.

______ (2002). *The workplace learner: How to align training initiatives with individual learning competencies*. New York: American Management Association.

Rothwell, W. J. & Cookson, P. S. (1997). *Beyond instruction: Comprehensive program planning for business and education*. San Francisco: Jossey-Bass Publishers.

Rowden, R. W. (2007). *Workplace learning: Principle a practice*. Malabar, FL: Krieger Publishing Company.

Royse, D. (2001). *Teaching Tips for college and university instructors: A practical guide*. Boston: Allen & Bacon.

Seagren, A. T., Wheeler, D. W., Creswell, J. W., & Miller, M. T. (1994). *Academic leadership in community colleges*. Lincoln, NZ: University of Nebraska Press.

Silberman, M. (2005). *101 ways to make training active*. CA: Pfeiffer.

______ (2006). *Active training: A handbook of techniques, designs, case examples, and tips* (3rd ed.). CA: Pfeiffer.

Sodon, R. (1994). *Teaching problem solving in vocation education*. New York: Routledge.

Starke, M. C. (1993). *Strategies for college success* (2nd ed.). New Jersey: Prentice-

Hall, Englewood Cliffs.

Weimer, M. (2002). *Learner centered teaching: Five key changes to practice*. San Francisco: A Wiley Company.

Whitaker, P. (1995). *Managing to learn: Aspects of reflective and experiential learning in school*. London: Cassell.

Young, J. (2009). Teaching with Twitter: not for the faint of heart. *Chronical of Higher Education, 56* (14), 1-11.

국가법령정보센터(n.d.). **서울대학교 조교 인사 규정**. Retrieved from http://www.law.go.kr

______(n.d.). **서울대학교 학사조교 운영 규정**. Retrieved from http://www.law.go.kr

국가직무능력표준(2015). Retrieved from http://www.ncs.go.kr

김웅태(2000). **대학교수의 역할**. Retrieved from http://www.cateforum.com

서울대학교 교수학습개발센터(2003). Retrieved from http://ctl.snu.ac.kr

연세대학교 교육개발센터(2002). **새학기 강의 준비**. Retrieved from http://www.yonsei.ac.kr

이동주(n.d.). **교수매체의 유형**. Retrieved from http://interedu.knou.ac.kr

포항공과대학교 대학교육개발센터(2003). Retrieved from http://www.postech. ac.kr

名古屋大學高等教育研究センター(2001). **成長するティップス先生**. Retrieved from http://www.cshe.nagoya-u.ac.jp

北海道大學高等教育機能開發總合センター(2003). **授業をよくする方法**. Retrieved from http://socyo.high.hokudai.ac.jp

Harvard University (n.d.). Teaching Fellow. Retrieved from http://www.gsas.harvard.edu

Kaufman, J. (2013). The first 20 hours: How to learn anything. Retrieved from https://www.youtube.com

Ravet, S. (2013). Competency-based learning(1): What is Competency-

based Learning. Retrieved from https://www.youtube.com
______ (2013). Competency-based learning(2): What is the place of assessment? Retrieved from https://www.youtube.com
______ (2013). Competency-based learning(3): How Do we Assess Competencies? Retrieved from https://www.youtube.com
Stanford University (n.d.). Teaching Fellow. Retrieved from https://www.law.stanford.edu
Yale University (n.d.). Teaching Fellow. Retrieved from http://gsas.yale.edu